吕氏弄权

从秦朝说起 到清朝结束

历史不是僵尸 ◎ 著

浙江人民出版社

图书在版编目（CIP）数据

吕氏弄权 / 历史不是僵尸著. — 杭州：浙江人民
出版社，2023.7
（从秦朝说起，到清朝结束）
ISBN 978-7-213-11092-4

Ⅰ.①吕… Ⅱ.①历… Ⅲ.①中国历史－汉代－通俗
读物 Ⅳ.①K234.09

中国国家版本馆CIP数据核字（2023）第096113号

从秦朝说起，到清朝结束

吕氏弄权

历史不是僵尸 著

出版发行：浙江人民出版社（杭州市体育场路 347 号　邮编：310006）
　　　　　市场部电话：（0571）85061682　85176516

责任编辑：丁谨之

特约编辑：孙汉果

营销编辑：陈雯怡　张紫懿　陈芊如

责任校对：何培玉

责任印务：幸天骄

封面设计：人马艺术设计·储平

电脑制版：北京之江文化传媒有限公司

印　　刷：杭州丰源印刷有限公司

开　　本：710 毫米 ×1000 毫米　1/16　　印　　张：22.5

字　　数：300 千字　　　　　　　　　插　　页：1

版　　次：2023 年 7 月第 1 版　　　　印　　次：2023 年 7 月第 1 次印刷

书　　号：ISBN 978-7-213-11092-4

定　　价：68.00 元

如发现印装质量问题，影响阅读，请与市场部联系调换。

第一章

惠帝刘盈

1. 刘盈的孝心

结婚后，惠帝刘盈搬到了未央宫居住。按照规矩，他还需要隔三岔五到长乐宫去朝拜母后吕雉。未央宫和长乐宫分别在长安城东西两边，相隔有几里地，每次往来，需要经过几条街巷。皇帝上街非同一般，队伍浩浩荡荡，总是要封道扰民。刘盈贵为皇帝，却很厌烦这种生活。他不想封道，只想能够像普通百姓一样自由往来。

为了解决这个问题，惠帝刘盈下令修建了一条复道，连接两宫。所谓复道，就是在道路之上再修一条道路。惠帝刘盈决心修建的这条复道，应该有点类似现在的高架桥或者过街天桥，走在上面不会影响下面的道路通行。有了这样一条道路，未央宫和长乐宫就可以直接连通起来，而他也不必再扰民了。

复道以未央宫里一个叫武库的地方为起点，一直修建到长乐宫。为了避免百姓注目观望，复道两侧还有围墙遮挡。

太后吕雉对这条道路的建设持何种态度，我们无从得知。她可能为儿子的孝心所感动，表示认同；也可能很反感，因为她的放荡生活，说不定哪天又会被儿子给撞见。

不管怎样，在惠帝刘盈的推动下，复道很快就开始动工了。但刚动工不久，突然有人提出了异议。这个人不是别人，正是刘盈的老师叔孙通。

　　叔孙通曾经为刘邦制定朝仪，深得刘邦赏识，官居太子太傅。刘盈即位后，对父亲刘邦的宗庙建设非常重视，便把叔孙通召来说道："先帝陵园和宗庙的仪礼，群臣不太熟悉，各行其是，麻烦先生能够统一制定一些规矩，方便大家来执行。"

　　叔孙通最喜欢，也最擅长给人家制定规矩，于是欣然领命，被调任奉常一职。所谓奉常，也叫太常，属于九卿之一，掌管礼乐、社稷和宗庙礼仪，下属官员有太史、太祝、太宰、太药、太医、太卜六令，以及博士祭酒等，职责主要有两大块：一是主管祭祀社稷、宗庙和朝会、丧葬等礼仪，祭祀时充当皇帝助手；二是管理已故皇帝的寝庙园陵及其所在的县，每月要巡视陵墓一次。

　　走马上任后，叔孙通便着手制定了宗庙的礼仪法规，此后又陆续完善了汉朝诸多礼仪方面的制度，流传后世。但现在要修建的是复道，属于基础设施建设，这和叔孙通有什么关系呢？还真有关系！

　　按照宗庙祭祀的制度，每月初一都要将刘邦的衣冠从陵墓的宫殿中移到宗庙里去祭祀，也就是所谓的"游衣冠"。刘邦的陵寝在渭北，也就是渭河以北，陵墓外有陵园，刘邦留下的衣冠法物都收藏在那里，而汉朝的社稷宗庙则建在长安城中。

　　按照"游衣冠"的制度，刘邦的衣冠法物在每月都要被取出并载入法驾中，从渭北陵寝出游，一直到长安城中的宗庙。这个出游的路线恰好会经过复道的下方。叔孙通身为奉常，负责这摊子事，所以他认为不妥。

　　这天，给惠帝刘盈汇报完工作，叔孙通神秘兮兮地说道："陛下刚刚下令修建的复道，路线有问题啊！它会影响到先帝衣冠出游。"

　　惠帝刘盈一心想着孝顺母亲呢，结果把父亲刘邦给忘记了，忙问道："先生，这里面有什么讲究吗？"

　　叔孙通煞有介事地说道："陛下，怎么能把复道修建在先帝衣冠出游到宗庙的通道上面呢？宗庙是汉朝列祖列宗所在地，后世子孙在高寝和宗庙之间的通道之上行走，这是大不敬啊！"

惠帝刘盈听闻，大吃一惊，紧张地搓着手说道："原来如此，都是朕失察啊！朕这就下令停止复道建设，将已建成的也全部拆除！这样总可以吧？"

叔孙通头摇得像拨浪鼓似的说道："不可，不可啊！现在复道已经开建了，尽人皆知。然而君主的言行是不能出错的，如果停止建设，那就是在向天下人昭示陛下错了！"

被叔孙通这么一说，惠帝刘盈有点惶恐不安起来，长吁短叹，不知所措，一个劲地自我检讨，说事先应该征求老师意见。

叔孙通抚慰道："陛下莫慌，臣有一个办法可以补救。陛下不如在渭北，另立一座同样的宗庙，把先帝衣冠出游到那里即可，省得每月到此！另外，可以在全国各地广泛增建宗庙，这样更能体现陛下的大孝，天下人也自然无话可说！"

惠帝刘盈认为这个办法非常好，转忧为喜，拍手称赞。

其实，叔孙通提这个建议不只是为惠帝刘盈考虑，也有为自己谋利的嫌疑。因为他是负责管理宗庙的官员，宗庙建设得越多，他的权力范围也就相应越大。

惠帝刘盈多单纯啊，信以为真，当即下诏在渭北另立一座宗庙。待宗庙竣工，叔孙通又进谏道："陛下，古人有给宗庙敬献瓜果的仪礼，现在正当樱桃成熟的季节，陛下出游时，应该顺便采些樱桃来敬献宗庙。"既然古人都这么干，惠帝刘盈当然也要学着干了。从此，给先人敬献各种果品的风俗就兴盛了起来，至今还在沿用。

各地宗庙建设完成，"游衣冠"的问题已经解决。此时，复道也开始投入使用，极大地方便了两宫通行。

吕雉看儿子刘盈如此孝心，只好听之任之，只是以后放荡的生活，不得不有所收敛，免露马脚。不过，吕雉那些有违人伦的做法，可能还是引起了上天的不满，这两年接二连三发生了好几起匪夷所思的事情。

什么事情呢？主要是火灾和天象。

先说火灾，惠帝四年先后发生了三起：第一起，时间是春天，地点在长乐宫的鸿台，也就是吕雉居住的地方；第二起，时间是秋天七月二十日，地点在未央宫的凌室，也就是皇家藏冰室，藏冰室能失火简直太吊诡了；第三起，时间在藏冰室失火的第二天，地点在未央宫的织室，也就是纺织的地方。这三起火，烧得人心惶惶，宫女太监每天提心吊胆，小心防范。

除了火灾，天象也有异常：春天，在宜阳，也就是今天的河南省洛阳市宜阳县，天降血雨。血雨其实是一种自然现象，成因复杂，至今科学也无法做出准确解释，在当时对人们的心理冲击可想而知。冬天，也就是惠帝五年冬十月，正是天寒地冻之时，却雷声隆隆、桃李开花、枣树结果，这种自然现象其实就是暖冬，虽然现在大家有了科学认识，但是在古代，如果出现这样的天气，老百姓往往会认为这是凶兆，因而惴惴不安。

两年之中，发生了如此多奇异的事，可能是巧合，也可能在预示着什么。果然，惠帝五年有一位重量级的人物一病身亡。那么，这个人会是谁呢？

2. 设置左右丞相

惠帝四年，各种奇异事件频出，仿佛在预示着什么。好不容易过了这一年，到了惠帝五年，秋天八月份的时候，相国曹参一病身亡。

曹参死后，谥号为懿侯，其子曹窋（zhú）承袭了他的侯爵，也就是平阳侯。曹窋后来官至御史大夫，直到文帝刘恒即位，才被免职；曹窋为侯二十九年去世，谥号为静侯。曹窋的儿子曹奇承袭侯爵，为侯七年去世，谥号为简侯。曹奇的儿子曹时承袭侯爵，娶了平阳公主，生儿子曹襄，为侯二十三年去世，谥号为夷侯。曹襄承袭了侯爵，娶了卫长公主，生下儿子曹宗，为侯十六年后去世，谥号为共侯。曹宗继承了侯位，在汉武帝时期受太子兵变一事牵连，获罪处死，曹参家的封地从此废除。

以上这些内容，一股脑儿全梳理了出来，以便大家直观了解曹参家族的兴衰过程，以后或多或少还会提到。

对于曹参一生，司马迁在《史记》中有着比较客观的评价："曹相国参攻城野战之功所以能多若此者，以与淮阴侯俱。及信已灭，而列侯成功，唯独参擅其名。参为汉相国，清静极言合道。然百姓离秦之酷后，参与休息无为，故天下俱称其美矣。"

这段话主要从两方面总结了曹参一生的功绩。一方面是战功。曹参战功非常多，主要是因为他跟对人了，也就是长期跟随韩信南征北战，沾韩信不少光。另一方面是政绩。曹参极力主张"黄老之学"，清静无为，给大乱之后的百姓提供了休养生息的时机。为此，曹参得到天下人称颂。

曹参死后一个月，历时三年建造的长安城也全部竣工。关于这项工程，前面我们说到过，长安城的别名"斗城"就是因为这次建造而得名，这里就不再赘述了。长安城的建设主要发生在曹参担任相国期间，因此它应该算是曹参的政绩工程吧。总之，曹参为大汉王朝建立了不朽功勋。

现在，曹参死了，谁又能来担任相国这一重任呢？大家还记得吗？刘邦临死时，曾留下过遗言，说曹参死后，可以任用王陵或陈平。陈平这小子我们已经非常熟悉，这里就不多做介绍了。关于王陵，之前也说到过几次，我们不妨再简单回顾一下。

王陵是刘邦的老乡，也是沛县人，而且是沛县的一个大豪强，早年势力非常大，刘邦那时还给他做过小弟。因此，刘邦起兵的时候，王陵迟迟不大情愿归顺。给自己曾经的小弟做小弟，确实是一件让人抹不开面子的事。

楚汉战争时期，王陵的老娘认为刘邦必成大事，坚持让王陵归附刘邦，并以死明志，结果被项羽给烹了。王陵报仇心切，从此开始死心塌地跟从刘邦平定天下。汉朝建立后，王陵因为跟雍齿关系很好，而雍齿和刘邦有仇，又加上王陵原本无意归附刘邦，所以受封较晚，最终被刘邦加封为安国侯。

尽管如此，刘邦对王陵还是比较器重的，否则不可能留下遗言，要吕雉重用他为相。

这也可能与王陵的秉性有关，据《史记·陈丞相世家》记载："陵少文，任气，好直言。"也就是说，王陵这个人缺乏文化素养，爱意气用事，为人直爽。而刘邦最喜欢用这种秉性的人，比如"厚重少文"的周勃，也因此很被他看重。

刘邦认为，这样的人花花肠子少，比较忠诚。事实上，他的判断还是比较准确的。后来，王陵为刘汉政权挺身而出，抵制吕雉分封诸吕，虽然没有奏效，但总算不负刘邦所望，后面我们还会详细说到。

有刘邦的遗言在那里，吕雉和儿子刘盈一商量，决定拟用王陵或陈平为相。相国人选事关全局，但这唯一的名额究竟花落谁家呢？吕雉踌躇了两三个月，也没有下决心，这样一晃就到了惠帝六年。

一国之相，不好迟迟不定，否则国家那么多大事，谁来处理呢？最后，吕雉提议，废除相国名号，设立左右两个丞相：王陵担任右丞相；陈平担任左丞相。按照汉朝时的尊卑规定，右丞相比左丞相地位稍微高一些。所以王陵为主相，陈平为副相。

左右丞相确定后，也不知道谁提的建议，惠帝刘盈随即颁布了两个政策：一是，百姓可以花钱买爵位，这里的爵位不同于官位，是一种身份象征，该政策的主要目的是变相鼓励创富，让百姓既富且贵成了可能；二是，女孩子必须在十五岁至三十岁之间出嫁，否则罚款六百钱，这显然是在鼓励生育，目的是增加劳动力。这两项政策，总的来说，还是为了发展经济，休养生息。

新的政策刚刚颁布，两位丞相还在磨合之中，又有一位非常著名的开国功臣一命呜呼了。那么，这位开国功臣又会是谁呢？

3. 相继离世

惠帝六年，陈平和王陵分别被任命为左右丞相，各种人事关系还在磨合之中，又有一位开国功臣——那位"运筹策帷帐之中，决胜于千里之外"的张良也去世了。

张良本来就是个病秧子，他的传世画像也能反映出他的身体状态，一副弱不禁风的模样。自汉朝建立后，张良便急流勇退，深居简出，不问世事，修炼气功。也许是走火入魔了，也许是真想成仙得道，气功修炼到后来，他竟然"不食五谷，吸风饮露"。

"不食五谷，吸风饮露"是一种道家养生的方法，也叫"辟谷"。说得通俗一点，就是以绝食的方式来养生，这听起来是不是有点不可思议啊？只听说过绝食而亡，还从未听过绝食成仙的，如果不理解的话，还以为张良得了神经病呢！

这事传到吕雉那里后，吕雉感觉很可笑，心想张良那么聪明的一个人，竟然如此糊涂啊，放着大好人生不享受，搞什么绝食自虐。因为张良在保全刘盈太子一事中作过贡献，刘邦死后，吕雉对他格外优待，出于感激，竭力让他进食，甚至下了命令："人生一世间，如白驹过隙，何至自苦如此乎！"这句话的意思就是让张良必须进食。

张良不得已，勉强听命，重新开始吃饭。人不是神，是血肉之躯，不食人间火怎么能行呢？幸好吕雉强行干预，张良这才又多活了几年。看来，聪明人如果干起糊涂事的话，比糊涂人还要执着百倍，因为太自信了。

张良死后，吕雉特别赐其谥号为文成侯，并将其与一块黄石一起厚葬。别人厚葬都是陪葬宝石，张良为什么是一块黄石呢？

我们前面说过，张良曾经在下邳的一座桥上，偶遇过一位老者。这老者送给了他一部兵家奇书——《太公兵法》，张良正是靠着这部兵书辅佐刘邦夺得了天下。当时，张良跟老者约定，十三年后在济北谷城山下相见。老者告诉他，即便见不到人，也能见到一块黄石，那块黄石就是自己的化身。因此，老者被世人称为黄石公。十三年后，张良跟随刘邦经过济北，在谷城山下，没有再见到老者，却真的看到了一块黄石，张良便把它取回，奉若至宝供奉在家中。

这件事真真假假，虚虚实实，为张良的一生增加了一份神秘色彩。不管真假，张良临死时，留有遗嘱，要将黄石与他一起安葬。因此，张良的墓葬中就多了一块黄石。此后，人们每逢扫墓祭祀张良的时候，也同时祭奠黄石公。张良墓位于今天的河南省开封市兰考县城西南六千米的三义寨，如果下次你路过这里，可以去拜祭一下。

虽然张良身体一直不好，但他还是生有两个儿子：长子叫张不疑，承袭了留侯的爵位，在文帝五年时，因犯不敬之罪，封地从此被废除；次子叫张辟彊（qiáng），聪明过人，十四岁时便被吕雉授予侍中一职，可以自由进出宫内，陪侍皇帝左右。

因为张良曾有恩于吕雉和刘盈母子，所以他的死，让吕雉伤心难过了好一阵子。吕雉刚刚调整过来状态，又一位得力干将与世长辞了。这位干将正是吕雉的妹夫舞阳侯樊哙。

樊哙是吕雉在军中最为倚重的功臣元老，自然也得到了厚葬，并被加封谥号为武侯。他的儿子樊伉承袭了爵位。

妹夫死了，妹妹吕媭便成了寡妇，经常入宫找吕雉聊天，排遣寂寞。这样耳濡目染，她从姐姐吕雉那里受益匪浅，政治眼光和能力手腕也非同一般，后面我们还会多次说到。

惠帝六年，两位重量级的元老相继离世，吕雉感觉非常压抑。好不容易熬过了这一年，到了惠帝七年，本以为会稍微好过一些，却不想，一开年便有奇异天象，正月初一竟然出现了日食。到了五月二十九日这天，又出现了日全食。现代人基本都了解日食的形成原理，但在那个时候，没人会认为日食是正常的自然现象，相反，人们普遍认为它预示着某种不祥。

有些事情说来也巧，到了秋季，惠帝刘盈竟然一病不起，于八月十二日驾崩于未央宫中，年仅二十四岁。这个年龄正是青春年少之时，放到今天也不过是大学毕业、刚刚参加工作不久。惠帝刘盈生长在皇家，生活条件优越，为什么会早逝呢？

大部分人认为，这是强势的母亲吕雉逼迫所致的，又惊又吓，能不早逝吗？这当然是其中一个重要的原因，但吕雉毕竟是刘盈亲妈，不至于逼迫儿子到死的份上。其实，惠帝刘盈的早逝，归根结底，还是他自身出了问题。

惠帝刘盈在位七年，由于太过弱势、乏善可陈，大政方针基本是由母亲吕雉做主，因此司马迁在《史记》中甚至没有给他单独立传。直到后来，班固才在《汉书》中给刘盈补了传记，并做了评语。那么，班固是怎么评价惠帝刘盈的呢？

4. 吕后的哭声

惠帝七年秋八月，惠帝刘盈一病不起，驾崩在未央宫中。

由于他在位期间太过弱势，乏善可陈，司马迁在《史记》中没有给他单独立传。后来，班固在《汉书》中才给补写了传记，并作了评语："孝惠内修亲亲，外礼宰相，优宠齐悼、赵隐，恩敬笃矣。闻叔孙通之谏则惧然，纳曹相国之对而心说，可谓宽仁之主。遭吕太后亏损至德，悲夫！"

这段话的意思是：汉惠帝内亲宗室，外礼丞相，对齐悼王刘肥、赵隐王刘如意等兄弟，特别优待恩宠，可以说是有情有义。听到老师叔孙通要求注意礼仪方面的谏言，能够自感惭愧，对相国曹参健全法治的建议，也能够欣然接纳，称得上是一位"宽仁之主"。只可惜，太后吕雉太过残忍，增加了他的精神痛苦，导致他抑郁而终，实在是可悲啊！

总的来说，班固对刘盈的"仁厚"做了重点褒扬，认为他是一位"宽仁之主"，把悲剧产生的根源完全推到了吕雉身上，这不免有为汉朝皇帝粉饰的嫌疑。

其实，吕雉对儿子刘盈还是非常疼爱的。惠帝刘盈是吕雉唯一的儿子，而且秉性"仁厚"，缺乏政治手腕。吕雉身为母亲，难免会伤身操心，甚至在很多事情上大包大揽。说白了，她是担心儿子刘盈在面对心怀叵测的功臣元老以及皇族兄弟时，吃亏上当。

刘邦在世时，吕雉不顾个人形象，到处求人，使出浑身解数，保全刘盈的太子之位；刘邦去世后，吕雉不惜亲自上阵，打压各方势力，为刘盈营造比较宽松的执政环境。这种大包大揽的疼爱，手段太过卑劣，以至于让"仁厚"的刘盈内心痛苦不堪，甚至产生逆反心理，最终选择以沉迷酒色的方式逃避应对。现在很多父母也会如此，对孩子过分溺爱，不肯让孩子自己做一点点事情，生怕孩子受到伤害。结果孩子成人后，无法独立面对社会，最终造成各种人间悲剧。

从这一点来看，吕雉的强势干政，虽然是个性使然，但也包含着无处安放的母爱。既然这么疼爱，可是在给刘盈发丧时，吕雉却只是干号，不流眼泪。这又是为什么呢？

吕雉在惠帝时期大权在握，长期干政，做了很多令人发指、有违人伦的事。现在儿子刘盈死了，她就失去了继续干政的理由。一旦不能干政，手中没有了权力，就有可能被后来的掌权者清算。实际上，当时无论是元老功臣派，还是刘氏皇族派，都对吕雉专权非常不满，只是因为她的儿子刘盈是皇帝，无可奈何。吕雉是一位具有卓越政治才能的女强人，不可能意识不到这一点。虽然儿子刘盈的死对她的精神打击非常之大，但自己生死安危的问题，更是亟待解决。所以，吕雉此时才会只打雷，不下雨。

文武百官听说惠帝刘盈驾崩了，都赶快跑到寝宫哭灵。他们本以为吕雉肯定会为儿子短命痛哭流涕、悲痛欲绝，都偷眼观察，却看到吕雉坐在一边干号。文武百官非常诧异，一时猜不透她的心事。

这个时候，有一位少年洞察出了吕雉的心事。这位少年就是张良的二儿子张辟彊。

前面说过，张良死后，张辟彊年仅十四岁就被吕雉封为侍中，此时也不过十五岁。估计深得父亲张良真传，张辟彊的悟性非同寻常，这一年来，他经常在宫中出没，对吕雉的个性特点已经了如指掌。张辟彊的父亲张良生前和陈平交好，于是出宫后，他径直来到了陈平府中。

陈平看张辟彊来了，很是奇怪，心想大家都在忙着给皇帝办丧事，这小子跑这来干吗呢？张辟彊人小鬼大，搞得煞有介事的样子，让陈平屏退左右，然后低声说道："太后只有皇帝这一个儿子，如今皇帝驾崩了，太后只干哭，而不悲痛流泪，丞相知道是什么原因吗？"陈平虽然精明，但是惠帝刘盈的突然去世，让他措手不及，他还没来得及认真思考这个问题。

他听出张辟彊话中有话，不禁惊诧地瞪大眼睛问道："小张，你认为是什么原因啊？"张辟彊分析道："皇帝驾崩了，没有成年的儿子继承皇位，所以太后很顾忌你们这班老臣啊！如果丞相主动请求太后拜吕台、吕产和吕禄为将军，统领京城南北二军，并请吕氏家族的人都入宫任职，在朝廷里掌握一定权力，太后才会安心，丞相和诸老臣也才能够幸免于祸啊！"

张辟彊口中的吕台、吕产和吕禄都是吕雉的亲侄子：吕台和吕产是吕雉的大哥周吕侯吕泽的两个儿子，吕泽早在高祖八年便去世了；吕禄是吕雉的二哥吕释之的儿子，吕释之在惠帝二年时去世。另外，南北二军是西汉初设置在长安城内的禁卫军。南军分别驻扎在未央宫和长乐宫内的城垣下，主要负责守卫两宫，一般由卫尉统领。因为未央宫和长乐宫位于长安城南部，所以这支军队被称为南军。南军总兵力有一两万人。除两宫的范围以外，长安城均由中尉率军守护，这支军队主要驻扎在长安城外面，相对于南军，被称为北军。北军负责保卫整个长安城，有几万人之众，是稳定京城秩序的中坚力量，所以实力上远超南军。吕媭死后，太尉周勃正是因为掌握了北军，才得以顺利剿灭诸吕，这是后话。

以往，南北二军均由太尉周勃兼管，现在按照张辟彊的意思，应该把两军分给吕媭的三个侄子统领。这实际上就是让功臣元老派，主动交出军权，全由吕媭掌控。

建议功臣元老派交出军权，张辟彊那么聪明，难道意识不到后果的严重性吗？我们不妨大胆推测，张辟彊这小子很可能是吕媭派来威胁游说陈平的说客。后来吕氏倒台，张辟彊不知所终，有人说他为了逃避朝廷追杀，改姓为良氏，藏匿在晋上党，也就是今天的山西省长治市。

那么，张辟彊为什么要来威胁游说陈平，而不是去游说右丞相王陵呢？因为陈平是一个比较活络的人，见风使舵，没有原则性，一心想巴结吕媭，保全个人，而且他和张良的私交很好。如果张辟彊游说王陵，以王陵的个性肯定会把他顶回来。

那么，陈平会听从张辟彊的建议吗？

第二章

吕后称制

5. 吕后称制

张辟彊看出了吕雉的心事，便来劝说左丞相陈平将长安城的军权移交给吕氏家族。陈平这家伙精明有余，担当不足，缺乏原则性。张辟彊的话好像很有道理，陈平出于自保，有心巴结讨好太后吕雉。于是，把张辟彊打发走后，他便马上入宫，主动请求吕雉拜吕台和吕产两人为将军，分管南北二军。

吕雉正求之不得呢，为了这事，连儿子死了都没心情哭丧，所以立即同意施行。吕氏家族之前主要仰仗刘氏皇族的地位，而真正全面掌握朝廷大权，也就是从这个时候开始的。

军权到手后，吕雉没了后顾之忧，这才想起来自己心爱的儿子刘盈已经死了。她顿时情绪失控，声泪俱下，和之前判若两人，接着下令大赦天下。

又过了二十多天，九月五日，惠帝刘盈被安葬在了长安城东北边，也就是今天咸阳城东约十八千米处韩家湾镇白庙村，陵墓号为"安陵"，庙号为孝惠皇帝。

常言说："国不可一日无君，家不可一日无主。"惠帝刘盈死了，那么谁会继任皇帝大位呢？不用说，一定是刘盈的儿子，但刘盈有儿子吗？

前面说过，惠帝四年，刘盈娶了自己的外甥女张嫣为皇后。张嫣当时不过十岁的样子，到了惠帝七年，也才十三四岁。十三四岁实在太小了，可以说乳臭未干。这么小，应该说发育都还不成熟，哪里会有孩子呢？

事实上，为生孩子这事，吕雉一直很着急，她好像预感到儿子刘盈会早逝一样，总是猴急地设法让张嫣怀孕。据《史记·外戚世家》记载，吕雉"欲其生子万方，终无子"。也就是说，吕雉想了很多办法，让外孙女张嫣怀上儿子刘盈的孩子，可始终没怀上。

这是为什么呢？无非两种原因：一种就是刚才我们分析的，张嫣生理还不成熟；还有一种可能性更大的是，惠帝刘盈压根没有和张嫣同过房——种子都没有种到地里，怎么会开花结果呢？

后一种说法在民间流传甚广。它主要源于野史小说《汉宫春色》中对张嫣去世的一段描述："不数日后薨（hōng），年四十一。侍女闻空中奏乐声，异香数日不散。后既无骨肉懿亲在侧，小敛时，侍女为后沐浴，验视后之下体，皆曰：'可怜哉，后真处女也。'"

这段描述说明了几点：一、张嫣去世时的年龄是四十一岁，她的寿命不长；二、张嫣去世时，乐声盈耳，香气逼人，没有骨肉至亲在身边；三、经过查验，张嫣到死还是处女之身。既然是处女之身，哪里会怀孕呢？因此吕雉在一旁干着急也没用，儿子刘盈没有她那么龌龊、不讲廉耻。

由于这种说法流传比较广，加上张嫣国色天香、非常漂亮，人们无不怀念怜惜，纷纷为她立庙，定时祭祀，并尊她为花神，为她立的庙也因而被称为"花神庙"。生前清白，死后成神，这也算告慰了这位悲剧皇后的在天之灵吧。

总之，张嫣作为皇后，没有给刘盈生一儿半女。虽然皇后张嫣没有生孩子，但是刘盈和后宫的其他女人却生了一大堆孩子，而且全是儿子，分别是刘恭、刘彊、刘不疑、刘山、刘朝、刘武。这六个孩子最终全部惨死。说到底，还是父亲无能，孩子遭殃啊！后面，我们还会一一说到。

按说，这六个孩子都是惠帝刘盈的儿子，也就是吕雉的孙子，选一个当皇帝不就得了？但是，吕雉并没有简单地这么做，而是将其中一个名叫刘恭的孩子抱给外孙女张嫣来抚养，对外声称刘恭就是张嫣所生，并将他立为太子。

在我们现在看来，吕雉这么干真是毫无道理。实际上，她有自己的政治打算：一方面，此事涉及血脉问题。张嫣生的孩子，血脉更纯正，亲上加亲；更重要的一方面，此事涉及政治地位的问题。谁的儿子做皇帝，就意味着谁是未来的皇太后。皇太后的地位非同一般，吕雉绝不会让其落到旁人手里，外孙女才最可靠。从这里我们也能看出吕雉的政治远见。

为了防止走漏消息，断绝后患，吕雉一不做二不休，将太子刘恭的生母给杀了。惠帝刘盈死后，太子刘恭便即位做了皇帝，号为"少帝"。因为后来吕雉将其废掉，又另立一个叫刘山的孩子为皇帝，所以历史上称刘恭为"前少帝"，刘山为"后少帝"。

刘恭当时年龄很小，最多四五岁，于是吕雉代为临朝称制。这就是历史上著名的"吕后称制"。所谓"制"，指皇帝发出的诏令。所谓"吕后称制"，顾名思义，就是吕雉临朝发号施令。

类似"吕后称制"的做法，中国历史上还有两个比较典型的例子，也就是大家熟知的武则天称帝和慈禧太后垂帘听政。这三种称制做法虽然形式不一样，但本质上没有区别，她们都是国家的实际领导者：慈禧太后的垂帘听政最委婉，以听政的名义来主政；吕后称制，相对比较直接，毫无顾忌，直接来发号施令；武则天就更彻底了，干脆改朝换代，自己来做皇帝。

由于吕雉实际掌握了大汉王朝的领导权，后来的史官又认为，少帝刘恭来历不明，所以没有沿用少帝的名号来纪年，而是采用了吕后纪年。为了方便述说，我们在时间的表述上也尽量与史书保持一致。

前少帝刘恭登基后的第二年，也就是公元前187年，为高后元年，汉朝从此进入了吕后时代。

吕雉临朝称制不久，便想封吕氏子弟为王，但按照刘邦当年"白马盟誓"的约定，这是绝不被允许的。那么，吕雉会怎么推动这件事呢？会有人提出反对吗？

6.一朝天子一朝臣

吕雉临朝称制不久，便想分封吕氏子弟为王，但刘邦当年与功臣元老们有个所谓的"白马盟誓"，约定"非刘氏而王，天下共击之"。按照这个约定，吕雉的做法是绝不被允许的。

可能有人会想不通，吕雉已经嫁到刘家了，为什么还非要分封吕氏子弟呢？这不符合中国人"嫁鸡随鸡，嫁狗随狗"的传统啊！吕雉的这种想法，主要与她的儿子刘盈的早逝有关。

之前，对于吕雉来说，至亲的人有两位，一位是儿子汉孝惠帝刘盈，一位是女儿鲁元公主刘乐。现在刘盈死了，刘乐嫁人了，吕氏子弟无疑成了她最亲近和最倚重的群体。

不知道大家有没有这种体会，小姑子或者小叔子在没有生育自己孩子前，往往会与侄子或者侄女特别亲近，可一旦她们有了自己的孩子，就是另外一副模样了。吕雉应该就是如此，虽然她有儿子和女儿，但儿子死了，女儿嫁了，所以她才想分封亲人吕氏子弟。这其实与刘邦分封刘氏子弟是一样的道理，都是家天下的私心在作祟。

可是，碍于刘邦"白马盟誓"的约定，吕雉担心群臣反对，不敢明目张胆地直接分封。思前想后，她决定先试探一下群臣的态度。这天，在朝堂上，吕雉试着抛出了这个议题，让大家讨论。议题刚抛出，果然就有一位骨鲠之臣站出来反对。这位大臣就是右丞相王陵。

只见王陵大步走上前，义正词严地说道："高帝曾经召集众臣，宰杀白马，歃血为盟，'非刘氏而王，天下共击之'。如今，抹在嘴巴上的血迹还未干，就分封吕氏子弟为王，这是有违盟约的！"王陵确实耿直，当年刘邦没有看错人。关键的时候，王陵真的站了出来。

如果所有大臣都是这个态度，即便吕雉有天大的本事，也很难搞出什么花样。

听到如此耿直的话，吕雉会是什么心情呢？肯定很不高兴了。她怒目而视，当即就想驳斥，却说不出理由，一时憋得面红耳赤，气得青筋暴起，扭过头又问左丞相陈平和太尉周勃的意见。

这两个老家伙比较滑头，看吕雉神色大变，知道逆着来没好果子吃，便率领众臣迎合道："高帝平定天下后，封了刘氏子弟为王，现在太后称制，理应封吕氏子弟为王，这没有什么不妥的！"

俗话说："人走茶凉空剩杯，山盟海誓已成灰。"能够"威加海内兮"的人死了，歃血为盟也没什么用了。正所谓："万里江山万里尘，一朝天子一朝臣。"吕雉虽然不是天子，但她却拥有天子一样的权力，而且她的手段比刘邦的更加凌厉毒辣。

看到陈平和周勃等人出来解围，吕雉这才勉强转怒为喜。但她脑子很清醒，知道这帮老家伙是哄她开心，不一定是真心话，所以并没有立刻表态分封诸吕，而是宣布退朝，改日再议。

在朝上，王陵被众臣如此挤对，心中的那种郁闷可想而知。退朝后，他气哼哼地拦住陈平和周勃并责备道："你们俩搞什么名堂？太没节操了！当初跟高帝歃血盟誓的时候，你们难道不在吗？如今高帝不在了，你们就反悔了吗？太后是临朝执政的女主，却要封吕氏子弟为王，你们竟然纵容她的私欲，迎合她的心愿，违背与高帝立下的誓约。我看你们将来还有什么脸面到黄泉之下去见高皇帝？"

陈平和周勃两人非但没有感到愧疚，反而相视一笑，辩解道："在朝堂上当面顶撞太后，据理力争，我们比不上丞相您啊，但将来保全大汉天下，安抚刘氏后人，您老可不一定比得上我们啊！"这是哪门子的道理？自己违背了誓言，还理直气壮！陈平和周勃无非是在找台阶下而已。

不过，吕雉死后，剿灭吕氏一族，陈平和周勃确实功不可没，但其实最早的发起人并不是他们。这是后话，以后我们还会详细说到。

王陵知道这俩老滑头在跟他玩文字游戏，无话可说，悻悻离去。但这件事算完吗？当然不算完！

通过朝堂上的试探，吕雉视王陵为眼中钉、肉中刺，一心想除之而后快。但王陵毕竟是当朝右丞相，又是开国元老，不好背后下黑手。吕雉左思右想，想出了一个办法。

几个月后，她以前少帝刘恭需要好的老师教导为由，免去了王陵右丞相的职务，并拜为太傅。这其实就是夺了王陵右丞相的实权，为分封诸吕做了组织上的准备。王陵也不傻，知道自己多嘴讨嫌了，再坚持下去也是孤掌难鸣，说不定还会惨遭毒手。既然没有能力改变现状，太傅也没什么好干的，王陵只好称病，回沛县老家养老去了，最后他老死在家中，算是善终吧。

王陵告老还乡，吕雉并不挽留，心想走了更好，省得在一边碍事绊脚。待王陵走后，她立刻调整了领导班子，任命左丞相陈平为右丞相，自己的情人审食其为左丞相。

自从做了左丞相，审食其整天像特务一样监督朝中事务，随时向吕雉打小报告。如果有什么大事需要决断，朝中大臣还要跑到他那里请求签字批准，审食其的权力愈加膨胀。

左右丞相调整后，朝中还有御史大夫这一非常重要的职位，吕雉也想换人。这个职位之前说到过多次，其职责是专门整治各级官员，权力仅次于丞相。

当时的御史大夫名叫赵尧。我们前面也提到过，赵尧早期在刘邦身边做"符玺御史"，主要掌管公文用印。有一次，他给刘邦出了一个主意，让老御史大夫"结巴嘴"周昌去赵国辅佐赵王刘如意。周昌走后，刘邦看赵尧机智过人，便重用他为御史大夫。后来，赵尧以御史大夫之职，跟随刘邦平定陈豨之乱立了功，又被加封为江邑侯。

在刘邦时期，赵尧可以说顺风顺水，官运亨通。有一句话说得好，出来混，迟早都是要还的，只是时间问题。当年，赵尧出于个人私心，把老领导周昌给赶走了，自己得以当上了御史大夫。现在，吕雉看他很不顺眼，又听说刘邦保全赵王刘如意的计策正是他定的，所以有意要除掉他。

老大想搞人还不容易？何况御史大夫本身就是得罪人的差事，大家都想看笑话。于是，吕雉便诬蔑赵尧犯了渎职罪，罢了他的官，削去他江邑侯的爵位。

御史大夫像一把刀子，专门奉命捅人，吕雉必须安排心腹来担任才放心。那么，吕雉会让谁来坐这个位子呢？

7. 投石问路，收买人心

御史大夫像一把刀子，专门奉命捅人，刀把子必须攥在掌权者心腹的手中。吕雉想到了一个人，这个人名叫任敖。

任敖这个名字，大家可能有点陌生，其实在很早以前，我们就已经说到过。还记得吕雉在沛县监狱的那段经历吗？因为刘邦擅自放跑罪犯，落草为寇，吕雉受到了牵连，被秦朝政府收监。在监狱里，有一个狱吏经常欺负她。当时，同为狱吏的任敖出手相助，暴打了那个狱吏。不错，就是这个任敖！

刘邦起兵的时候，他以宾客的身份跟随左右。刘邦率兵西进关中，任敖则担任御史，留在丰邑驻守了两年。楚汉战争时期，刘邦向东讨伐项羽，任敖又被派到上党郡担任郡守。汉朝建立后，陈豨在代地造反，曾猛烈进攻上党郡，任敖顽强地坚守城池，立有战功，被刘邦封为广阿侯，食邑一千八百户，继续担任上党郡守。

现在吕雉当权了，她没忘记任敖当年出手相助的恩情，把任敖当心腹之人，任命他为御史大夫，加以重用。由此来看，吕雉也算是一个知恩图报的人，并不是完全没有人情味。在御史大夫的位子上，任敖干了约三年时间，后来由曹参的儿子曹窋接任，这是后话。

待朝中关键岗位调整得差不多的时候，吕雉便下令封了三个吕氏宗亲为王：一个是吕雉的父亲吕公，在刘邦时期曾被封为临泗侯，这次被追封为吕宣王；一个是吕雉的大哥吕泽，在刘邦时期曾被封为周吕侯，这次被追封为悼武王；一个是吕雉的二哥吕释之，在刘邦时期曾被封为建成侯，这次被追封为赵昭王。

吕雉一口气把父兄三人全封王了，只可惜他们早都已经死去，她只能在上坟烧纸的时候，哭着告知了。只是不知道，人世间封的王，到了阴曹地府，还能不能得到认可。这个吕雉就不管了。她的真正目的并不在于此，而是在于投石问路，进一步试探群臣，为给活着的吕氏子弟封王做铺垫而已。

因为死者为大，封死人为王，阻力相对要小很多，谁也不会跟死人计较。封死人为王很顺利，给活着的人封王封侯，应该也没问题。但吕雉比较沉得住气，她担心臣民不服，会引起反弹，没有直接这么干，而是先从他处入手，安抚人心。

从哪里入手的呢？吕雉先是特别加封了一位德高望重的老臣为列侯。这位老臣名叫冯无择。

冯无择是一位元老级的人物，早在刘邦刚起兵时，他就入伙了，虽有战功，但没有被刘邦封侯。估计他的战功在那么多的开国功臣里面排不上名次。不过到了这个时候，还在世的开国功臣已经没几个了，他便显得格外突出。于是，吕雉加封他为博成侯。

从某种程度上，这种做法安抚了一大批像冯无择一样的老臣，让他们有了盼头。当年，刘邦为了稳定军心而分封雍齿为什邡侯，也是同样的套路。

吕雉之所以封冯无择为侯，还与他担任的官职有关。当时，他官居郎中令，主要负责守卫皇宫门户，确保皇家安全。这个职务实在是太重要了，如果他有什么不满，随时可以做掉吕雉。吕雉倒行逆施，要封吕氏子弟为王，当然要首先把这样的人安抚好了。

封完冯无择，恰好这个时候，吕雉的女儿鲁元公主刘乐去世。刘乐是皇后张嫣的母亲，吕雉赐她谥号鲁元太后，并封她的儿子张偃为鲁王。就这样，汉朝第一个活着的异姓王出现了。

张偃是吕雉的外孙子，仍然不是吕氏子弟，不过他与吕雉的关系已经很近了。接着，吕雉又封了一个刘氏子弟为侯。这个刘氏子弟名叫刘章。

刘章这个人非常不简单，身强力壮，英俊潇洒，个性很强，敢作敢为，是齐王刘肥的二儿子，也就是刘邦的孙子。惠帝六年时，齐王刘肥去世，谥号为齐悼惠王。他生前生有九个儿子，因为二儿子刘章有点厉害，吕雉为了拉拢他，便封他为朱虚侯，而且还把侄子吕禄的女儿嫁给他做了老婆。

说白了，吕雉搞的还是刘吕配、亲上加亲的套路。这次还好，名分上有点乱伦，但血脉上没有什么关系。然后，吕雉又封了两个人为侯。

第一个人名叫齐寿，是当时的齐国丞相，被封为平定侯。为什么要封他呢？因为齐国是关中之外势力最强的诸侯国，齐王刘肥一家人丁兴旺，对中央政权构成严重威胁。前面说过，丞相由中央政府任命，掌握着诸侯国军权。吕雉封齐寿为侯，明显是笼络齐国军事力量，防止刘肥家族在分封诸吕时闹事。吕雉真是用心良苦啊！不过，吕雉死后，率先带头讨伐吕氏的诸侯国正是齐国，这个后面会详细说到。

第二个人名叫阳成延。早年，阳成延是秦时的军匠，也就是军队里搞基建的工程兵，后来加入了刘邦的汉军。汉朝建立后，阳成延官居少府。少府属于九卿之一，掌管着全国税收和手工业制造，是皇帝的私府，可以说是财神爷。前面说过，秦将章邯就是秦朝少府出身。吕雉加封阳成延为梧侯。为什么要封他呢？他有两大功绩：高祖刘邦时期，在萧何的领导下，阳成延负责设计营建了长乐宫和未央宫；惠帝刘盈时期，在曹参的领导下，阳成延又负责设计营建了长安城。显然，阳成延是汉初三大工程的总设计师和总工程师，其功劳有目共睹。另外，他官居少府，把持财政大权，掌握着国家经济命脉。所以，吕雉肯定也要拉拢他，而封侯自然是最好的方式。

这一连串的分封主要是收买人心，吕雉的终极目的还是给吕氏子弟封王封侯。那么，吕雉究竟会怎么分封呢?

8. 沆瀣一气，不管不顾

为了平衡群臣的利益，收买人心，吕雉一口气封了一批侯。待时机差不多成熟了，她才封了两个吕氏子弟为侯：封吕种为沛侯，封吕平为扶柳侯。这两人和吕雉是什么关系呢?

吕种是吕雉二哥吕释之的二儿子，也就是吕雉的侄子。吕释之的大儿子名叫吕则，承袭了父亲的爵位建成侯，但在惠帝时期，因犯罪被剥夺了侯爵。至于这小子犯了什么罪，我们不得而知，估计是重罪，因为后来再也没听说过他的消息。由此可以看出，当时的法令还是一视同仁的，"王子犯法，与庶民同罪"，这在封建时代不完全是一句空话。吕平是吕雉的姐姐吕长姁（xǔ）的儿子，也就是吕雉的外甥，因为随母姓，所以姓吕。估计他父亲是个上门女婿，否则不应该啊，鲁元公主刘乐的儿子还不姓刘，而姓张呢。

在加封两个吕氏子弟为侯的同时，吕雉也没忘记捎带给一位大臣封侯。这位大臣名叫张买，官居中大夫。

张买的父亲叫张戌，是广东历史上有文字记载的最早将领，出生于羊城，也就是今天的广州市。楚汉战争时期，张戌和一个叫华无害的将领一同率领军队加入了刘邦领导的汉军。在军中，他被刘邦封为越骑将军，立有赫赫战功。但汉朝建立时，张戉已经死了。

张买自己也不简单，既擅长骑射，又精于诗歌音律，是广东历史上有文字记载的最早诗人和歌唱家。他有一副好嗓子，堪称"广东好声音"，唱起歌来，音韵悠扬，妙不可言。清初大学者屈大均曾称赞道："开吾粤风雅之先。"惠帝刘盈就非常喜欢听他唱歌。有一次，张买陪伴惠帝刘盈在皇家池塘中划船游玩。他一边划桨，一边唱广东民歌，歌词针砭时弊，唱出了老百姓的心声，让惠帝刘盈感慨万千。另外，张买不但为人正直，而且非常低调，他从不拿父亲张戉的战功来显摆，深得当时人们的敬重。

吕雉正在笼络人心，非常需要张买这样的人出来撑场面。她的情人审食其建议道："张买这小子确实不错，不张扬，有内涵！他父亲张戉战功赫赫，却因为早死而没有被封侯，实在可惜。而华无害的战功和张戉的差不多，华无害早就被封了终陵侯。现在太后不如趁机封张买为侯。"吕雉认为言之有理，于是封张买为南宫侯。

张戉和张买父子一个战功显赫，一个才华横溢，都秉正不阿。后来，在今天的广州市，当地百姓为了纪念他们，建了一座"秉正祠"。这座祠庙是目前所知的，广州历史上最早的祠庙。关于张买，我们就介绍这么多。

这么一番分封后，吕雉早把刘邦"白马盟誓"的规矩给破坏得不成样子了。群臣都或多或少得到了一定利益，谁还会记得什么"白马盟誓"呢？他们逐渐默认了吕雉的做法。如果有人不识相，说漏嘴重提旧事，说不定还会被骂成"土老帽"，不能与时俱进呢。吕雉和一批被分封的大臣就是当时的既得利益者，他们沆瀣一气，不管不顾了。

为了进一步达到封吕氏子弟为王的目的，吕雉又封了惠帝刘盈五个幼小的儿子：封刘彊为淮阳王；封刘不疑为常山王，但不久之后，刘不疑就夭折了；封刘山为襄城侯，他的哥哥刘不疑死后，他便做了常山王，改名字叫刘义；封刘朝为轵（zhǐ）侯；封刘武为壶关侯。

紧接着，吕雉便开始暗示大臣们主动请封吕氏子弟。她首先派密使大谒者张释找陈平等人谈话，那意思就是让陈平等人带头请立吕氏子弟为王。关于张释，我们前面提到过，他是吕雉的心腹，给匈奴回的那封信，就是他起草的。陈平这老家伙怕吕雉怕得要命，不得已率领群臣上书，割齐国济南郡为吕国，作为吕台的封地。

齐国原本很大，但是齐王刘肥在世时，为了免遭杀身之祸，将城阳郡让给了鲁元公主刘乐。现在，济南郡又被群臣请封给了吕台。显然，损失最大的还是齐国。齐王刘肥死后，长子刘襄继承了王位，他对群臣的做法无可奈何，只好忍气吞声。但这种做法正合吕雉心意，她本来就想进一步削弱齐国的势力，当即表示同意，封吕台为吕王。

之前我们介绍过，吕台是吕雉大哥吕泽的大儿子。不过，吕台这小子和他父亲一样，福浅命薄，刚做吕王没多久，便在高后二年病死了。吕雉那个伤心劲就甭提了，她让吕台的儿子吕嘉，袭封吕王。差不多与此同时，吕雉封了她二哥吕释之的三儿子吕禄为胡陵侯。以上这些分封，主要发生在高后元年和二年，高后三年她总算消停了一些。

到了高后四年，吕雉的地位更加稳固，一下子封了吕氏宗族的四个人为侯。首先，吕雉封她的妹妹吕媭为临光侯。前面说过，女人封侯在刘邦时期就已经存在，所以群臣对此也能坦然接受。其次，吕雉封吕他为俞侯，吕更始为赘其侯，吕忿为吕城侯。这三个人大家知道就行了，史书上也没有交代清楚他们的来历，我这里就不胡诌了。

当然，吕雉用的还是老套路，她在分封吕氏子弟的时候，仍然不忘记分封几个大臣。这次，她封了诸侯国的丞相为侯，一共五人。这帮人掌握着诸侯国的军政大权，他们的利益诉求得到了满足，诸侯自然安定。吕雉的一系列分封不但让吕氏子弟风光无限，朝臣上下也受益良多。

一切看似非常完美，不想，宫廷中却发生了一个意想不到的差错。究竟是什么差错呢？吕雉会怎么处理呢？

9. 废立皇帝

吕雉连续封王封侯笼络人心，为吕氏家族谋取利益，一切都进行得有条不紊。正当她春风得意的时候，宫廷内部发生了意想不到的差错。什么差错呢？这和那个前少帝刘恭有关。

刘恭是惠帝刘盈和后宫妃子所生的孩子。前面说过，由于外孙女张嫣和儿子刘盈没有生孩子，吕雉便把刚出生的刘恭抱给张嫣抚养，让他充当张嫣的儿子，后又将他立为太子，并杀掉了刘恭的亲妈。

刘恭被立为皇帝时才三四岁，年幼无知，任由吕雉拨弄，安然做了三四年傀儡。现在他八九岁了，已经略懂人事，对成人世界充满好奇，总是有意无意地打听各种消息。有一次，刘恭偶然听说自己并不是张嫣的亲生儿子，自己的亲妈早被奶奶吕雉给杀掉了。他非常气愤，便口出狂言："太后怎么能杀死我的母亲呢？太没道理了！我现在还小，等长大成人后，我一定要报此仇！"小孩子总归是小孩子，比较率性，想到什么就说什么，也不考虑后果。这话被人听到后，很快便传到了吕雉那里。

吕雉多敏感一个女人啊！她倒吸一口冷气，暗想这小子小小年纪便有这个念头了，将来长大了还不翻天啊？不如趁早将其废去，以绝后患。吕雉当下便派人把刘恭诱骗进永巷中关了起来。永巷这个地方，大家应该比较熟悉了，当年戚夫人就是被吕雉关在这里活活整死的。

刘恭年龄虽小，但也是皇帝，是要上朝的，现在他被吕雉关了起来，与世隔绝，难免会引起大臣们的猜疑。于是，吕雉便对外声称，少帝刘恭得了重病，大臣们都无须再朝见了。不过，长此以往也不是办法，皇帝总不能老病着啊。

这天在朝堂上，吕雉貌似深谋远虑地对群臣们说："凡有天下治为万民命者，盖之如天，容之如地，上有欢心以安百姓，百姓欣然以事其上，欢欣交通而天下治。今皇帝疾久不已，乃失惑昏乱，不能继嗣奉宗庙守祭祀，不可属天下，其议代之。"

这段话是什么意思呢？吕雉这是在给皇帝的职责下定义："凡是拥有天下、掌握国家命运的人，对待百姓应该像天空覆盖大地，大地包容万物一样。皇帝只有满心欢喜地安抚百姓，百姓才会心甘情愿地拥护皇帝，君民心心相印，感情相通，天下才能长治久安。如今皇帝病重，经久不愈，以至于神志不清、昏乱失常，这样下去，他无法继承祖宗大业，我们也不能把天下托付给这样的人，应该让更合适的人取而代之！"

吕雉不愧为一位杰出的政治家。客观地说，她下的这个定义还是比较准确的，她的这番话也只是自己的遮羞布而已，背后其实另有所图。吕雉多有政治手腕啊，她这番套话的真正目的，是废掉少帝刘恭。

跟着吕雉混了那么多年，群臣谁还不理解她的这个套路啊。右丞相陈平听闻，赶快率领大家拜倒在地，口称太后英明，曲意逢迎道："皇太后为天下苍生谋划，安邦定国，考虑极为深远，臣等理应叩头奉诏！"说着，这帮家伙叩头如捣蒜。

吕雉看刘邦留下来的这帮人如此装孙子，高兴得花枝乱颤，但她表现得好像很慎重，说道："还是烦请诸位回去好好商议一番，推举一位人选啊！"于是，群臣奉命退朝，去研究皇帝人选。

类似这种重要的人事安排，领导一般说得好听，让下属来做主，其实自己的算盘早打好了，只是借下属之口说出来而已。这帮大臣都是人精，当然懂得这个道理，他们哪里是真去商议谁更优秀啊，分明是一起琢磨吕雉的心思。

结果琢磨了几天，他们也吃不准吕雉究竟想让哪位刘氏子孙当皇帝。要说还是陈平这老家伙机智过人，他根本不参与讨论，而去拜托宫中吕雉的一位心腹，直接向吕雉问明。这也才是吕雉的本意！

　　吕雉早就想好了，她想要拥立常山王刘义为皇帝。这个刘义我们前面说过，他原名叫刘山，开始被封为襄城侯，后被封为常山王，改名叫刘义，是前少帝刘恭的异母兄弟。陈平知道了吕雉的意思，马上转告群臣。

　　第二天在朝上，群臣在陈平的率领下异口同声地推举刘义为最佳皇帝候选人。当然，大家还要装得好像深思熟虑过一样。说白了，他们都在飙演技啊，就看谁演得更逼真。越逼真，吕雉就越开心，她一开心说不定就封谁为侯了。谁不想当"侯"耍耍呢？

　　既然群臣都支持，吕雉心满意足，也就不客气了。她直接废了刘恭的帝位。高后四年五月，吕雉下诏立刘义为皇帝，并给他改名为"刘弘"，这也就是历史上的"后少帝"。

　　后少帝刘弘少不更事，皇帝的大权自然继续掌握在吕雉手中。刘弘做了皇帝，吕雉便将他以前的常山王爵位封给了刘盈的另外一个儿子——轵侯刘朝。至于前少帝刘恭，他不久就被吕雉在永巷中暗杀了。

　　论血缘关系，刘恭是吕雉的亲孙子，但是也难逃其毒手。所以，吕雉在历史上留下那么大的恶名，也就不足为奇了，因为她颠覆了人们心目中最基本的道德认知。

　　民间一直流传一种说法，也就是所谓的"隔代亲"。实际上，这只是人们的美好想象，一般是"隔代不亲"。如果孩子的配偶不是父母喜欢的人，则更是如此。从吕雉的做法来看，她对孙子刘恭的情感显然不如对儿子刘盈的。儿子刘盈要杀她的情人审食其，她只是"惭"，却无动于衷；而孙子刘恭还是个小孩子，只因一句狂言，就惨遭杀身之祸。

　　至此，刘盈的六个儿子已经死了两个。到了高后五年八月，刘盈的又一个儿子淮阳王刘彊也死了，另外一个儿子壶关侯刘武被封为淮阳王。

　　就这样，宫廷内的家事被吕雉以雷霆万钧的手段给处理了，但吕氏子弟中也有一个人不让她省心。这个人会是谁呢？吕雉又会怎么处理呢？

— · 第三章 · —

吕家天下

10. 拿人钱财，替人办事

前少帝刘恭因口出狂言，被吕雉以雷霆万钧的手段废掉了。这时，在吕氏子弟中，也有一个人不让人省心。这个人名叫吕嘉。

前面说过，吕嘉是吕台的儿子，也就是吕雉的大哥吕泽的亲孙子。吕台被群臣请封为吕王后不久就死了，儿子吕嘉便承袭了爵位，做了吕王。

按照血缘关系和辈分来算，吕雉是吕嘉的亲姑奶奶。因为有这层关系在，吕嘉平日里骄横跋扈，为非作歹，谁都不放在眼里，影响极其恶劣，最后连吕雉这个亲姑奶奶都看不下去了，嫌他太丢他们老吕家的人。

吕雉那暴脾气，眼里容不下沙子，亲孙子皇帝她都能杀掉，何况吕王吕嘉呢？当然，她不会杀吕嘉，毕竟没什么政治威胁，但吕嘉的吕王就甭想继续做了。吕雉打算把吕王的爵位改封给吕产。

前面介绍过，吕产是吕泽的二儿子，吕台的弟弟，也就是吕雉的侄子。按说，吕产得封吕王也是符合惯例的，毕竟吕产是吕台的同胞弟弟，弟弟承袭哥哥的爵位还是容易被大家所接受的。吕雉偏偏不愿意直接这么干。因为她前面搞过几次"民主选举"，搞出味道来了，这样既显得包容，还能达到目的，何乐而不为呢？所以这次，吕雉仍然在朝堂上把议题抛给了群臣回去商议。这样一来，废立吕王的事就要相应往后拖一段时间。

正是在这段时间，一个有心人提前窥探出了吕雉的小心思，他要出来搞投机。这个人是谁呢？史书称呼他为田生，应该是姓田的儒生，字子春。为了方便述说，我们就叫他田子春。

田子春是齐国的当世能人，工于心计，喜欢给人运作事业前程。这种人哪个时代都有，现在也非常多。那么，田子春究竟要为谁运作呢？他想要运作的这个人名叫刘泽。

刘泽之前我们从来没说到过，他也是刘氏子弟，不过属于刘氏皇族的远房宗亲。刘邦时期，刘泽担任郎中。后来，陈豨叛乱，刘泽以将军之职参与平叛，俘虏了叛将王黄。王黄这个人我就不多介绍了，前面讲述韩王信和陈豨叛乱时都提到过。也正是因为这次战功，刘泽被刘邦封为营陵侯。尽管封了侯，但是刘泽仍不太满足，他一直想封王以光宗耀祖。

刘邦在世时，封王是有严格规定的，要么有卓越战功，要么是刘邦的儿子。刘泽一个远方宗亲，那点战功肯定没有机会了。到吕雉当政时，刘邦的很多规矩已经被破坏得没人好意思再提了，所以刘泽便想趁机运作一番，争取能够被封王。但吕雉也没那么好糊弄，所以必须有能人从中出谋划策才行。

恰在此时，田子春出现了。在达官贵人的上流圈，田子春因为才智过人、长袖善舞，很是吃得开，和刘泽的关系也非同一般。有一次，田子春要出去旅游，但手头有点紧，便来到刘泽这里寻求帮助。说白了，就是筹措点旅游经费。当然，他也不是白要刘泽的钱，而是承诺会想办法帮刘泽运作封王的事宜。对于田子春的能耐，刘泽还是非常清楚的。听田子春这么说，刘泽很高兴，他做梦都想被封王啊，于是当即赠送了田子春二百斤黄金。二百斤黄金可不是小数目，可见刘泽对田子春抱有多大期望。

按道理，拿人钱财是要替人办事的，可是田子春这小子拿到刘泽的钱后没去旅游，更没有去为刘泽运作封王的事，而是立即跑回了老家齐国。估计这小子当时也只是想骗点钱花而已，没想到刘泽出手那么大方，自己又没有机会兑现承诺，便开溜了。

田子春的确是个人才。他回到齐国后，凭借着刘泽赠送的第一桶金，很快便发家致富了。他这样一走就是两年，杳无音信。刘泽认为被骗了，大失所望，非常生气，便派人到齐国找到田子春将其臭骂一顿，并告诉他："你这个家伙以后不要再来京城和我们侯爷来往了！"这就是断交的意思啊！

刘泽是皇亲国戚，田子春得罪不起，但他曾经也是有头有脸的人，现在又发家致富了，被这么当面羞辱实在太没面子。为了把丢掉的面子找回来，回报刘泽给自己的第一桶金，他决定偕同儿子带着重金去长安走一趟，尽力为刘泽运作出一个王位。

来到长安后，田子春并没有马上去见刘泽，而是租了一座豪华的大宅院。然后，他花钱给儿子找了一个工作，地点在大谒者张释的府内。张释是个宦官，也是吕媭的心腹，之前我们已经说到过两次：一次说他帮吕媭起草了一封给匈奴冒顿单于的回信；一次说他奉吕媭之命劝说陈平等人推举吕台为吕王。从这两次事可以看出，张释在吕媭面前说话是很有分量的。

帮人运作前程也好，运作项目也罢，只要是运作，首先要找对人。因为前程或者项目都是掌握在关键的少数人手中的，只要他们愿意出面帮忙，事情差不多就成功一半了。田子春深谙此道，所以才让儿子设法接近张释。

俗话说："有其父必有其子。"田子春的儿子也非常能干，在张释府中干了几个月后，便和张释混得很熟。一天，趁着张释高兴，他便邀请张释到自己家里来做客。张释欣然答应。

这天，田子春亲自下厨准备酒宴，并张挂起华丽的帷帐，摆设出精美的器具，好像诸侯一般阔绰。张释来后，迈着方步登堂入室，本来很有优越感，但看到这个场面有点震惊到了。他没想到自己的下属竟然是个富二代，顿时对田子春父子刮目相看。这样，田子春和张释之间就没有地位上的心理落差了，二人相谈甚欢。

待上菜时，呈上来的又都是美酒佳肴、山珍海味，张释乐得开怀畅饮，非常开心。趁着酒兴正浓，田子春突然屏退左右，向张释说了一番话，让张释茅塞顿开。田子春究竟说了一番什么话呢？

11. 嘴有两张皮，咋说咋有理

田子春让儿子请吕媭身边的红人大谒者张释到临时租借的豪宅里做客，两人一见如故，相谈甚欢。趁着酒兴正浓的时候，田子春突然屏退左右，佯装好奇地向张释问道：

"在这繁华的京城中，虽然王侯府邸不下一百座，但那都是高皇帝时期的功臣和刘氏子孙所拥有的啊！当年，吕氏家族在高皇帝平定天下时可以说居功甚伟，理应受到特别优待。如今太后大权在握，但年事已高，吕氏族人力量太弱，她老人家一定也想多分封自己子侄啊，可能担心大臣们不服，才仅仅封立吕台为王。据我所知，现在的吕王吕嘉太不成器，太后将来必然会将其废掉，另立吕氏子弟。足下一直在太后身边做事，难道不知道太后的这个心思吗？"

张释面露得意之色，笑呵呵地回答道："太后的心思，别人可能不知道，但哪里会瞒得过我啊？太后无非是想另立吕产为吕王罢了！"

田子春瞪大眼睛"哦"了一声，貌似吃惊地说道："足下既然明白太后的心思，为什么不赶快发动大臣们奏请吕产为王呢？如果在足下的主动活动下，吕产得封吕王，那么太后一定不会亏待足下，赐封万户侯都有可能啊！反之，倘若足下装聋作哑，知情不言，一定会被太后所忌恨，祸及其身都不一定啊！"

田子春的这番话仅仅捅破了一层窗户纸，看似没什么高明的地方，实际上至关重要。因为当时大家应该都在猜测吕雉的心思，猜中只是早晚的事。张释作为知情人如果无动于衷，势必坐失良机，还可能引起吕雉的反感。

当然，田子春的"善意提醒"是为了他自己的长远谋划，主要是想以此来取得张释的信任，从而为下一步做打算。张释也是聪明人，他只是一时偷懒失算，才把这茬给忽视了，所以惊喜道："你提醒得太及时了，我本来也是这么想的，只是最近太忙，差点把这档子事给搞忘记了，实在是多谢提醒啊！如果他日真如你所言，得了太后封赏，我一定不忘记你的好处！"

田子春在那里嘻嘻哈哈客气了一番，然后和张释有说有笑地继续畅饮起来。直到尽兴，两人方才惜惜而别。

第二天，张释酒醒之后的第一件事便是挨个找朝中大臣活动，劝说他们请封吕产为王。吕雉耳目众多，到处都有眼线，对张释为自己做出的努力看在眼里，喜在心里，心想这家伙真不错，善解人意。

看张释忙活得差不多了，这天在朝上，吕雉便把废立吕王的事又提了出来，询问群臣商议得如何了，可有合适人选。这帮大臣经过张释点拨，早都按捺不住了，就等着吕雉征求意见呢。他们纷纷拜倒在地请立吕产为吕王，嘴里还不忘讲一大堆合乎情理的话。

常言说："嘴有两张皮，咋说咋有理啊！"吕雉知道这帮家伙在胡诌，但心里那个高兴甭提了，因为她的"民主选举"又一次取得了完满成功。于是，她当即下诏废掉吕王吕嘉，封立吕产来做吕王。

事情办妥后，群臣无论真实感受如何，都满脸堆笑、屁颠屁颠地退朝了。吕雉也懒得考虑他们的感受，只是把张释单独留了下来，表扬他最近工作非常努力，并赏赐黄金千斤。张释欣然领赏而去。

回去后，张释没忘记田子春当初的善意提醒，便主动找上门，提出将吕雉赏赐的一半黄金相赠。田子春已经发家致富了，对钱没多大兴趣，他这次进京主要是为刘泽封王的事而来，进而为自己谋取更大的利益，所以坚辞不受。

这就是所谓的"放长线钓大鱼"，蝇头小利不足以对田子春产生诱惑了。"天下熙熙皆为利来，天下攘攘皆为利往。"世上哪有不爱财的人呢？张释在名利场混了那么久，还从来没有见过。他认为田子春是一个淡泊名利的人，于是对其更加敬重，并引为至交。成了至交，那就无话不谈了，两个人经常在一起议论时政。田子春还偶尔给张释出几条锦囊妙计，让张释在吕媭那里获利颇丰。

过了一段时间，时机差不多成熟了。一天，两人在闲聊时，田子春好像有点不安地进言道："吕产现在已经被封王了，虽然是大臣们请封，但我们心里都清楚，那主要还是碍于太后的权势啊，他们未必真正心服！我以为足下应该建议太后设法去调和，以便让臣民心服口服才行啊。"

张释认为田子春分析得很有道理，便问他有何妙法，怎么调和。田子春若有所思一会儿后，说道："营陵侯刘泽这个人足下应该了解吧？他是高皇帝的堂兄弟，如今算是刘氏宗族中辈分比较高的人了，虽然是个将军，还被封侯了，但是始终没有被封王啊，以他为首的一批人难免会对吕氏封王怨言最大。足下不如让太后拿出十几个县，封他为王，刘泽肯定会对太后感激不尽，高高兴兴离开京城，这样也正好堵住了天下人的嘴，让他们无话可说。吕氏宗族的地位从此会更加巩固，说不定足下还会因为此事而受到太后的认可，岂不是十全十美的事吗？"

田子春的逻辑并不复杂，说白了，就是对各方势力搞利益平衡。因为他是站在吕媭的角度考虑问题的，所以这个思路很容易被接受。但是如果深入思考的话，他的这番话还是有点问题的。刘泽作为一个战功平平的刘氏远房宗亲，有那么大的影响力吗？至于用封王来抬举吗？封王可不是那么随便的，吕媭费尽心机才放开胆子封了一个吕氏子弟做王啊。如果姓刘就能被分封，天下姓刘的多了去，这还不乱套啊？

当时给吕氏封王，吕媭的压力实在太大了，毕竟有刘邦的"白马盟誓"在那里，分封刘泽缓冲压力便成了一种心理需求。但心理需求终归是心理需求，并非实质性的政治诉求。因此分封刘泽为王完全没有必要，只会白白浪费一个王位。这么一分析，我们就知道田子春纯粹是在忽悠张释而已。

但是，田子春每次都料事如神，让张释尝到了不少甜头，张释对他已经到了膜拜的程度，所以对这番话深信不疑。与田子春分开后，张释马上进宫去见吕媭，建议吕媭封刘泽为王。吕媭会接受这个建议吗？

12. 侥幸封王

张释认为，田子春建议封刘泽为王的办法不错，既可以为吕媭分忧，自己说不定还能从中获利。于是，与田子春分开后，他马上进宫去见吕媭，并把田子春的分析转化成自己的话讲给吕媭听。

吕媭一直在设法削弱刘氏的势力范围，压根没有打算再封刘氏子弟为王。但她毕竟压力太大了，听了张释从田子春那里传过来的说辞便改变了想法，心想用封刘来达到封吕的目的未尝不可。另外，还有一个非常重要的原因让她愿意接受这个意见。那是什么原因呢？

原来，刘泽的妻子是吕媭的妹妹吕嬃的女儿，也就是说，刘泽是吕媭的外甥女婿。吕媭特别看重这种婚配关系，她认为两个人一结婚，再开花结果，就是一家人了，无形中会成为利益共同体。因此，她搞了很多类似这样的刘吕婚配，还有几例，我们后面会一一说到。

由于这些原因，吕媭便决定将齐国的琅邪郡，也就是今天的山东青岛一带，割出来给刘泽作为封国，封刘泽为琅邪王。从此，琅邪国就成立了。琅邪国在历史上反复出现，以后我们还会不断谈及。

当然，这次分封损失最大的仍然是齐国。齐国被七分八分，已经所剩无几了，貌似不再有能力对中央政府构成严重威胁。不过这件事，吕雉还是失算了，因为她死后，刘泽的琅邪国和齐国竟然联合起来反对吕氏家族，最终导致吕氏政权土崩瓦解。别看平时明争暗斗，关键的时候，血缘关系还是能够起到强大的凝聚作用的。

听说刘泽得封琅邪王后，田子春这才到刘泽府中道贺。莫名其妙被封王，刘泽也不傻，经过了解，他已经知道这都是田子春在暗中运作才成的。看到田子春来了，他表现得特别热情，盛情款待，赔不是的话也没少说。待叙旧寒暄完后，田子春让刘泽屏退左右，称有重要的话要说。

类似田子春这种喜欢搞阴谋诡计的人，保密工作一般做得格外好，因为他们的那些计策多半"见光死"，只有神不知鬼不觉的时候才会奏效。

刘泽对田子春毕恭毕敬，当即让左右退去，聆听他的教诲。田子春神秘兮兮地说道："大王最好不要在京城逗留，还是应该尽快离开这个是非之地，赴国就任为好啊！我也随大王一起走。"刘泽感觉很奇怪，自己刚被封了琅邪王，还没来得及请客炫耀祝贺呢，怎么说走就走呢？这么做好像逃难一样，哪里像当王啊，便问他究竟是什么原因。

田子春为了显得神秘，不肯明言，只说听他的话就行了，否则到手的王位也有可能不保。

刘泽好不容易被封了琅邪王，一听说王位不保，吓得冷汗直冒。他对田子春已经心悦诚服，哪里还敢质疑，当即命人收拾行囊准备第二天上路。

田子春也马上告辞回到豪宅，办理退租手续。第二天一大早，他不放心，又跑过去催促刘泽尽快出发。刘泽不得已，只好进入宫中向吕雉辞别。吕雉刚起床，头昏眼花，也没心思搭理他，便准了。刘泽跪地谢恩后，匆匆离开了皇宫。

一出宫门，田子春等人已经备好了车马等在外面。于是，两人快马加鞭，马不停蹄向函谷关奔去，等出了关门，又急驰了几十里地，才命人放缓脚步，慢慢行进。

刘泽看田子春搞得神神秘秘，起初还有点不以为然。但不久，他听说吕雉当真反悔了，还派人追赶到函谷关准备把王印收回来，幸好他们跑得快才没有被追上。田子春的先见之明让刘泽对其更加佩服，以后对田子春格外以礼相待。

吕雉虽然为封刘泽为王的事后悔不已，但再收回成命就比较难了，追到关外未免显得太小家子气了。掌权者出尔反尔，怎么统治天下呢？所以她只好作罢，便宜了刘泽这家伙。

那么吕雉为什么会反悔呢？正是我们前面分析的，用封刘泽为王来巩固吕氏宗族的势力，代价太大，完全没有必要。她虽然一时被蒙蔽了，但忍不住会仔细思考，一思考就很容易想明白。我们不得不佩服田子春对人性的洞察能力，简直有如神助，颇有吕不韦当年的风范。好了，关于田子春和刘泽，我们先说到这里。

当吕雉为这件事正心烦意乱时，又发生了一件让她大为恼火的事情。什么事情呢？这和另外一个诸侯王有关。这个诸侯王就是赵王刘友。前面说过，刘友是刘邦的第六个儿子，但究竟是刘邦和哪个女人生的，史书上没有交代。那么，刘友是什么时候被分封为赵王的呢？

高帝十一年，梁王彭越被诬蔑谋反，三族被诛灭。刘邦将梁地一分为二，梁地东北仍称号为梁，梁地西南称号为淮阳。当时，燕王卢绾和相国萧何请封皇五子刘恢为梁王，皇六子刘友为淮阳王。这个建议得到了刘邦批准。刘邦去世后，惠帝元年，吕雉毒杀了刘邦的三儿子赵王刘如意，同时将刘友改封为赵王。其实，这些之前我们都或多或少提到过了，这里我们再简单回顾一下，以便顺畅起来。当时，刘友还是个小孩子。不过，为了刘吕两家亲上加亲，吕雉可不管近亲不能通婚这些，她将吕氏家族的一个女孩子很早就嫁给了刘友做老婆。这个女孩子究竟是吕雉的侄女还是孙女，我们不得而知，反正是他们老吕家的。为了述说方便，我就称呼这个女孩子为吕女好了

到了吕后称制时期，刘友已经长大成人，懂得了男女之事。由于吕女

平时仗着有吕雉撑腰，对赵王刘友不够尊重，刘友对她很是看不惯。男人看不惯自己的老婆，就很容易会在外面找个看得惯的。刘友就是如此，他喜欢上了王宫中的另外一个妃子。

那个时候，一国之王多喜欢几个女人再正常不过，但吕女坚决不同意他们来往，不依不饶，整天闹得死去活来。刘友年轻气盛，仍然我行我素，追逐自己的爱情。

吕女是个大醋坛子，实在受不了了。高后七年正月，她便背着刘友独自跑到京城长安，到娘家人吕雉面前告状。她是怎么告的呢？吕雉又会怎么处理刘友呢？

13. 不留情面，幽禁饿死

吕女是个大醋坛子，因为赵王刘友对她不感兴趣，喜欢上了另外一个女人了，她便醋意大发。女人吃起醋来，有时候就像男人吃了炸药，不搞出来点大事，那是要憋坏的。于是，高后七年正月，吕女便背着刘友独自跑到京城长安，到娘家人吕雉面前告状。

夫妻两口子吵架生气，在生活中再正常不过，就看你怎么处理。处理得好，每次吵完可能感情会更进一步；处理不好，感情会越来越糟糕，可能会以离婚收场，甚至闹出人命。

两口子的事理应夫妻两个人理智解决，跑到娘家诉苦非但对婚姻没有裨益，还会给双方家庭带来更大范围的伤害。吕女这个女人更过分，仗着有太后吕雉撑腰，不但跑回京城长安告状，而且是诬告：

"太后您要为我们吕家做主啊！刘友这小子听说我们吕家人被封王，怨气很大，经常对人发毒誓说：'姓吕的凭什么能够被封王？太后百年后，我一定要讨灭吕氏，把他们杀个一干二净！'另外还有很多狂言，我都记不清了，反正都是说将来要找我们吕家报仇。我实在看不下去了，所以过来禀告。"

俗话说，一日夫妻百日恩，百日夫妻似海深。吕女和刘友好歹也是夫妻一场啊，没想到翻起脸来毫不留情。吕雉对自己的所作所为非常清楚，她做贼心虚，平时听到类似这样的话头皮都发麻。为了避免被人指指点点，她为封吕氏为王不知道做了多少铺垫，才好不容易封了一个，结果还是遭人忌恨。所以，吕雉听到吕女的话，大发雷霆之怒，气得倒竖双眉，立即派人召赵王刘友进京问罪。

刘友对老婆吕女太了解了，知道她肯定在吕雉那里乱说话了，但他认为自己是无辜的，便奉命来京，想把话说个明白。不过，吕雉对吕女深信不疑，本来搞的就是有罪推定，所以等刘友到了，她既不接见，也不审讯，而是将他软禁在长安城的赵王府中，并且不给饭吃。

跟赵王刘友一起进京的随从岂能袖手旁观？他们便试着偷偷往里面送饭，结果去一个抓一个，去两个抓一双，全给抓起来扔进了监狱。很明显，吕雉这是有意要饿死刘友的节奏啊！

常言说道，人是铁，饭是钢，一顿不吃饿得慌。刘友已经一连几天没吃饭了，饿得奄奄一息。在饥饿和满腔忧愤中，他写下了一首诗歌来抒发心中苦闷。动不动就唱歌抒情，这是不是很像刘邦？看来老刘家血脉里天生就有音乐细胞啊。

只听刘友一个人悲情地唱道："诸吕用事兮刘氏危，迫胁王侯兮强授我妃。我妃既妒兮诬我以恶，谗女乱国兮上曾不寤。我无忠臣兮何故弃国？自决中野兮苍天举直！于嗟不可悔兮宁蚤自财。为王而饿死兮谁者怜之！吕氏绝理兮托天报仇。"

由于这首诗歌是刘友在一种绝望的状态下所做，充满了悲情色彩，所以很能触动人。它主要描绘了刘汉王朝的现状，以及刘友自己的处境和期盼：诸吕朝中掌大权啊，刘氏江山实已危；以势胁迫诸王侯啊，强行嫁女为我妃。我妃嫉妒其无比啊，竟然谗言诬我罪；谗女害人又乱国啊，不料皇上也蒙昧。并非是我无忠臣啊，如今失国为哪般？途中自尽弃荒野啊，曲直是非天能辨。可惜悔之时已晚啊，宁愿及早入黄泉。为王却将饥饿死啊，无声无息有谁怜！吕氏天理已灭绝啊，祈望苍天报仇冤。

歌声呜呜，饥肠辘辘，同年正月十八日，刘友终因幽禁而饿死。因为是幽禁而死，所以后来给他上谥号为幽王。刘友死后，吕雉只是按照民间葬礼的方式，命人把他草草埋葬在长安城外寻常百姓家的坟墓旁边。这说明，吕女诬告刘友的那番话，说到了吕雉的痛处，否则她不至于如此。吕雉应该有杀鸡给猴看的意思在里面。

这事干得可能太过分了，过了几天，竟然发生了日食，白昼瞬间变得跟黑夜一样。俗话说，头顶三尺有神明，不畏人知畏己知。不管真假，有些事情就那么巧，好像老天一直注视着天下人似的。

吕雉非常厌恶这种天象，心中闷闷不乐，对左右人说："此为我也！"谁作孽谁知道，吕雉有自知之明，认为都是因为她才会这样。我们不知道那个吕女看到自己老公被活活饿死又会做何感想。按照常理，估计她肠子都悔青了，因为刘友死了，她的王后也做到头了。

刘友死了，赵王的位子就又空了出来。吕雉便将刘邦的第五个儿子刘恢由梁王改封为赵王。同时，她又将吕王吕产改封到梁地，把梁国改名为吕国。

吕产因为要给后少帝刘弘做老师，也就是太傅，所以留在了京城，始终没有到自己的封国去。吕雉将原来的吕国改名为济川国，将一个名叫刘太的皇子由昌平侯加封为济川王。刘太则因为年幼，仍然留在宫中。

关于刘太，我们多交代一句，他究竟是谁的皇子不详，史书没有交代，其身份比较可疑。因为这个时候，刘盈已经死了将近七年，哪里还有能力再生孩子。后少帝刘弘还是个小孩子，更不可能是刘太的父亲。后来，也正是因为身份不被大臣认可，刘太遭到杀害。这个大家知道就行了。

按照吕雉的诏令，刘恢被分封到了赵国，担任赵王。汉朝建立后，赵国已经先后经历了三任赵王，但结局都不太好，甚至有惨死的。那么，刘恢的命运又会如何呢？

14. 强扭的瓜不甜，强摘的花不香

汉朝建立后，赵国已经先后经历了三任赵王，但结局都不太好，甚至有惨死的。我们不妨回顾一下这三任赵王：

第一任赵王是张敖，也就是鲁元公主的老公，孝惠皇后张嫣的父亲，曾经因为刺杀刘邦的事，险些被处死。刘邦看在鲁元公主的份上，把他降封为宣平侯，总算平安着陆。第二任赵王是刘如意，也就是戚夫人的儿子，刘邦最喜欢的三儿子，被吕雉毒杀身亡。第三任赵王是刘友，我们刚刚说过，被吕雉幽禁而饿死。

在当时，其实大家也都传言赵地风水不好，所以刘恢听说自己被改封到那里，是一百二十个不情愿。但他生性懦弱，迫于形势，也不得不服从吕雉的安排。

为了安抚刘恢，让刘吕亲上加亲，吕雉便把吕产的女儿，也就是自己的侄孙女强行嫁给刘恢做了赵王后。

俗话说，强扭的瓜不甜，强摘的花不香。但吕雉好像并不认这个理。估计她认为，自己年轻时就是遵从父命嫁给了刘邦，不也过得还行吗。

刘恢肯定不愿意接受这门亲事了，虽然血缘上没问题，但从辈分上来看还是有点乱。反正，只要经吕雉促成的婚事，没有不乱的，而且让人眼花缭乱。另外，陪着赵王后嫁过来的还有一批吕家的随从官员。这批人私下里都被吕雉授意过，所以到了赵国后专揽大权，暗中监视赵王刘恢的一

举一动。

刘恢虽然贵为赵王，但毫无优越感和安全感。又加上赵王后非常霸道，是个母夜叉，嫁给刘恢后整天大发雌威，说一不二。刘恢对其敢怒不敢言，一点做男人的感觉都没有。这样一来，他很是郁闷。

人一郁闷就要解闷，否则早晚闷出病。男人解闷最常用的办法就是找个心爱的女人在一起开心。刘恢也是这样，而后宫里恰好就有一位妃子让他很开心，让他有做男人的感觉。但是赵王后和刘友的老婆吕女一样，也是个大醋坛子，看到这种情况就不干了。她比刘友的老婆还要狠毒，竟然派人用毒酒毒死了刘恢的那个宠妃。

心爱的女人死了，刘恢很伤心，心灰意冷，于是作诗歌四章纪念，并让乐工们歌唱。诗歌的内容史书没有记载，肯定也是那种比较凄凉的调调。这么整天歌唱，刘恢越听越灰心，越听越感觉这样活着没意思。高后七年六月，他就自杀了。

就这样，又一个赵王被变相逼死了。

吕雉听说这件事后，非但没有责怪侄孙女，反而骂刘恢没有出息，为了一个女人竟然连祭祀宗庙的礼仪都不要了，对不起列祖列宗，所以不准他的儿子承袭赵王的爵位。实际上，吕雉无非想多腾出来一个王位封给吕氏子弟而已。但因为直接封吕氏子弟为赵王太过明显，她便派使臣到代国去，想让代王刘恒来做赵王。

刘恒就是后来的汉文帝，我们前面介绍过他的身世。他是薄姬的儿子，刘邦的第四个儿子。薄姬原本是魏王豹的老婆，被刘邦抢来宠幸了一夜，就怀上了刘恒。刘邦平定陈豨叛乱后，刘恒被封为代王，薄姬也跟着去了代地。这母子俩因为不受刘邦重视，平时比较低调，远离是非圈，结果因祸得福，始终没有受到吕雉的政治迫害。

现在，赵王的位子空出来了，吕雉便想改封刘恒为赵王，转一个圈再封他们吕家的人。但是刘恒这小子比他的几个兄弟要聪明很多，他认为赵王这个位子不好坐，如果自己做了赵王，早晚也要被弄死，所以无论如何不愿意过去。他的理由冠冕堂皇，就是代地处在国家边疆，条件比较艰苦，他比较熟悉当地情况，宁愿留在那里戍边。这么冠冕堂皇的理由，使臣也没有办法，只好回京复命，将刘恒的态度向吕雉做了汇报。

吕雉本来做的就是个假动作，看刘恒这个样子，也懒得装下去了，便不再勉强。这时，吕产和右丞相陈平等人向太后进言说，吕禄在列侯中排在第一位，应该立他为赵王。吕雉当即同意，但仍然将他留在京城。毕竟京城才是最重要的地方，吕产和吕禄都是吕雉最倚重的吕氏子弟，由他们掌握京城军政大权才最可靠。

封完吕禄后不久，从燕国传来了一个丧讯。什么丧讯呢？原来燕王刘建死了。刘建是刘邦的第八个儿子，也是最小的儿子。他相貌、秉性都很像刘邦，但是运气不太好，竟然意外死掉了。怎么死的呢？原来刘建喜欢打猎，有一次打了一只狐狸，不小心被狐狸抓伤了，得了狂犬病。狂犬病一旦发作，现代医学手段也无法治疗，何况那个时候呢。最后，年纪轻轻的刘建病死了。

刘建死时只有一个儿子，是庶出，也就是他和妾生的孩子。孩子很小，刚出生不久，还在襁褓之中。按规矩，刘建燕王的爵位可以传给这个儿子，但是吕雉想把燕王之位封给吕氏子弟。如果要达到这个目的，除非刘建的儿子死掉。

吕雉的心多狠啊，她马上便派出一个杀手潜入燕地，杀掉了还在襁褓中的孩子。一个婴儿，多无辜啊，他对这个世界还完全没有概念，刚出生就被吕雉给杀了。

因为刘建没有其他后代，所以吕雉理所当然将燕王之位封给了别人。这个"别人"当然是他们老吕家自己人了，也就是吕雉的侄子吕台的另外一个儿子吕通。吕通之前已经被封为东平侯了，现在被封为燕王，他的弟弟吕庄则被封为了东平侯。

至此，我们可以算一下刘氏和吕氏两家的势力。

刘邦一共八个儿子，其中刘肥、刘盈、刘如意、刘恢、刘友、刘建这六个都死了。只剩下老四代王刘恒和老七淮南王刘长还活着：一个因为低调，母子俩不受刘邦待见；一个因为没妈，从小被吕雉抚养成人。所以，出身不好未必是坏事！再加上齐王、吴王、楚王和琅邪王，以及来历不明的济川王，目前只有七个刘姓王。而吕姓王已经悄然增加到了三个：梁王吕产、赵王吕禄、燕王吕通。

因为中央政府由吕雉把持着，吕产和吕禄手握军权，所以刘吕两家势力范围表面上基本相当，实际上吕家更胜一筹。可以毫不夸张地说，现在的刘汉王朝已经几乎变成吕家天下了。

在这样的政治背景下，竟然有一位刘氏子弟毫不畏惧，跳出来挑战吕家权威，这个刘氏子弟会是谁呢？吕雉又会怎么对待他呢？

第四章

奋起反抗

15. 这个刘氏子弟不一般

吕后称制几年来，经过苦心经营，终于将刘汉王朝慢慢打造成了吕家天下。后少帝刘弘有名无实，成了地地道道的傀儡。右丞相陈平和太尉周勃有位无权，有权无柄，小心翼翼，只求自保。

在朝中，真正掌握核心权力的人都是吕雉的心腹：内有情人左丞相审食其、大谒者张释、妹妹临光侯吕嬃等人出谋划策；外有吕产和吕禄两个侄子统领南北二军，护卫京城长安和宫廷内外。到这个时候，吕家势力已经势焰熏天，一时无两。

在这样的政治背景下，朝中群臣和刘氏子弟人人自危，整天担心哪天会大祸临头。但在这帮人中有一位刘氏后生，少年气盛，胸怀大志，一心想重振刘家。这位后生就是刘章。

说起刘章，大家可能有点陌生，其实前面也提到过。他是刘肥的二儿子，也就是刘邦的孙子，人长得膀大腰圆，身强力壮，器宇轩昂。高后元年，为了笼络人心，吕雉曾经封了一批侯，其中就有刘章。刘章当时被封为朱虚侯，并被调入京城长安担任宿卫，负责宫廷晚上的安全守卫工作。四年之后，吕雉又封刘章的弟弟刘兴居为东牟侯，将他也调过来做了宿卫。

宿卫的工作非常重要，只有心腹才可能委以重任。由此可见，吕雉对刘章兄弟非常重视和信任，这应该与当年他们父亲刘肥委曲求全分不开。

当然也不排除，吕雉只是做做样子给大家看看，显得刘吕两家亲。而且，吕雉还把侄子吕禄的女儿，也就是侄孙女强行嫁给了刘章做老婆。此时，刘章大概二十岁的样子。

现在二十岁的年轻人很多还没从学校毕业，但刘章胸怀大志，一心想重振刘家。人一旦有大志向，做事就会很有节制，处处严格要求自己。刘章也是这样，他没有像叔叔刘友和刘恢一样使小性子，为了所谓的爱情，前程和生命都不要了。相反，他对吕雉特意安排的吕姓老婆格外好。

中国古代的大部分女人还是很容易满足的，只要丰衣足食，让她过得很有存在感，她们一般都会对老公俯首帖耳。所以，刘章两口子的家庭生活相当幸福和谐，可以称得上模范夫妻。这让媒人吕雉很是满意。能不满意吗？经她手促成的婚姻，要么乱七八糟，要么悲剧收场，唯有刘章这对既不乱，也不悲，顺理成章，总算合自己的意。

我们不知道刘章是真心喜欢，看对眼了，还是装装样子，委曲求全，可能兼而有之。不管怎样，刘章的做法让吕氏家族的人都高看一眼。手握军权的岳父吕禄遇到这么好的女婿，为自己的女儿庆幸不已，因此他在无形中成了刘章的后台，为刘章撑腰。

既然吕雉和吕禄两个吕家的关键人物对刘章都比较看重，刘章自然到哪里都很受欢迎，说话也非常有分量。虽然很受吕氏家族重视，但刘章内心还是站在刘家这一边，对刘氏子弟逐渐被排除到权力中心之外很有意见。因此，他总想为刘家立威，只是苦于一直没有机会。不过，只要有这个心思了，就不怕没机会。

那么，刘章会碰到这样的机会，让刘家扬眉吐气吗？还真让他碰上了！

一天晚上，吕雉办了个酒宴，主要宴请刘吕两大家族以及群臣来宫中喝酒吃饭。参与这次酒宴的人数还是比较多的，左右共有一百多人。当然，大半都是吕氏家族的人。刘章也应邀赴会。他来到后宫，看到那么多姓吕的在场，气不打一处来，愤愤不平，但仍然客客气气地和每个人打招呼。看差不多人都到齐了，吕雉便宣布酒宴开始。

　　古时候，酒宴开始时一般都会先设置一位酒吏。所谓酒吏，顾名思义就是负责酒宴秩序的官吏，兼具活跃气氛的作用，通常是由掌权者指定或者大家推举。能做酒吏的人平时还是要有点权威的，否则很难控制住场面。吕雉委任刘章的就是这么个差事。

　　刘章接到任命后，当仁不让，而且煞有介事地跑过来征求吕雉的意见："太后，臣是将门之后啊，既然太后让臣监酒，臣希望能够按照军规来办！"说白了，刘章这是要为酒会立规矩了，而且立的是军规。

　　吕雉认为刘章也就是说说，看他一副一本正经的样子。酒吏实际上也就烘托一下气氛罢了。于是，她欣然同意道："没问题啊，今天酒宴上你说了算，就按军规办！"有了吕雉的首肯，刘章便当着众人的面大声宣布了几条军规。

　　军规不同一般的规矩，非常严厉，动不动就要杀人的。在这些军规中，有一条要求大家在酒宴散场前不准擅自离席跑掉，否则定斩不饶。待规矩立完，酒宴便开始了，大家也没太当回事，纷纷入席落座。

　　酒过几巡，大部分人差不多都进入状态了。这时，刘章带着几分酒兴从席位上走了出来。作为酒吏，他要跳个舞给大家助兴，活跃一下气氛。吕雉很高兴，觉得干喝也确实没什么意思，表示同意。接着，刘章便在场地中央又是唱又是跳，引得吕雉喜笑颜开，拍手称赞。太后如此开心，大家也跟着开心，现场顿时欢呼声、叫好声连连。

　　一段歌舞结束之后，刘章好像意犹未尽，又向吕雉申请道："臣愿为太后再唱一首耕田的歌曲。"吕雉一直把刘章当孩子看待，听他这么说，呵呵笑道："你这孩子净瞎说，你父亲可能还知道一点耕田的事，你打小在皇宫大院中长大，哪里懂得耕田的事啊？"

　　刘章有点撒娇卖乖地答道："太后小看臣了，臣还真略知一二呢！"吕雉不想扫他的兴，便继续笑着说道："好吧，那你就说说看，耕田究竟是怎么一回事呢？"

　　刘章会怎么说呢？酒宴上还会有什么大事发生呢？

16. 酒桌上杀人

在酒宴上，刘章向吕雉申请唱一首关于耕田种地的歌。吕雉认为他在皇宫大院中长大，不可能懂种地的事，但为了不扫兴，还是让他先说说怎么种地。

只见刘章清了一下嗓子，装模作样地朗声唱道："深耕概（jì）种，立苗欲疏。非其种者，锄而去之。"这几句话看似稀松平常，不过是种地的一般原则而已，其实并非那么简单。

我稍作翻译，大家可以再体会一下："深耕密种，留苗稀疏；不是同种，坚决铲除。"前两句倒没什么，关键是后两句，明显是语义双关，暗喻吕雉对吕氏的同"种"偏袒照顾，而对刘氏的不同"种"都设法铲除。吕雉是政治人物，我们说过，她极为敏感，当然听懂了刘章的话外之音。

史书上记载，吕雉听到刘章这句话后一时"默然"。"默然"说明她若有所悟，只是没有对刘章的言论做任何评价，而是在那里想心事。有些话别人听来可能无关紧要，当事人却心照不宣，但都不好当面说穿，因为一旦说穿了，大家都会难堪。为了避免难堪，"默然"是最好的选择。

吕雉的"默然"还包含着一种无奈。刘章毕竟没把话挑明，何况大多数人，包括吕氏家族的人都对刘章很认可，所以她不好小题大做。刘章也比较识相，看到吕雉的状态，便装作一副没心没肺的样子，继续起哄让大家多喝酒，算是把尴尬局面给搪塞了过去。

但事情没有到此结束，刘章还要做更大的事，他想找一位吕氏子弟出气。过了一会儿，吕氏子弟中有一个人不胜酒力，喝得东倒西歪，满脸通红。我们日常生活中可能都见识过，有的人酒量很大，怎么喝好像也没事，像喝水一样，号称"几斤哥"；有的人呢，酒量则很小，碰酒就倒，这种人还是比较多的，一到喝酒时他就有为难情绪，总是中途设法跑掉。这位吕氏子弟的酒量可能就不大，被刘章反复灌酒，自感不支，便想趁人不备偷偷溜掉。

刘章好像知道这小子酒量不好，对他早有防范，发现他悄然离开了，马上拔剑追将出去，在背后大声责问道："站住！你小子目无法度，怎么敢擅自逃席呢？"这倒霉孩子正要回头解释，估计想说自己尿急，只是去解个手，但刘章不容分说，呵斥道："奉太后之命，逃席者一律军法处置，你藐视军法，今天你就给我待在这吧！"说着，便一剑猛刺了过去。那小子还没明白过来怎么回事，就一头栽倒在了血泊之中，死于非命。

我们可以想象那场面该有多么恐怖。喝场酒小命没了，难怪有人说酒场如战场啊！

杀完人后，刘章毫不慌乱，好像宰杀了一只鸡似的，用随手端着的酒轻轻将宝剑冲刷了一遍。然后，他扭头回到酒席中，向吕雉汇报道："报告太后，刚才有一人，我也没看清楚是谁，竟然违背太后的军规擅自离席，臣已将他军法处斩了！"

刘章说得轻描淡写，但把酒席上的这一百多号人给吓得不轻，他们面面相觑，都庆幸自己晚溜一步。吕雉也大吃一惊，但有言在先，她也不好说什么，只是双眼紧盯着刘章。刘章一副若无其事的样子，面色从容，很是镇定。这样大眼瞪小眼看了半天，吕雉才挥手让刘章退下，让大家继续。

还能继续吗？肯定不能了！刚才的欢快气氛已经荡然无存，大家都在那里局促不安起来。这酒再喝下去实在没什么味道了，吕雉只好宣布酒宴结束，自顾回了内室。太后走了，这一百多号人也都匆匆离场，生怕成了刀下鬼。就这样，一场本来还算欢快的酒宴被刘章给搅了局，不欢而散。

从此以后，吕氏家族的人都非常惧怕刘章，知道这小子不是个善茬，瞪眼宰活人，连吕雉的饭局都敢搅。老丈人吕禄虽然对刘章的做法也很有意见，但考虑到他是自己的乘龙快婿，也只能力挺。

吕婕及吕氏子弟见吕禄护短，也不敢加害刘章，只好强忍了过去。朝中大臣也都私下里给刘章竖大拇指。刘氏子弟就更不用说了，之前低沉的情绪一下子消失殆尽，他们重新精神抖擞起来。很快，刘氏家族的声势又渐渐强盛起来。

这次事件说大不大，说小不小，但从某种程度上让大家意识到了汉朝天下仍是刘家的，而不是吕家的，这为将来吕婕死后平定诸吕提供了精神上的鼓励。

看到刘章这小子潜质不错，很多人都暗中依附，右丞相陈平这个老滑头也不例外。为了给自己留条后路，他也想方设法前去巴结。这一幕被一个女人看在眼里，恨在心里。这个女人就是吕婕的妹妹临光侯吕嬃，也就是樊哙的老婆。

吕嬃和吕婕性情相似，都是比较喜欢整事的女人，唯恐天下不乱。别看陈平是个老帅哥，但因为之前和陈平有过过节，吕嬃最看不惯他那副趋炎附势的嘴脸。什么过节呢？前面有提到过，与樊哙有关。

刘邦临死前听人说，樊哙要杀他最宠爱的女人戚夫人，便征求陈平的意见。陈平给刘邦出了一个主意，说杀掉樊哙就行了。刘邦依计行事，下达了秘密处决樊哙的决定，并且指定由陈平来执行。

实际上，这件事子虚乌有，以讹传讹，无法证实，但吕嬃信以为真，认为这太符合陈平落井下石的个性了。幸好陈平没有按照刘邦的指示杀掉樊哙，而是将其护送回了长安。尽管如此，吕嬃还是不依不饶，当时就要姐姐吕婕杀了陈平，以绝后患。吕婕出于要利用陈平稳定功臣元老派的目的，没有这么做。但吕嬃为这事一直耿耿于怀，总想找茬把陈平干掉。

于是一天，她跑到姐姐吕婕那里又诋毁陈平道："我说姐姐啊，您可要提防陈平这个老家伙。他不是个好人，一肚子花花肠子，身为丞相却不干丞相的事，天天饮酒作乐，混迹于女人堆中，这是有意在拖姐姐的后腿啊！最近他与刘章这小子走得很近哦。"

吕媭的这番话主要在说陈平的生活作风问题，可以说不痛不痒。那么，听到吕媭这么挑拨，吕雉会是什么态度呢？

17. 自古深情留不住，总是套路得人心

因为当年樊哙的事，吕媭对陈平始终心怀敌意，所以屡次在吕雉那里进谗言，欲置陈平于死地。看来她比较喜欢樊哙这种粗糙的男人，对陈平这种小白脸不感冒。

这次，吕媭又添油加醋地在吕雉面前说了一番陈平的坏话。但吕雉早已有了免疫力。另外，她也希望陈平就这样堕落下去，既可以安抚老臣，也可以让自己独揽大权。因此，吕雉对妹妹吕媭的话嗤之以鼻，并训斥了她一顿，让她不要再惦记过去的事了。

这件事很快就传到了陈平那里，估计也是吕雉有意放消息过去的。陈平听说后，更加纵情酒色，得过且过，以免被怀疑。吕雉看到陈平的糜烂样，十分窃喜，巴不得他继续下去，千万不要停，只恨没机会当面鼓励。

这天，陈平去宫中给吕雉汇报工作，恰好吕媭也在旁边，不知道她又在说谁的坏话。待陈平汇报完，吕雉突然指着吕媭对陈平说道："俗话说，儿妇人口不可用。丞相你只管像过去一样来做事，不要担心吕媭在我面前说你的不是，我只相信你的话，不会信她的！"

陈平听吕雉如此抚慰，心里暗爽，当即拜谢，然后起身离开，接着去纵情酒色了。再看吕媭，被姐姐吕雉这么当面奚落，脸红一阵白一阵，无地自容，恨不得有个蚂蚁洞能躲进去。这以后，她再也不敢在吕雉那里打陈平的小报告了。

吕雉也自鸣得意，认为自己略施小计便糊弄住了陈平。殊不知，陈平

这老家伙，智谋过人，将计就计，玩的是无间道的套路。

陈平表面上很堕落，不思进取，心里却一直感到愧对刘邦的知遇之恩和重托，对吕氏宗族控制朝中大权很是不满。但他这个人私心比较重，对功名利禄很在乎，担心祸及其身，这才表现出一副麻木不仁的样子。

陈平常常一个人躲在家中反复思索，七想八想，想着如何恢复刘氏江山，有时候也后悔当初太过于纵容吕雉。可是吕雉这个女人太厉害了，他自知孤掌难鸣，没有办法与之抗衡，只好委曲求全，等待时机。

不过，无论套路玩得再深，也总是会有明眼人看懂。陈平生活糜烂不堪的假象就被一个聪明人给识破了。这个聪明人就是陆贾。关于陆贾，前面多次说到过，他在刘邦时期做过太中大夫，大家应该比较熟悉了，这里我们不再多做回顾了。

陆贾是一个很有想法的人，一心想在朝中做点事，实现人生理想，但自从惠帝时期吕雉主政后，他便逐渐被边缘化了。为什么呢？因为他这个人不但聪明，而且能言善辩，是当时著名的"有口辩士"，言谈举止极具煽动性。而吕氏家族的人非常忌讳他这一点。

类似陆贾这样的人，在公司企业中不太受待见，表面上很光鲜，到哪都是出尽风头，实际上除了充当门面外，一般不会被重用。陆贾也是如此，虽然功劳很大，跟随刘邦也很早，但终其一生都没有被封侯。

陆贾自己也深知这一点，加上自己年事已高，所以干脆称病辞职，赋闲在家。他把家安在了好畤（chóu），也就是现在的陕西省乾县东边，这一带土地肥沃，适合居住和生产。此时，陆贾的老伴已经死了，家里有五个儿子，都已长大成人。

在好畤定居下来后，陆贾比较开明，不像过去有的父母不愿意分家，非要和儿子们挤在一起过日子，结果妯娌间整天闹得鸡飞狗跳，而是直接把自己还算丰厚的家产平分给儿子们，让他们分别单过。

按说，陆贾在朝中一个智囊型的清水衙门上班，主要吃国家俸禄，收入有限，应该没什么家产。但是，陆贾曾经发过一笔财，这笔财还是有点大的。之前我们说过，陆贾奉刘邦之命去游说南越王赵佗，结果和赵佗很是投缘，不但说服了赵佗归顺汉朝，而且还得到了他的大额馈赠。正是这次馈赠让陆贾辞职后的生活有了保障，成了财务自由人。

辞职后，他便把赵佗馈赠的物品拿出来变卖掉，足有千金，分给五个儿子，每人二百金，让他们在好畤这块富饶的土地上扎根发芽。家产分完了，陆贾没有像其他老人一样跑到某个儿子家安享晚年，而是过起了自由自在的单身汉生活。他整天坐着四匹马拉的豪车，带着歌舞、乐队以及侍从等十多个人到处游玩，身上还总是挂着一口价值百金的宝剑，潇洒得很。

临出游前，他把五个儿子叫过来，好像安排后事似的说道："今天我跟你们约定好，当我出游回来时，如果经过你们家，必须让我的人马都吃饱喝足，尽量满足他们的要求。但每家我最多待十天，在谁家去世，我的宝剑、车马以及侍从人员就归谁所有。因为我经常要到一些朋友那里住上一段时间，所以一年当中到你们各家的次数也不会太多，估计不过两三次。不是我不愿意见到你们，只是怕见多了，你们会厌烦我！"

聪明人就是聪明人，什么事都看得很明白，老了也不糊涂。有些人老了之所以被儿孙们厌烦，就是受到其才智和财力的影响。而老人的才智是在年轻时逐渐形成的，财力是在才智的基础上逐步积累的。如果一个人年轻时好逸恶劳、贪玩成性、固执偏见，教育出来的子女可想而知；到老了性格古怪、身无分文，没能力养老，子女又没有培养成才，晚年难免会凄凉。因此，我们要向陆贾学习，提前把这个问题解决好。

陆贾不但把自己家里安顿得非常好，在出去游玩的时候，还为智谋过人的陈平指点迷津。那么，他究竟是怎么做的呢？

18. 暗中联络，从中撮合

陆贾把儿子们的生活安顿好后便上路了，开始游山玩水，拜访老友。对于陆贾这样的政治人物来说，出去游玩只是一个名头而已，他内心最关心的还是政治时局。所以京城长安作为当时的政治经济中心，肯定是他最经常光顾的地方，有时候他在长安一住就是很长时间。

除了到曾经工作、战斗过的地方游览一番、发发感慨外，陆贾还会到老同事、老领导那里串门聊天饮酒。到了这把年纪，老人们都喜欢这样来回走动，并不会引起别人的太多注意。

一天，陆贾溜达到右丞相陈平家门口，便径直走了进去。因为陈平和陆贾从年轻时就一起共事，不分彼此，所以陈平府中的人对陆贾都很熟悉，从来没有把他当外人，任由他出入，也不作通报。

陆贾熟门熟路来到内室，只见陈平一个人在那里坐着，垂着头，好像在做白日梦一样，但眼睛还微微睁着，显然是在发呆想心事。

陈平在想什么呢？当然，他不是在想哪家的女人漂亮，而是在想这天下究竟是谁的，如何才能控制吕氏家族的势力，让朝中大权重新回归刘氏。由于想得太过投入，陈平竟然没注意到陆贾已经站在了身边。

陆贾看陈平面带忧虑的样子，便走上前轻轻问道："丞相大人啊，您这么出神，是有心事啊！什么事能让您愁成这个样子？"被这么一问，陈平这才突然惊醒。他一抬头，发现是老友陆贾，便不好意思地摸了一下胡须反问道："你这个老家伙什么时候来的啊？吓老夫一跳！既然看出我有心事了，那你猜猜看，我究竟在愁什么？"

陆贾也下意识摸了摸自己下巴上稀疏的白胡子，然后笑呵呵地答道：

"您老先生官居右丞相之职，又是列侯，封地三万户，可以说富贵荣华到了无以复加的地步，肯定不会再为权力、名利和女人胡思乱想了。如果丞相您还犯愁的话，那一定是在忧国忧民啊！是不是吕氏专政、皇帝年幼让您烦心啊？"

陈平的心事被陆贾轻易猜准了，心中不免惊奇，但都是老相识了，他索性开诚布公地说道："实不相瞒，还真让你这个老家伙给猜对了！你主意多，看看我究竟该怎么办，才能让汉室转危为安呢？"

陈平那是人精，竟然也有犯难的时候，还要请教陆贾，可见陆贾的确才识过人。看陈平前所未有的坦诚，陆贾不由得有点感动，便四处张望了一下，认真地说道："天下安，注意相；天下危，注意将。将相和调，则士务附；士务附，天下虽有变，即权不分。为社稷计，在两君掌握耳。臣常欲谓太尉绛侯，绛侯与我戏，易吾言。君何不交欢太尉，深相结？"

陆贾的这番话还是比较著名的，主要从人事组织方面提出了将来平定诸吕的思路："天下平安无事的时候，要重视丞相；天下动乱不安的时候，要重视大将。如果大将和丞相配合默契，那么能人志士都会竞相归附；能人志士一旦归附，那么天下即使有变，核心权力也不会分散。如果为大汉社稷考虑，这事全掌握在丞相您和太尉周勃两个人手中。我曾常常想把这些话对太尉周勃说明白，但是他和我见面总开玩笑，对我的话不太重视。丞相您为什么不和太尉主动交好，暗中建立起亲密无间的联系呢？"

显然，陆贾想让陈平和周勃联手共同制约吕氏宗族的势力。为这事，陆贾曾经也建议过周勃，但周勃是个武将，总是奚落他这个说起话来文绉绉的文臣，没个正经，所以才来劝说陈平。但陈平听完陆贾的话也有为难情绪，这个思路固然很好，但有两个问题非常难解决：首先，他和周勃能联手吗？其次，两人怎么建立信任？

俗话说，世事无常，人心难测。更何况陈平和周勃之间本身就有很深的过节。什么过节呢？前面说过，陈平刚刚投奔刘邦时，周勃和灌婴曾合伙暗算过他，并在刘邦那里告状，把他说得狗屁不是，还害得他险些被刘邦赶走。这事尽管过去很多年了，两个人由青年变成了老者，但彼此还是貌合神离，除了工作外，平时不怎么来往。不过为了大局，陈平听从了陆贾的意见，愿意主动与周勃交往，但该怎么交往呢？

直接去说，"我们俩和好吧，一起把吕氏宗族干掉，拥护刘氏"，这肯定不行，表面上很真诚，实际上难以根除心中的隔阂。为了解决这个问题，陆贾建议陈平先与周勃熟络感情，而熟络感情最好的办法就是请客吃饭。于是按照陆贾的谋划，陈平大摆筵席，举办盛大的歌舞宴会，并派人把周勃请过来参加，对其盛情款待。

在宴会上，陈平一改往日的冷淡，频繁向周勃敬酒。周勃看陈平贵为右丞相却对自己这般客气，也慢慢放下架子开怀畅饮，整个过程非常融洽。临走时，陈平又取出五百金作为祝寿礼送给周勃。五百金可不是小数目，周勃感觉受之有愧，说什么也不接受。陈平便派人给周勃送到了府上，由于盛情难却，周勃只好笑纳。

俗话说，来而无往非礼也。过了几天，周勃也在家中摆起了宴席，回请陈平。陈平欣然前往。在宴席上，他表现得很是坦诚，大醉而归。

这样你来我往几次，两个人逐渐摒弃前嫌，不经意间已经成了无话不谈的朋友。陈平和周勃，一个丞相、一个大将，都是国家重臣，在一起聊多了，难免会谈及国事。在谈到吕氏宗族控制朝政的问题上，两人感触颇多，都表达了强烈不满。从此，陈平和周勃二人建立起非常密切的联系，可以说，政治联盟已经初步形成，为后来一举平定诸吕打下了坚实的组织基础。

但只有他们两个人，力量太单薄了，还要暗中取得一帮老臣的支持才行。那么陈平又会怎么做呢？

19. 意外之祸，病痛折磨

在陆贾的极力撮合下，陈平和周勃摒弃前嫌，握手言和，准备一起抵制吕氏外戚派。但是仅凭他们二人，力量太过单薄了，陈平还想暗中把功臣元老派团结起来。他自己的影响力太大，容易引起吕氏外戚派的警觉，所以不方便出面进行整合。那么让谁来做这件事最合适呢？

陈平认为陆贾最合适，不但口才和社交能力超强，而且已经退休在家，身份比较特殊，不会引起太多人的注意。更重要的是，陆贾也愿意为刘汉王朝继续发挥余热。于是，陈平把陆贾找来，特别提供了一百个奴婢、五十辆车马、五百万钱给他作为活动经费，去游说朝中老臣。

为什么要搞得这么排场呢？道理很简单，在名利场上，谁都愿意与有头有脸、有钱有势的人来往。一个人如果身无分文，一副穷酸样，到哪都可能被嫌弃，说话也就没有分量，更谈不上去整合人家。

陆贾是社会名流，在名利场上混了一辈子，肯定也明白这个道理了。他听陈平如此安排，热血沸腾，知道陈平被他彻底说动了，在提前布局，所以欣然接受了这个任务。接着，陆贾便利用这些资源在一帮大臣中来回穿梭，名为寻访老友，聚会娱乐，实则与他们相互串联，凝聚了一股反对吕氏外戚派的无形力量。这股无形力量看似缥缈，但它在后来促使老臣们站队，为平定诸吕发挥了巨大作用。

当然，陆贾的串联活动是在一种极其隐蔽的情况下进行的，否则他所做的一切很容易前功尽弃。

吕雉虽然具有高度的政治敏感性，但对这一情况重视不足，认为一帮老头在一起聊天叙旧太正常不过了。另外，这个时候差不多到了高后八年，吕雉已经年迈，身体状态每况愈下，很多事情她也没有精力再去顾及了。

不久，又发生了一件事，让吕雉的身体出现了严重问题，甚至因此一命呜呼。什么事呢？

这事发生在高后八年春天，大概三月中旬。吕雉到长安城外的渭水旁举行了一场祓（fú）祭。所谓祓，是一种祭祀仪式，主要目的是除灾求福。前面说过，吕雉主政期间反复出现过几次日食、地震，被当时的人们视为不祥。高后六年春，还发生了一次更为奇异的天象，大白天竟然满天星辰。这种天象在人类史上也没出现过几次，至今还没完全弄清楚原理，何况当时。种种异象让吕雉深感不安，认为都是因她而起。

高后五年春，南越王赵佗自称南武帝，攻取长沙，脱离汉朝，理由是吕雉擅权专政。高后七年冬十二月，匈奴侵犯边境狄道地区，也就是现在的甘肃省临洮县，并掠夺走两千余人。类似这些超出掌控范围的事情，让逐渐衰老的吕雉力不从心，越来越想向上天祈求平安，寻找心灵寄托，于是便举行了这场祈福仪式。

仪式本身还算顺利，差不多傍晚时分结束了。在回来时，路过轵道亭，因为一路上颠簸，吕雉想出来透透气，便让銮驾停住，自己好下来休息一会儿。正当她坐在那里打盹的时候，只见一个状如苍狗的动物直冲过来，由于躲闪不及，正撞到她腋下。所谓苍狗，应该是灰白色的狗，傍晚时分随便往哪里一卧，便很难被发现。

那个时候到处都是野生动物，不像现在，人要翻越动物园围墙才有可能被老虎吃掉；又加上是春天，动物刚刚结束冬眠，都出来活动、觅食了。吕雉的车队那么多人，浩浩荡荡，难免会惊吓到这些动物。那个类似苍狗的动物可能就是受到了惊吓，在胡乱逃窜中撞到了吕雉。

动物的速度多快啊，撞到吕雉后迅速钻入丛林中就不见了。吕雉那么大年纪了，又爱享受，平时估计也纵欲过度，其身体可想而知，哪里经得起这么撞？回到宫中，她让人解开衣服一看，腋下青肿了一大块，显然被撞出了内伤。

出去本来是为了除灾求福，结果却横遭意外之祸，这让吕雉心里直犯嘀咕。她当即召入太史，占卜吉凶。这个太史可能对吕雉的所作所为不满，便说该事是死去的赵王刘如意在作祟，还说出了一番让人不得不信的道理。算命先生的功夫那都在嘴上，什么事经过他们的嘴巴一忽悠，别人想不相信都难。

太史口中的刘如意，大家应该都很熟悉了。他在惠帝元年被吕雉毒杀。刘如意的生母戚夫人更加悲惨，被吕雉做成了"人彘"后惨死。这事到高后八年时，差不多已经过去十五年了，太史这么说显然是无中生有，在吓唬吕雉。

吕雉闻听半信半疑，太史的话之于她的伤病无疑是雪上加霜。她疼痛难忍，只好命人给自己调治。白天疼痛也就算了，人多事多，容易分散注意力，可到了夜里更加痛苦，吕雉一睡着就反复做噩梦。

在这种情况下，吕雉可能自感时日不多，想想自己的亲人，唯有外孙张偃让他放心不下。之前说过，张偃是鲁元公主刘乐和宣平侯张敖的儿子。鲁元公主刘乐早在高后二年时就死了，宣平侯张敖也于高后七年死了。当时，张偃虽然已经被封为了鲁王，但还比较年幼。为了有人辅佐鲁王张偃，吕雉特别封了两个侯，与此同时还封了一批其他侯。之后，她就一命归天了。

那么，吕雉死前封了哪些侯？她究竟又是怎么死的？有什么遗言？后事会怎么处理呢？

20. 精心安排后事

别看吕雉冷酷无情，好像只和他们吕家的人亲，其实，她也很关心外孙张偃。至于为什么，我们就不得而知了，估计女儿刘乐和女婿张敖都比较顺她的心。

早在高后二年，张偃很小的时候就已经被封为鲁王。现在他年龄也不大，所以吕雉特别封了两个侯来辅佐他：一个名叫张侈，封为新都侯；一个名叫张寿，封为乐昌侯。

有人一看名字，会有疑问，怎么这两个人都姓张而不姓吕啊？因为他们是张偃同父异母的哥哥，也就是张敖娶鲁元公主刘乐之前，与其他女人所生的两个儿子。由他们来辅佐张偃肯定再合适不过了，毕竟血缘关系在那里摆着。

与此同时，吕雉又封了一批侯：封大谒者张释为建陵侯，这家伙这些年鞍前马后没少为吕雉做事，早该封了；又封吕荣为祝兹侯，这小子是吕雉堂弟的儿子，也算是远房侄子吧；最后将宫中担任"令"和"丞"的宦官全都封为关内侯，食邑五百户。关于什么是关内侯，我这里就不多做解释了，前面已经说过，地位比列侯要低。简单地说，他们只在关内有少许封地。

这一连串封侯，我们可以看出一个共同特点——吕雉封的基本上都是自己的贴身人。这说明她当时的心理状态，应该是缺乏安全感。因为人只有在缺乏安全感的时候，才会格外重视身边的人。

吕雉被那只动物撞得很重，又受到太史恐吓，处于伤病折磨之中，难免心里会不安。幸亏她还算刚强，受到如此大的伤病折磨，精神也没有完全崩溃。就这样，吕雉一直苦熬到了夏天。

这年夏天也不消停，出现了天灾：长江和汉江决口，万余人流离失所。对于主政的吕雉来说，听闻这个消息，无异于再经受一轮精神刺激。她心想，自己肯定是不为上天所容了。在承受了三五个月的苦痛后，此时她差不多已精疲力尽。

这种情况下，吕雉只好派人到刘如意的墓前做了祭祀，祈求原谅，不过已经于事无补。到了七月中旬，吕雉病情加重，她深感大限将至，便开始安排后事。怎么安排的呢？

吕雉是个政治人物，考虑更多的还是她身后的政局，她仍然在为他们老吕家的未来做长远打算。为了避免自己死后吕家被清算，吕雉特别对守卫两宫和京城长安的南北二军加强了管理，并做了人事微调：任命赵王吕禄为上将军，统领北军；安排吕王吕产统领南军。

吕雉还不放心。这天，她把两人召来告诫道："高帝已定天下，与大臣约，曰'非刘氏王者，天下共击之'。今吕氏王，大臣弗平。我即崩，帝年少，大臣恐为变。必据兵卫宫，慎毋送丧，毋为人所制。"

这段话算是吕雉的临终遗言吧，主要意思是防范功臣元老派在她死后突然发难："高皇帝平定天下后，曾和大臣们白马盟誓，'不是刘氏子弟却称王的，天下共同诛讨他'。现在吕家的人被封了三个王，大臣们心中肯定不平。我如果死了，皇帝年轻，大臣们恐怕要作乱。你们务必要握住兵权，保卫皇宫，千万不要为我送丧，不要被人所制服啊！"

已经主政将近十五年了，吕雉最忌讳的还是刘邦的"白马盟誓"。"白马盟誓"就像一个古老的咒语一样时时制约着吕雉的言行，让她至死都惶恐不安。从这里，我们可以再次看出刘邦的政治远见。

吕产和吕禄也不知道是真明白了吕雉的良苦用心，还是假明白，反正都唯唯听命。

又过了几天，吕雉终于一命归天，病死在未央宫中，并留下遗诏。这个遗诏的内容主要分为两方面。一方面是人事安排：恢复相国一职，封吕王吕产为相国；免去审食其左丞相之职，封为少帝太傅；加封赵王吕禄的女儿为皇后。另一方面是施恩天下：赏赐每个诸侯王黄金千斤；将、相、列侯、郎、吏等都按位次，赏赐不同数量的黄金；最后是大赦天下。

这个遗诏的思路很清楚，还是吕雉的老套路，一收一放。

为了让吕氏地位更加稳固，吕雉不惜推翻自己之前的决定，重新设置相国的职位，让吕产成了地位仅次于皇帝的人。她这么做可以说是意味深远。

有人说吕雉仅有个人私心，没有政治野心，只是为了让吕氏地位显赫而已，从来没想过做皇帝。这话不完全准确。吕雉确实没想过做皇帝，因为她是女人，不敢破了自古以来的规矩。但她肯定有政治企图，临死时让吕产担任距离皇帝大位仅仅一步之遥的相国，而不是回到封地，足以说明了这种企图。

什么企图呢？说白了，就是让吕家最终取代刘家，做皇帝，掌控大汉江山。否则，吕雉作为太后已经死了，再让吕产做相国，还有什么意义呢？如果没有更大的企图，这么做完全没有必要，一不小心还可能会让吕产成为众矢之的。

常言道，谋事在人，成事在天。吕雉这样安排也是在赌未来，剩下的就看吕产和吕禄的造化了。两兄弟还算听话，按照吕雉的临终遗言，吕产在朝内护丧，吕禄在外面率军巡逻，防备得非常严密。到了吕雉的灵柩出葬长陵与刘邦合葬时，他们仍然不去送葬，只顾统领着南北两军，保卫宫廷，一步也不敢放松。

陈平、周勃等功臣元老派，虽有心趁此机会除灭诸吕，但实在是无隙得乘，只好作罢，耐心等待其他机会。就这样，吕雉的葬礼总算是顺利地办完了。

吕雉死了，我们之前多半在描述她如何残忍，如何扶持吕氏外戚派，但对她的功绩绝少提及。这对吕雉来说是不公平的，也不符合对历史人物的评价原则。

那么，我们该如何看待吕雉的功过是非呢？

21. 吕雉的功过是非

吕雉意外受伤死了。虽然我个人内心深处反感吕雉，但出于对历史人物的尊重，我们还是要从正反两方面来回顾她的一生。

吕雉，字娥姁（xǔ），山阳单父人，也就是今天的山东省单县人，年纪轻轻便遵从父命嫁给了人到中年且一事无成的花心大萝卜刘邦。按照正常逻辑，她应该不太情愿，但还是接受了。嫁给刘邦后，吕雉生了一男一女两个孩子：男孩叫刘盈，也就是后来的汉孝惠帝；女孩叫刘乐，也就是后来的鲁元公主。

刘邦任亭长时，她带着两个孩子在家参加劳动，赡养父母，任劳任怨。不久，刘邦放跑囚徒，亡命芒砀山，秦朝地方官抓不到刘邦，便把吕雉拘捕下狱。后来，刘邦西进关中，吕雉一直待在沛县操持家务。楚汉战争开始后，刘邦在彭城被项羽打败。吕雉和刘邦的父亲刘太公从家乡逃出，但不幸被楚军抓去做了两年五个月的俘虏，直到楚汉战争结束前夕才被释放回来。这期间她所经受的磨难，史书虽然没有详细记载，但是我们可以想象到，那一定非常难熬。

公元前202年，汉朝建立，刘邦称帝。吕雉总算苦尽甘来，做了八年的皇后，但此时她已经人老色衰，失去了刘邦的宠爱。女人失去男人的宠爱，也是一种不幸。但吕雉的政治活动，也正是从这时候开始的。

吕雉的政治活动首先围绕着废立太子的问题展开。早在刘邦称帝前，吕雉的儿子刘盈就已经被立为太子。但是，刘邦嫌刘盈"为人仁弱"，常常想废掉他，另立他的宠姬戚夫人的儿子赵王刘如意为太子。吕雉为了保全自己儿子的太子地位，使出浑身解数，竭力拉拢众臣，甚至亲自去"跪谢"御史大夫周昌。事实上，从这次政治活动开始，一个以皇后吕雉和太子刘盈为首的政治集团渐渐形成。后来，刘邦病重，再次想更换太子，但由于张良、叔孙通等人拼死劝谏，刘邦又看到太子"羽翼已成"，"群臣心皆不附赵王"，计划最终没有实现。这场废立太子之争，同历代常见的此类事件一样，实际上都是在争夺国家领导权。

刘邦在位期间，吕雉还做了两件事，一件是诛杀韩信，一件是诛杀彭越。司马迁所说的吕雉"佐高祖定天下"，应该就是指这两件事。

公元前195年，刘邦病死，进入惠帝时期，吕雉又做了七年皇太后。从此，吕雉为把大权牢牢抓到自己手里，与功臣元老派展开了争权夺势的斗争。

吕雉先是在刘邦死后四天不发丧，怕跟随刘邦打天下的功臣元老派不肯事奉"少主"，所以想把他们统统杀掉，以巩固儿子刘盈的地位。后来她怕事情弄不好，自己反而会被除掉，才没有下手。刘盈顺利即位后，吕雉以极其残忍的手段，毒死了赵王如意，害死了戚夫人。吕雉的做法极其不人道，为此背负了千古骂名。连儿子惠帝见了都大哭着说："这简直不是人干的事！"

惠帝死后，吕雉临朝称制将近八年，先杀前少帝刘恭，再立后少帝刘弘，将皇帝玩弄于股掌之中。她公然置刘邦与众臣的"白马盟誓"于不顾，分封三个吕姓王；令吕台和吕产分领南北军，控制了京城的军队；接连逼杀刘邦的另外两个儿子刘友、刘恢，进一步剪除刘氏势力；在朝廷安插自己的亲信审食其为左丞相，"号令一出太后"。经过这么一番整肃，吕雉便成了实际上的皇帝。她这套篡位夺权的凶残手段和诡诈权术，为后来许多政治人物所效法。

从刘邦称帝到吕后称制，吕雉前后参与政治活动约二十三年，其中实际掌权十五年。但是，以上这些并不是吕雉政治活动的全部。她还干了很多有利于当时百姓的事情，主要是在黄老之术的指导下，采用了与民休息的政策。

经过楚汉战争的破坏，天下百姓穷困潦倒，户口急剧减少，经济发生了严重困难。针对这种形势，刘邦建立西汉后，便开始有意无意地采用黄老之术，实行休养生息的政策，使经济逐渐得到恢复。

刘邦之后，吕雉处理政务，继续推行这一政策，并收到了更大成效。惠帝时期和吕后称制期间，朝廷颁布了一系列惠及百姓的政策：下令"减田租，复十五税一"；减少土木工程的兴建，长安城的修筑工作分三期进行，每期徭役不超过一个月；规定驻扎京城的军队和戍边的军队，一年轮换一次；下令十五岁至三十岁没有出嫁的女子，要"五算"，也就是交纳五倍的人头税；对于商人放宽限制，让他们得到更好的待遇，但仍禁止他们及其子孙做官；先后废除秦朝以来的"挟书律""三族罪""妖言令"。以上种种措施，毫无疑问都是汉初休养生息政策不可分割的部分，当然应该都是在吕雉的首肯下进行的。

司马迁在《史记》中说，吕雉主政时期"刑罚罕用，罪人是希。民务稼穑，衣食滋殖"，意思就是说那个时候的百姓过得很幸福，犯罪率低，衣食逐渐丰富。这说明，吕雉所推行的政策措施还是行之有效的，并且为后来的"文景之治"创造了有利条件。

以上主要对吕雉的一生做了一个宏观回顾，至于功过是非，还请大家自己评判。下面我们继续述说吕雉的身后事。

吕雉的野心为她的身后埋下了不稳定因素，甚至是一场杀戮。那么在这场杀戮中究竟谁会胜出，接掌朝廷大权呢？

第五章

平定诸吕

22. 好事多磨

吕媭被顺利安葬后，赵王吕禄出任上将军，吕王吕产出任相国，一文一武把持朝政，暗地里集结军队，一直为篡位做准备。但他们畏惧功臣元老派的周勃、灌婴等人，所以一时未敢轻举妄动。

吕禄和吕产的阴谋活动被一个关键人物提前获悉，这个人就是朱虚侯刘章。前面我们刚说过刘章，他是老齐王刘肥的二儿子、新齐王刘襄的二弟，有勇有谋，敢作敢为。高后六年，在吕媭的酒宴上，他还借机杀了一个吕氏子弟为刘氏立威。

此时，刘章和三弟东牟侯刘兴居都在京城长安居住。那么，刘章是怎么知道吕禄和吕产的阴谋活动的呢？这还要多亏他的老婆。之前介绍过，刘章的老婆是吕禄的女儿。不知道刘章出于真心喜欢，还是虚情假意，反正他对老婆特别疼爱，两个人的关系格外融洽。女人一般都比较好哄，你只要对她够好，她就会死心塌地跟你过日子。当然也有例外，不过例外的终归是少数。

吕禄的女儿不是例外，她被老公刘章的疼爱冲昏了头脑，竟然把从娘家得到的机密消息透露了出来。刘章听闻，惊恐不安，他担心刘氏江山不保，自己也很可能会被杀掉，于是果断派人偷偷溜出长安城跑到齐国，向他的大哥齐王刘襄报告。

刘章的思路非常清晰，就是让大哥齐王刘襄在关外发兵西征，他和三弟东牟侯刘兴居联络功臣元老派做内应，里应外合诛杀吕氏外戚派，成功之后趁机拥立刘襄为皇帝。这个思路不但清晰，而且太具诱惑力了！做皇帝，谁不想啊？

齐王刘襄做梦都在想，心想这帝位本来就是我们家的，只是父亲刘肥的出身不好，才让人占去了，太可惜了。他接到二弟刘章的密报，马上便和他的舅舅驷钧、郎中令祝午、中尉魏勃暗中谋划出兵事宜。这三个人，后面我们还会反复说到，大家留意一下。

为什么是暗中谋划出兵呢？按道理，在齐国地界应该是齐王说了算啊！不知道大家还记得不？在前面我们有提到过，刘邦当年制定了一套复杂的诸侯王管理制度。这些制度中有一条特别重要，就是诸侯王的丞相由中央政府任命，而且掌管诸侯国的军政大权，特别是军权。齐王刘襄要想成功发兵，首先要控制住齐丞相，所以只有暗中搞突然袭击。

不想，这件事不知道怎么回事竟然走漏了风声，被齐丞相听说了。当时的齐丞相名叫召（shào）平。看到召平这个名字，记忆力好的读者估计会想起来我们曾经说过的另外两个同名同姓的人：一个是当年陈胜的部将，也叫召平。他听说陈胜战死后，跑到江东假借陈胜的名义加封项梁为上柱国，唆使项梁西征。还有一个召平，做过秦朝的东陵侯，在汉朝时期因种"东陵瓜"而出名。他曾经建议萧何捐出一半家产给国家，以解除刘邦的怀疑。这三个召平都在《史记》中出现过，但可以很明确地说，他们不是同一个人，大家不要搞混了。

齐丞相召平还是比较有职业操守的，他认为自己由中央政府任命，无论在什么情况下都要效忠于朝廷，所以听说齐王的秘密行动后，便提前采取措施，发兵护卫王宫。说是护卫，其实就是把齐王刘襄这帮人给软禁了起来。幸好参与齐王刘襄行动的人之中，有一个人没有暴露身份，他和刘襄密商后，准备去诱骗召平交出军权。

这个人会是谁呢？他就是中尉魏勃。中尉主要负责诸侯国的治安工作，而魏勃也是一位传奇人物。因为他在这次发兵过程中扮演着重要角色，所以我们不妨稍微介绍一下。

魏勃的父亲是搞音乐的，善于弹琴，至于是什么琴，我们不得而知。他的父亲估计有点像现在的郎朗，弹琴水平很高，因此被秦朝的皇帝接见过。秦朝的皇帝一共有两位，秦始皇和秦二世，究竟是谁接见的，史书没有记载。总之，魏勃的父亲见过皇帝。这在那个时候是何等光荣的事啊！

魏勃从小就被父亲的荣耀所影响，所以也梦想像父亲一样见到大人物。父母的高度在某种程度上决定了孩子的起点，这绝不是一句虚言。魏勃年纪还不是很大的时候，对当时在齐国做丞相的曹参非常仰慕，总想同他见上一面。日理万机的曹参那么高的地位，不是谁想见就能见的，更何况一个小屁孩。但魏勃不灰心，他想自己创造条件，托人找关系引荐。

托人找关系那是需要用钱来铺路的，可是魏勃家里很贫穷。怎么办呢？魏勃灵机一动，想了一个办法，就是每天半夜跑到一个人的家门口打扫卫生。这个人是曹参的一位贴身侍从。每天早晨一起来，这位侍从看到门外面干干净净，很是奇怪，还以为见鬼了呢。于是，他暗中观察，想查出究竟是谁干的，结果捉到了魏勃。这位侍从便问魏勃几个意思，怎么那么好心啊。

魏勃真诚地说道："我特崇拜丞相，想见他老人家一面，但没有门路，所以只好来给您打扫门庭，想请您帮忙让我见到丞相。"那位侍从被魏勃的真诚给打动了，便带他去拜见曹参。曹参听了侍从的介绍，也很受触动，干脆直接让魏勃跟在自己身边做了侍从。

从这里可以看出，魏勃是个很有心的人。他不但有心，而且还很有见解。一次，他给曹参驾车，随口对一件事情发表了意见，让曹参刮目相看。曹参认为魏勃很有才干，就向齐王刘肥推荐了他。曹参推荐的人还有错？刘肥便任命魏勃为内史。

刘肥死后，他的儿子刘襄继位，魏勃因为能力特别强，也很受重用，实际权力甚至比丞相还要大。现在齐王刘襄被丞相召平给软禁了，不便行动。于是，魏勃打算出面把军权从召平手里骗过来。那么，齐丞相召平会相信他吗？

23. 当断不断，反受其乱

齐王刘襄被丞相召平给软禁了，不能再随意出来行动。这个时候，中尉魏勃由于身份没有暴露，打算出面从召平手里把军权骗过来。他找到召平，佯装对齐王刘襄的所作所为非常不满，认为是大逆不道。

魏勃比较有影响力，召平看他和自己意见差不多，就放松了警惕。因为软禁人的差事本来就属于中尉的职权范围，所以魏勃顺势诱骗道："大王没有朝廷的虎符验证，擅自用兵，这是不对的，是谋反！丞相您现在包围了王宫，实在太及时了！不过，这是属于我职权范围内的事啊，所以请求丞相还是让我替您领兵护卫齐王为好。"

召平一听有道理，这种事本来就得罪人，他也是职责所在，迫不得已。既然有人愿意一起承担责任，自己正好撂挑子，于是召平轻信了魏勃的话，让他领兵围住王宫，自己回家休息去了。魏勃骗取兵权后，马上解除了对齐王府的护卫，掉转枪头派兵包围了丞相府。瞬间，局势发生了戏剧性的逆转！

这个时候，召平才知道上当了，吓得手足无措，急令左右把相府大门紧闭，前后守护，准备负隅顽抗。这哪里还能守住啊？魏勃率兵在外面猛攻，扬言要活捉召平。召平见大势已去，自己必死无疑，便对左右哀叹道："唉，失算啊！道家有言，'当断不断，反受其乱'，当真如此啊！"说完，他便拔剑自杀了。这位也够耿直的，说死就死，毫不含糊，可惜不识时务！

魏勃攻入相府，见召平早已经死了，只好返回王府向齐王刘襄报告。齐王刘襄认为召平死了更省事，当即任命自己的舅舅驷钧为丞相，魏勃为将军，祝午为内史。然后，他将全国兵力集中起来，准备悉数发出。

前面说过，齐国原本很强大，仅次于中央政府，有六个郡七十二座城池。但是，此时的齐国势力已经大不如前了。吕雉先后将齐国分割出去了三个郡：惠帝二年，刘肥为了回国，认妹妹鲁元公主为干妈，并割让了城阳郡；高后二年，吕雉将济南郡封给了侄子吕台，后来转封给了济川王刘太；高后七年，经田子春运作，张释帮忙，吕雉将琅邪郡封给了琅邪王刘泽。这么东分西分，齐国封地越来越少，而封地多少在冷兵器时代至关重要，因为这不但象征着地位、权势，还决定着粮草和兵源供应是否充足。

因此，齐王刘襄感觉自己一个国家向关中发兵有点势单力薄，便想找个帮手作为后援。找谁呢？距离齐国最近的诸侯国有三个：琅邪王刘泽的琅邪国，济川王刘太的济川国，鲁王张偃的鲁国。其中，济川王刘太和鲁王张偃比较年轻，都是吕雉直接分封的，可以说是吕氏私党，肯定不会起兵。琅邪王刘泽，辈分比较高，是刘邦的远房堂弟，虽然由吕雉分封，但分封的时候他也并不是那么心甘情愿。而且，刘泽毕竟姓刘，胳膊肘不至于往外拐。

这样一分析，刘襄认为琅邪王刘泽最有可能加入他们的行动。但是，他担心刘泽不一定会轻易就范，便派内史祝午到琅邪国用花言巧语忽悠道："大王，据可靠消息，吕氏族人准备叛乱，将刘氏取而代之。我们齐王不愿意坐以待毙，想发兵西进，讨除乱贼，维护刘氏正统。但他认为自己太年轻，也不懂打仗的事，所以想把齐国托付给大王您。大王您从高帝那时起就是将军，熟悉战事，辈分高，年龄长，德高望重，肯定会一呼百应。因为目前局势太乱，齐王不敢离开军队，特意派臣请大王您到齐都城临淄主持大局，一起领兵西进，平定关中之乱。"

这番话说得合情合理，既漂亮又诚恳。刘泽被忽悠得飘飘然，便相信了。于是，他带了一部分亲兵跟随祝午，飞驰去见齐王刘襄，生怕自己去晚了，局势不可收拾。人往往会高估自己，所以假意奉承的话才会有人听，一旦真信了，距离危险也就不远了。刘泽也是这样。

刘泽兴冲冲地抵达临淄城，齐王刘襄和将军魏勃便把他请到一个豪华住所内，好吃好喝地伺候了起来，但就是不让出门。实际上，刘襄变相地把刘泽给软禁了。

然后，刘襄又派祝午返回琅邪国，假传刘泽的命令，将琅邪国的军队全部调了出来，并由他统领。这件事虽然让刘襄一时得逞了，但也埋下了极大的隐患，甚至因此让他与皇帝大位擦肩而过，后面我们还会详细说到。

刘泽毕竟是长辈，被骗之后，封国也回不去了，那个气就甭提了。心想，小子哎，给老子玩这一套。但他并没表现出生气的样子，而是将计就计，说自己本来也打算派兵西进，并哄劝齐王刘襄道："齐悼惠王是高皇帝的长子，推求本源来说，大王正是高皇帝的嫡长孙，理应继承皇位。如今朝中大臣对这事认识不清，而我目前在刘氏宗族中辈分最高，大臣们将来一定会听取我的意见。大王一直把我留在这里没什么用，不如派我入关与大臣们商定未来大事。"

齐王刘襄认为自己虽然欺骗了刘泽，但那是善意的谎言，并没有伤害他，所以认为他的说法靠谱，就准备了一个车队风风光光地送他入关。刘泽走了以后，齐王刘襄便起兵向西进攻。因为西边是刘太的封地济南郡，所以刘襄首先对其发起了攻击。同时，刘襄给诸侯王传递了一封书信：

"高帝平定天下之后，封刘氏子弟为王，悼惠王封在了齐国。悼惠王去世后，惠帝派留侯张良封立寡人为齐王。惠帝去世后，太后专政，她年老昏庸，听任诸吕擅自废黜高帝所封诸王，接连杀害了刘如意、刘友、刘恢三位赵王，让吕氏族人代替为王，还把齐国分为四国，又废立了皇帝。大臣们因此屡次进谏，太后却听不进去。如今太后已经去世，皇帝年少，还不能治国理政，要依仗朝中大臣和四方诸侯安定天下。但是诸吕竟然随意给自己提高官职、集结军队、耀武扬威，胁迫诸侯和大臣，假传圣旨来号令天下。刘汉王朝已经到了最危险的时候！寡人要率领军队入关，诛杀那些不应该被封王的人。"

说白了，刘襄的这封书信就是战斗檄文，标榜自己根红苗正，出兵有理。所谓"诛杀那些不应该被封王的人"，意思是说他在按照刘邦"白马盟誓"的要求行事。这还是相当有说服力的！说出了很多人想说，但不敢说或者不好意思说的话。

齐王刘襄起兵的消息，很快像轰天炸雷一样传入京城长安。吕产和吕禄惊慌不已，他们会怎么应对呢？刘章、陈平和周勃会积极响应吗？刘襄会顺利进军吗？

24. 灌婴战功

齐王刘襄起兵西征的消息，像轰天炸雷一样，很快便传入了京城长安。相国吕产和上将军吕禄，难免着急上火，经过认真权衡，他们决定任命灌婴为大将军，派他领兵几万，前去迎击刘襄。

说起灌婴，大家应该很熟悉了，前面多次提到过。在汉朝初年，灌婴也算得上是一位重量级的人物，特别是在平定诸吕的过程中，他起到了定海神针的作用。如此重要的角色，我们这里必须对他的一生进行全面回顾。

灌婴是睢阳县人，也就是现在的河南省商丘市睢阳区人，跟随刘邦前是一个贩卖丝缯的小商小贩。通俗点说，就是一卖布的生意人，相当于现在开服装店的个体户。反秦战争期间，项梁被章邯击败杀掉，起义军受到了前所未有的挫折，刘邦率兵撤退到砀县一带。在这里，灌婴开始入伍当兵，加入刘邦的军队，当时年仅十五岁。刘邦看他古灵精怪，很是喜欢，便让他以内侍中涓的身份跟随自己左右。

别看灌婴年龄小，作战毫不含糊，在成武、杠里等地的战斗中，因为英勇杀敌，他被刘邦赐予了七大夫的爵位。不久，跟随刘邦在亳县以南和开封、曲遇一带与秦军交战，灌婴表现出色，又被赐予执帛的爵位，号为宣陵君。刘邦率兵西进关中时，灌婴一路紧跟其左右，直到入关。入关后，在蓝田与秦军交战过程中，灌婴英勇奋战，率先打到霸上。为此，刘邦赐予他执珪的爵位，号为昌文君。

刘邦被项羽封为汉王时，任命灌婴为郎中一职。接着，灌婴跟随刘邦进入汉中，又被任命为中谒者。重返关中平定三秦时，灌婴奉命率兵攻取了栎阳，降服了塞王司马欣，回军又把章邯围在了废丘，但未能攻克。刘邦第一次东征时，灌婴率兵东出临晋关，降服了殷王董翳，平定了他所统辖的地区。在进军彭城的途中，灌婴负责进攻在定陶以南地区驻扎的龙且和项他的军队，经过艰苦激战，击败敌军，让刘邦得以顺利进入彭城。因为这次战功，刘邦封他为昌文侯，封地在杜县平乡。这个时候，灌婴还不到十八岁。

在彭城屁股还没暖热，项羽率领骑兵突然回击，刘邦向西大败而逃。灌婴随刘邦撤退到雍丘一带驻扎。这期间，刘邦的部将王武和魏公申徒两人叛乱，灌婴参与平叛，占领外黄县城。在项羽军队的步步紧逼下，刘邦只好向西撤退到荥阳。在荥阳，刘邦深刻反思了彭城失败的军事原因。他认为自己之所以惨败，主要原因是骑兵太弱，而项羽的军队以骑兵为主。

为了改变这种军事不平衡，刘邦决定组建自己的车骑部队。组建新兵种，关键在将。刘邦便在军中选拔能够担任骑兵将领的人，当时大家推举了两个人，这两个人分别名叫李必和骆甲，原来是秦朝的骑兵，重泉人，也就是现在的陕西省蒲城县孙镇人。他们对骑兵训练很在行，在汉军中已经担任校尉之职。

刘邦用人胆子比较大，擅长小材大用，便把李必和骆甲找来，要任命他们为骑兵将领。但这二人有自知之明，认为自己是秦人，又是秦军降将，难以服众，所以谦让道："我们哥俩是秦人，担心军中将士信不过，所以还是请大王另外委派一名常在您身边而又善于骑射的人，我们甘愿辅佐！"刘邦闻听，觉得言之有理，这么重要的兵种一定要掌握在心腹手中。于是，他就想到了长期跟随自己左右的灌婴。

灌婴年龄虽然不大，但在多次战斗中都表现出了极高的作战天赋，而且还因战功被封了侯，可堪大任。所以，刘邦便任命他为中大夫，负责组建车骑部队，让李必和骆甲担任左右校尉辅佐。

灌婴不负众望，车骑部队刚组建完成不久，他便带领部队在荥阳以东将楚军骑兵击败。然后，他又奉命率领车骑部队深入楚军后方，断绝了楚军从阳武到襄邑的粮草供应线。在鲁地，灌婴还打败了项羽部将项冠的军队，斩杀了楚军的右司马、骑将各一人。接着，他击败叛将王武，将军队驻扎在燕国西部，并斩杀楼烦将领五人、连尹一人。不久，在白马附近，他又大破王武的别将桓婴的军队，斩都尉一人。

在敌后一番破坏之后，灌婴率兵向南渡过黄河，护送刘邦到洛阳一带作战。这时，曹参奉命从韩信那里回军支援刘邦。灌婴成功将曹参所部接应到敖仓。在敖仓，刘邦任命他为御史大夫。韩信准备平定齐国时，灌婴便奉命以御史大夫的身份率领车骑部队前去协助，并开始隶属于韩信所部。在历下一战中，他俘虏了齐国车骑将军华毋伤及将官四十六人。

下面，灌婴战绩更加辉煌：先迫使临淄城守军投降，活捉齐相田光；又彻底击败田横率领的骑兵，斩杀骑将一人，活捉骑将四人；在千乘，大败齐国将军田吸，并将其斩首；然后，跟随韩信引兵向东，在高密一战，他所率领的车骑部队将龙且斩首，活捉右司马、连尹各一人，楼烦将领十人，还亲手活捉副将周兰。齐地平定之后，韩信自立为齐王，派灌婴率领车骑部队去攻打驻扎在鲁地北面的楚将公杲（gǎo），大获全胜。为了配合刘邦合围项羽，灌婴挥师南下，大败薛郡的军队，亲自俘虏骑将一人。接着，他攻取傅阳，进军到达下相东南的僮城、取虑和徐城一带。然后，他渡过淮河，降服了淮南的所有城池，直到广陵。淮南虽然被灌婴占领了，但项羽派项声、薛公和郯公又收复了淮北。因此，灌婴掉头渡过淮河北上，在下邳击败了项声和郯公，并将薛公斩首，成功攻占下邳。为了避免项羽败退撤回老巢彭城，灌婴在平阳击败了楚军骑兵，直接占领彭城，俘获了项羽的上柱国项佗。彭城周围诸县也随之向汉军投降。之后，灌婴攻打苦县和谯县，再次俘获楚将周兰。看来灌婴是周兰的克星，竟然连续两次将其俘获。

在刘邦追击项羽过程中，灌婴率领车骑部队赶到颐乡和刘邦会师。他跟随刘邦在陈县一带击败了项羽的一次反扑，斩杀楼烦骑将二人，俘获骑将八人。不久，项羽在垓下大败，突围逃跑。这时，灌婴以御史大夫之职，奉刘邦的追杀令，带领五千骑兵追击项羽，在东城彻底击垮了楚军的有生力量。他手下五名将士在乌江旁共同斩杀了项羽，并因此都被封为列侯。这次追击，灌婴所部还降服了左右司马各一人，楚兵一万二千人，俘获了项羽军中的全部高级将领和官吏。灌婴没有停下进攻的步伐，连续攻克了东城和历阳，渡过长江。在吴县一带，他大败吴郡的军队，俘获了吴郡郡守。这样，他也就平定了楚国的最后三个郡——吴郡、豫章郡、会稽郡。然后，灌婴回军，又平定了淮北地区，一共五十二个县。

在楚汉战争的收官之战中，灌婴表现尤为出彩，刘邦因此给他增加封地二千五百户。汉五年，汉朝建立，刘邦做了皇帝，又给灌婴加封三千户。同年秋天，燕王臧荼谋反，灌婴以车骑将军之职，跟从刘邦前往燕地平叛。第二年，刘邦采用了陈平的计策"伪游云梦"，灌婴跟随到达陈县，负责逮捕了楚王韩信。回来之后，刘邦把颍阴的两千五百户加封给灌婴，号为颍阴侯。

韩王信叛逃时，灌婴又作为车骑将军跟随刘邦到代地讨伐。在马邑城，他奉命率军降服了楼烦以北的六个县，斩杀了韩王信的左丞相，然后在武泉以北击败了匈奴骑兵。在晋阳一带，灌婴在刘邦的直接率领下，袭击了隶属于韩王信的匈奴骑兵，斩杀匈奴白题将一人。接着，按照刘邦的诏令，灌婴统帅燕、赵、齐、梁、楚等国的车骑部队，在硰（shā）石与匈奴展开会战，并取得了胜利。但到达平城的时候，却中了冒顿单于的埋伏，灌婴随同刘邦被匈奴大军团团围在了白登山，这也就是我们前面说过的"白登之围"。

陈豨谋反的时候，灌婴也参与了平叛，他奉命在曲逆一带攻击陈豨的丞相侯敞的军队，取得完胜，斩杀了侯敞和特将五人。所谓特将，就是独自统率军队的将领。然后，他乘胜追击，降服了曲逆、卢奴、上曲阳、安国、安平等地，攻克了东垣。到了英布造反的时候，开国将领大部分都已经上了年纪，而灌婴此时还不到三十岁，精力旺盛，便担任了平叛主力。他以车骑将军之职率军先行出征，在相县大败英布别将的军队，斩杀副将、楼烦将共三人。接着，灌婴又击败英布上柱国的军队和大司马的军队。在进攻英布别将肥诛的军队时，灌婴亲手活捉左司马一人，所部斩杀小头目十人，一直追击到淮河沿岸。在平叛英布的过程中，由于灌婴战功显赫，刘邦当时便给他增加封地二千五百户。讨平英布之后，刘邦确定灌婴在颍阴的封地共五千户，撤销以前的其他封地。

至此，我们不妨总结一下灌婴的战功：跟随刘邦、韩信作战，俘获过二千石的官吏二人；独自率部作战，击败敌军十六支，攻占城池四十六座，平定了一个诸侯国、两个郡、五十二个县，俘获将军二人、上柱国和相国各一人、二千石的官吏十人。灌婴在彻底平定英布叛乱回到京城时，刘邦已经去世了。

刘邦死后，灌婴非常规矩，老老实实服地从惠帝刘盈和太后吕雉的安排，从来没有对吕雉的做法表示过不满。以上，我们回顾了灌婴的战斗历程，其中涉及很多地名、官名和人名，之前都或多或少解释过，所以没有再详细说明。由于是平铺直叙，难免枯燥，大家可以根据需要阅读。

现在，齐王刘襄率兵西征，吕产和吕禄准备派灌婴带兵迎击。那么，灌婴会怎么做呢？

25. 所托非人，暗藏杀机

相国吕产和上将军吕禄听说齐王刘襄起兵准备攻入京城长安，并且声称要杀死那些不应该被封王的人，惊恐万分。这明摆着是冲他们吕家而来啊。两人经过认真分析，决定任命灌婴为大将，率兵前去阻击。

按照之前我们的述说，灌婴应该是地地道道的功臣元老派。但这么危急的时候，吕产和吕禄为什么要派他为将呢？

主要有三个原因：其一，吕氏外戚派中缺乏有实战经验的人。面对齐王刘襄及诸侯大军压境，必须起用能征惯战的人前去镇压，而灌婴作战经验丰富，威名远扬。其二，灌婴的政治倾向不明显。自吕雉主政以来，灌婴始终没有表明过自己的政治态度，一直服从指挥，低调行事。其三，灌婴年富力强。他十五岁跟随刘邦打江山，现在的年龄粗算起来也不过四十二三岁，因而在功臣元老中属于少壮派。总之一句话，吕产和吕禄认为，灌婴政治上相对可靠，军事上无人能敌，身体条件也允许。所以事到如今，即便灌婴是功臣元老派，也只有死马当活马医，冒险一试了。

灌婴接到任命后，不动声色，马上率领军队出关到了荥阳。但到了那里，他便停住了前进的脚步，并把一帮部将召集起来商议道："诸吕在关中握有兵权，图谋颠覆刘氏，自立为皇帝。如果我打败齐国班师回朝，那相当于给吕氏增了实力。我们是高皇帝当年率领的队伍，不能这么干啊！"

军队毕竟是刘邦一手打造的，虽然那么多年过去了，但是军魂还在。何况灌婴资格老，威望高，一言九鼎，所以大家都表示同意这个意见。于是，灌婴决定将军队在荥阳驻扎下来，并派出特使通告齐王刘襄及诸侯，愿意互相联合，若吕氏发动叛乱篡位，就一起诛灭他们。另外，他又派心腹之人到京城暗中对接周勃等功臣元老派，准备与他们里应外合。

灌婴目前掌控了军权，他的态度就是风向标。从这时起，无论是功臣元老派，还是刘氏皇族派，都很清楚吕氏外戚派倒台已经毫无悬念了，只是时间问题。所以，大家纷纷摩拳擦掌，偷偷行动了起来。

齐王刘襄得知灌婴的态度后，心里更加有底了，便加紧向原来齐国的领地济南郡，也就是刘太的封国进攻，很快得手。得手后，按照与灌婴的约定，刘襄命令部队在齐国的西部边界屯兵不前，等待时局进一步发展。

不久，京城长安便传来了好消息，吕氏外戚派被一网打尽了。局势怎么会发展得那么快呢？是谁在京城主导的呢？不用说，想必大家已经猜到，肯定是陈平和周勃以及刘章等人在京城长安主导的。

前面说过，陈平和周勃二人为了刘汉王朝握手言和，走到了一起，时常密探国事。这意味着功臣元老派中的文臣武将正式团结起来，开始图谋铲除诸吕。

吕雉死的时候，他们就想行动，但因为吕产和吕禄掌管军政大权，又遵照吕雉的遗言小心行事，所以一时无法下手，只好静待机会。当听说齐王刘襄在关外率先发难，灌婴又掌握了军权按兵不动时，陈平和周勃认为时机成熟，可以动手了。

但从哪里开始下手呢？两人认为，吕禄相对于吕产，政治能力较弱，而且掌控着京城长安北军的兵权。之前我们说过，北军负责整个长安城的防卫，兵力要比南军强大很多。因此，他们决定从吕禄的一个好朋友那里寻找突破口，进而逼迫吕禄就范。吕禄的这个好朋友名叫郦寄，字况，是老将军郦商的儿子。关于郦商，大家可能稍微陌生一点，其实前面也多次说到过。这里我们不妨简单做一个回顾。

郦商是高阳人，他的哥哥就是著名的"高阳酒徒"郦食其。前面说过，郦商当年正是听从哥哥郦食其的安排，带领四千多人投奔了刘邦，从此跟着刘邦打天下，立下卓著战功。汉朝建立后，在平定燕王臧荼叛乱时，郦商表现英勇，冲锋陷阵，率先登城，杀敌有功。加上之前的战功，刘邦便封他为涿侯，将涿邑五千户作为他的封地，位于现在的河北省涿州市附近。后来，郦商又先后多次参与了平定诸侯的叛乱，都有出色表现。特别是在平定英布叛乱时，他猛攻猛打，夺取了两个重要阵地，从而使汉军能够彻底打垮英布的军队。为此，刘邦把他改封到曲周，也就是现在的河北省邯郸市曲周县，封地增加到五千一百户，同时收回以前的封地。五千一百户的封地还是相当多的，比灌婴还要多一百户。

这里面，刘邦应该考虑了郦商的哥哥郦食其的功劳，不过郦商本人的战功也非常大：一共击垮三支敌军；降服或平定了六个郡、七十三个县；俘获丞相、守相、大将各一人，小将二人，二千石以下到六百石的官吏十九人。除此之外，郦商对汉朝还有一个大功。

前面说过，刘邦刚死的时候，吕雉四天秘不发丧，准备将功臣元老派一网打尽，正是郦商得到这个消息后，私下让审食其劝说吕雉，才避免了一场杀戮。在惠帝和吕后称制时期，郦商因为身体不好，赋闲在家，基本上没什么动作了，但他的儿子郦寄与吕禄是铁哥们。

因为有这层关系，陈平便想到了郦商父子。他要导演一出"郦寄卖交"的好戏。所谓"郦寄卖交"，就是让郦寄出卖朋友吕禄。出卖朋友没那么容易，要么因形势所迫，要么受利益驱使，否则一般都不会干。但陈平自有办法，他下三滥的损招一个接一个，区区郦寄就更不在话下了。

他先假称有重要的事要商量，把老病号郦商骗到了自己家里，将其控制起来作为人质。然后，再召郦商的儿子郦寄过来，软硬兼施，晓明利害，迫使他配合铲除诸吕的行动。面对朋友和父亲，郦寄只有一个选择。虽然父亲郦商已经没几天可活了（郦商的确在此事后不久便去世了），但郦寄跟朋友再好，也比不上父亲亲啊。这也是人之常情！所以，他不得已只好从命。

那么，郦寄究竟会怎么出卖朋友吕禄呢？

26. 郦寄卖交

陈平将郦寄病恹恹的父亲郦商留在家里做了人质，郦寄不得已只好乖乖听命。陈平要求郦寄做的事情并不危险，但需要一点智商，就是忽悠吕禄主动交出将印，把长安城北军大营的兵权移交给太尉周勃。郦寄感觉这事不就是耍耍心眼，动动嘴皮子嘛，虽然有点缺德，但为了父亲也管不了那么多了，便答应了下来。

这天，他跑到吕禄那里，佯装为吕禄出主意想办法，劝说道："我说老兄啊，您可不要聪明一世，糊涂一时啊，现在的局面可不比当初了。当初，高皇帝和太后共同平定了天下，先是刘氏有九人被封立为王，然后吕氏有三人被封立为王，这些都是大臣们在朝堂上共同商定过的，当时诸侯们也没意见，都认为这样做没毛病。现在太后去世了，皇帝还年幼，而您佩带着赵王大印，不赶快回到封国去，却在这里担任上将军，率军驻留京城，难免会让大臣和诸侯们猜忌啊！您为什么不趁机把将印上交朝廷，把兵权移交给太尉呢？另外，您最好也去说服吕王归还相国印。然后，你们兄弟和大臣们订立盟约，约定如果交出大印返回封国，既往不咎。这样自表心迹，齐国必然罢兵，诸侯无话可说，大臣们肯定也会欣然接受！到那时，您就可以在赵地的千里封国高枕无忧地南面称王了。这无疑是功在当代，利在千秋的大好事啊！机不可失，时不再来，您还是要盘算好啊！"

郦寄这番话有点长，好像比自己家的事都上心。这应该是陈平一句句教唆出来的，思路清晰，逻辑严密，有很强的说服力。试想，如果你是当事人吕禄，面对这样的局面和说辞会怎样？估计一样会心动。但是政治精明的人可能就不会轻信。因为这是把政治斗争当作了小孩子过家家，以为交出兵权，过去的事就能一笔勾销了。殊不知，政治斗争不只是为了获得权力那么简单，获得权力以后还要搞清算。即便不清算当事人或台面上的人，也要清算其周围的人，否则新的利益集团无法进行利益再分配。这也就是为什么很多人一旦踏上政治这条贼船，就很难再下来了。正所谓"人在江湖，身不由己"。面对政治残局，咬着牙、流着血也要坚持，说不定还有一线生机，否则一样会死得很难堪。

　　然而，吕禄远不如他的姑姑吕雉有政治远见，相反，他的政治头脑十分简单。他听了好友郦寄的话，竟然颇为心动。不过如此重大的事，他自己也不敢做主，便派人将这番话转述给了吕氏宗族的老人们。

　　吕雉死后，吕氏宗族便缺少了主心骨，他们针对此事争得不可开交，分成了两派意见：一派认为，郦寄的话有道理，吕氏如今势单力薄，主动交权，还可能确保爵位；一派认为，决不能交权，否则死无葬身之地，有灭族的风险。两派意见弄得本来就缺乏主见的吕禄狐疑未决。

　　郦寄这边因为受陈平的逼迫，又经常跑过来劝说，一副再不交兵权就要大难临头的样子。吕禄把郦寄当作最好的朋友，不知道他心怀鬼胎，所以被搞得心浮气躁，不知道如何是好。看来，即便是最好的朋友，在涉及权和利的问题时，也还是要谨慎行事。常言道，无利不起早，无奸不成商。这并不是说不要信任朋友，而是规劝世人在面对权和利的时候一定要头脑清醒，不能对朋友完全信任。

　　由于被这件事搞得太心焦了，这天，吕禄便要郦寄陪自己出去打猎，放松一下心情。郦寄怕逼迫太急会适得其反，也只好跟随前往，顺便再吹吹风。两个人来到郊外，玩了一整天，打了很多野味，到了傍晚才回到城里。在回家的路上，他们正好路过吕雉的妹妹吕媭的府邸门口。按照辈分和血缘关系，吕媭是吕禄的小姑姑，因曾被吕雉封为临光侯，目前在吕氏家族中地位最高。因此，吕禄便想进去给姑姑吕媭送点野味，略表孝心，再当面请示一下究竟能否交出兵权。

　　吕媭早就听说了侄子吕禄有交出兵权的想法，这几天气得七窍生烟，现在看吕禄主动上门请示，勃然大怒，不待他解释清楚，便大声斥责道："废物！败家子！你是上将军，现在是什么形势？你竟然独自跑出军营浪荡！我告诉你，你如果上交将印，放弃兵权，吕氏一族在这天下将无容身之地！"吕嬃洞若观火，一针见血，政治能力可见一斑，其水平应该不逊于姐姐吕雉。

但面对小姑姑吕嬃的盛怒，吕禄非但没有反省，反而感觉莫名其妙，心想有那么严重吗？她怎么和吕雉姑姑说话一个德行，我们吕家的女人怎么都那么强势啊？于是，他在那里支支吾吾，顾左右而言他。

吕嬃更加来气，当即让人把家中所藏的珠宝首饰和贵重物品悉数取出，抛到院子里，歇斯底里地喊叫道："我吕氏就要被灭族了，这些东西留着还有何用？终归是为别人保管啊！"看到这个情景，吕禄不知所措，还以为姑姑吕嬃疯了呢，不敢再辩解，吓得赶快溜走了。

郦寄正焦急地守候在门外，见吕禄满脸通红地从里面出来，好像被人刚打过脸似的，赶快上前问什么情况。吕禄略微尴尬地把情况简单述说了一遍。郦寄听闻不禁一惊，心想这老家伙真的不好对付啊。不过，他佯装无所谓地呵呵冷笑了几声，说老人家年纪大了，想得太复杂了，不用太在意，这种事还需要年轻人自己拿主意比较好。虽然郦寄这么说，但吕禄还是被姑姑骂得稍微有点清醒了，他将信将疑，告别了郦寄，一个人神情恍惚地回了家。

不过，郦寄可没回家，他还惦记着他父亲呢，慌慌张张地跑到陈平那里报告了吕禄的思想状态。陈平得到消息，心里不免一紧，赶快把周勃找来商议该怎么办。周勃也摇头叹息，无计可施。

这样过了几天，又一个人过来向陈平和周勃通风报信，说吕产那面情况也不妙。两人听到他通报的消息，更觉头大。这个人是谁呢？他通报了什么消息呢？

27. 左袒右袒

吕禄由于受了小姑姑吕媭的责骂，对交出兵权犹豫起来。郦寄赶快将吕禄的思想变化向陈平和周勃做了汇报。陈、周二人不免心中有点着急。过了几天，又一个人过来向陈平和周勃通风报信，说吕产那边可能已经觉察到了他们的行动。这个人正是曹参的儿子曹窋。

前面说过，曹参死后，他的儿子曹窋承袭了爵位，现在是平阳侯。后来，这小子在吕雉那里混得还不错，接替了任敖，代理御史大夫一职。御史大夫是关键岗位，只有受到吕氏家族认可的人才可能担任。所以，曹窋有机会经常与相国吕产混在一起。

这天早晨，他在朝堂上办事，与吕产一起聊天，恰好郎中令贾寿从齐国出使回来。贾寿之前奉吕产之命前去齐国打探消息，现在一回来就急着向吕产汇报情况。只见他慌慌张张从外面快步走进来，看没有外人，便急吼吼地对吕产说道："相国大人，大事不好了！灌婴率兵到达荥阳后，竟然暗地里和齐王刘襄联手了！"

吕产闻听大吃一惊，顿时蒙了，在那里搓着手说道："看来我还是应该听吕禄的话，交出相国印回到封国去啊！"贾寿却不以为然，直摇头，责劝道："万万不可啊！大王早不到封国去，现在想走，还走得成吗？倒不如鱼死网破！相国应该尽快率兵到宫中先将皇帝控制在手中再说。"贾寿的意思很明白，就是让吕产挟天子以令诸侯。吕产认为有道理，事到如今也只有如此了，于是匆匆离开去做准备。

我们说过，类似这样的机密行动，知道的人越少越好，知道的人多了就容易泄密，一旦泄密，前功尽弃。贾寿和吕产在那里商议的时候，却没有回避曹窋这小子。这小子是曹参的儿子，他虽然受利益驱使暂时与吕氏外戚派混在了一起，但在大是大非的问题上，还是会站在功臣元老派这一边，因为出身在那里呢。这也就是为什么领导对于关键岗位上的人，特别看重出身的原因。如果出身不符合要求，宁可不用，也不能用错，否则后患无穷。何况目前的局势，吕氏外戚派已经风雨飘摇、朝不保夕了呢。

因此，待吕产走后，曹窋立即跑到陈平和周勃那里告密。陈平和周勃听说事情已经暴露，不好再犹豫了，只好冒险行事。

周勃先是尝试着进入北军大营，想凭借个人在军中的影响力夺取兵权。但因为北军驻扎在长乐宫，而长乐宫原为吕雉住所，是诸吕的活动中心，防范森严，所以周勃没能进去。要想顺利进去，必须要有皇帝的军中符节。

周勃忙派人找来两个人协助，一个是纪通，一个是刘揭。为什么要找这两个人呢？他们好像都是无名小卒啊。

我们先说纪通。纪通确实不太出名，但他的父亲可是大名鼎鼎，就是当年在荥阳城为了掩护刘邦逃跑，而被项羽烧死的纪信。纪信死后，刘邦既没给他封侯也没给他谥号，好像早已将这位救命恩人忘诸脑后了。直到汉八年，刘邦才将纪信的儿子纪通封为襄平侯，在襄平封地两千户，位于今天的江苏省盱眙县西北。纪通现在掌管着皇帝的军中符节。而只有凭着这个符节，外人才能出入军营。所以，周勃把纪通找来，是想让他假传皇帝诏令，拿着符节协助自己进入北军大营。纪通是刘邦手下大将的后代，这个觉悟还是有的，于是欣然同意配合行事。

再说那个刘揭。刘揭虽然姓刘，但他和刘氏皇族派究竟有什么关系，史书没有交代。不过，他的职务比较特殊，为朝中典客一职。典客是九卿之一，主要负责朝廷与诸侯国的联系，以及安排诸侯王上任的事宜。之所以找他，主要是让他假装办理手续，给吕禄施加压力，催促吕禄尽快到赵国去做赵王，最终目的还是逼迫吕禄交出兵权。

人员到齐后，按照周勃的安排分两路行事：一路，郦寄带着刘揭先行前往，劝说吕禄交出将印；一路，周勃带着纪通随后手持符节前往北军大营。

郦寄和刘揭见到吕禄，貌似紧急万分的样子劝说道："老兄你还犹豫什么啊？太尉周勃已经接到皇帝的诏令，命他主管北军，让你回到封国去，这事千真万确！我劝你还是主动交出将印，及早离开长安吧，不然，大祸将要临头了！"刘揭也在旁边煞有介事地煽风点火，说他确实已经收到了诏令，是来履行手续的。吕禄太信任郦寄了，认为他肯定不会欺骗自己，又加上这两人在那里一唱一和，由不得不信。于是吕禄脑子一热，便解下将军印交给了典客刘揭，表示服从安排，同意将北军兵权移交给太尉周勃。

这种双簧戏，我们作为两千年后的旁观者，可能感觉并不高明，吕禄太傻了。吕禄确实不太聪明，要不然也不会被人如此逼迫。不过，当时的形势给人的心理压力是巨大的，外有大兵压境，内有大臣逼迫，一般人难以承受。

此时，太尉周勃还在北军大营外面，听说吕禄已经交出将军印离开了军营，顿时精神抖擞。他忙带着纪通拿着符节，假传皇帝诏令，进入了北军大营。

进入了军营，又拿到了将印，周勃底气十足，本来在军中他就是老资格，德高望重，所以马上将全体将士集合起来，发出命令："为吕氏右袒，为刘氏左袒。"这就是历史上著名的"左袒右袒"。什么意思呢？就是说，拥护吕氏的袒露右臂，拥护刘氏的袒露左臂。军中将士听到命令，竟然齐刷刷地都袒露出左臂，表示拥护刘氏。从这里看出，吕氏倒台，刘氏上位，也是军心所向。

这里我们不由得再次感叹刘邦的领导能力，那么多年过去了，军队还是买他的账。就这样，太尉周勃顺利掌控了势力最强的北军。

那么，吕产的南军又将怎么被制服呢？

28. 一举荡平诸吕

周勃顺利掌管北军后，立即就开始筹划控制南军的事宜。南军的将印在相国吕产手中，要控制南军，必须先把吕产搞定。

怎么搞定吕产呢？这又多亏了那个朱虚侯刘章。关于刘章，我就不多介绍了，他在吕媭召集的酒席上杀掉一个吕氏子弟的事，想必大家都还记忆犹新。

刘章本来奉丞相陈平之命到北军大营前来协助周勃。到了北军大营时，周勃已经拿到将印，掌握了兵权。周勃看刘章来了，便让他监守军门防止意外事件发生，然后又派曹窋赶赴未央宫，阻止吕产进入。

为什么要这样安排呢？前面说过，吕产听从贾寿的意见，准备带人去胁迫后少帝，而后少帝就住在未央宫。所以，当务之急必须设法阻止吕产进入未央宫，而曹窋身为御史大夫应该有这个能力。

曹窋赶到未央宫时，幸好吕产还未到，他便通知负责未央宫安全工作的卫尉道："皇帝有令，不准放相国吕产进入殿门！务必执行！"那个卫尉估计平时跟御史大夫曹窋关系不错，所以表示坚决完成任务。

不一会儿，吕产果然带了一伙官兵进入了未央宫，但在殿门前被卫尉拦住去路。当时吕产还不知道吕禄已经将北军兵权移交给了周勃，所以没有强攻，只是在殿门外驻扎了下来，徘徊不定。那个时候通信设备落后，主要靠人力来回传递信息，不像现在有QQ或微信。如果吕产提前得到消息的话，可能就是另外一种局面了。

曹窋从远处看到这个情况，担心持续对峙下去，难保吕产不会一时性急硬闯进去。于是，他便飞身上马跑回北军大营，向周勃汇报了未央宫的情势。

　　周勃是个老滑头，经验丰富，听到曹窋的汇报，认为自己刚刚掌握北军兵权，军心还不稳，南北两军真打起来，北军不一定能完胜，说不定会造成京城混乱，所以他不好轻言率兵征讨吕产。怎么办呢？周勃灵机一动，想到了刘章这个小年轻，便把他叫了过来命令道："今天就看你的了，你现在马上到宫中去保卫皇帝！"

　　为什么要派刘章过去呢？因为刘章是吕禄的女婿，和吕氏家族关系不一般，他过去说不定能稳住吕产。刘章虽然年轻，但脑子够用，心想让我一个人过去，万一吕产翻脸，自身都难保，还怎么保皇帝啊，便请求道："我一个人过去恐怕不行啊，请太尉拨一千精兵协助，到时候好相机行事。"周勃认为有道理，便挑选了一千步兵，让他们手持利刃跟随刘章前往未央宫。

　　刘章率兵到达未央宫时，已经到了傍晚时分，快吃晚饭的时间。这时，吕产还带着那伙人在殿门前傻待着，不知道在想什么。估计对挟持皇帝的行为，他们心里没底，踌躇不定，还抱有侥幸心理。机会往往就是在侥幸心理下，犹豫不决中才错过！

　　刘章一眼看见吕产所带人马并不多，暗喜。刘章可不是一个犹豫的人，心想此时不动手，更待何时。于是，他当即率领手下这一千步兵，果断向吕产发动突然袭击。只见这一千步兵听到指令，如猛虎一般奋勇上前，杀将过去。

　　打群仗中，一千多人蜂拥而上，对方一般是很难辨别出人数多少的。吕产哪里会想到情况已经突变，也不知道这些兵是从哪里来的，只能仓促应战，结果一下子就被打乱套了。眼看不敌，他扭头便跑。

　　恰在此时，突然狂风大作，吕产手下那伙人感觉太邪乎，还以为天兵下凡，纷纷放弃抵抗，要么逃跑了，要么投降了事。看来吕产压根也不是带兵的料，一动真格全完蛋了。

　　刘章一直在盯着吕产呢，岂能让他跑掉，率兵追赶。吕产被追得无处可逃，竟然逃到了郎中令办公室的厕所中。厕所这个地方可是戚夫人的地盘。为什么这么说呢？前面说过，当年戚夫人正是被吕雉做成"人彘"扔进厕所后惨死的。后来，人们为了纪念戚夫人，尊她为"厕神"。"厕神"也是神啊，现在还不趁机显灵，让吕雉罪孽的报应在她侄子身上？当然，这只是一个玩笑。

不管怎样，吕产逃到厕所后便彻底走到了绝境。他蜷缩在角落里，吓得浑身直哆嗦。这时，一帮士兵冲进厕所把他提溜了出来，用链子套着脖子牵到刘章面前。刘章二话不说，上去一剑把吕产的脑袋削掉了半拉，吕产当场毙命。

吕产刚死不久，后少帝那边已经知道了殿门外发生的事情，马上派一名谒者手持符节前来慰劳刘章，表彰他救驾有功。这肯定也是做做样子了，对于傀儡来说，谁赢了就抱谁的大腿。

刘章哪里会把后少帝放在眼里，上去就想夺过符节，但那谒者却抱着死活不给。为什么要夺符节呢？因为符节代表皇帝的旨意，有了它就可以在皇宫中畅通无阻。

刘章看这小子那么固执，转念一想，不如让他与自己结伴而行，省得麻烦，效果还会更好。于是，他让人生拉硬扯把那谒者弄进了自己车上。这样，凭借谒者手中的符节，刘章在宫中驱马前行，一千多士兵浩浩荡荡在后面紧跟护卫。

刘章差不多对未央宫做了清场处理，主要是清理吕氏家族的人。清完未央宫，接着他又率兵来到了长乐宫前。长乐宫的卫尉名叫吕更始，前面说过，高后四年时，他被吕雉加封为赘其侯。刘章来长乐宫其实正是为他。他见吕禄的女婿刘章带着谒者，还手持皇帝符节，不敢阻拦，只好放行进来。刘章趁其不备，出其不意将他砍翻在地，然后在长乐宫中，又对吕氏家族的人进行了屠杀。屠杀得差不多了，刘章这才带兵回北军大营向太尉周勃报告。

周勃听闻，惊喜万分，他激动地起身拜贺道："老夫最担心的就是这个吕产，他身为相国，又掌握着南军，是大患啊！现在你已经把他杀了，刘氏天下就大定了。"随后，周勃派人分头把吕氏宗族的男男女女全部抓来，不分老少，一律斩杀。吕禄和吕嬃也自然难以幸免：吕禄被先行绑出斩首，这就是政治幼稚的下场；吕嬃嘴巴比较硬，大呼小叫，胡言乱语，被鞭杖竹板打死。这一顿斩杀差不多干掉了几百人。

此时，吕氏还有一位重量级的人物由于人不在京城长安，暂时躲过了杀戮，他就是燕王吕通。吕通是吕媭的侄子，吕台的另外一个儿子，吕产的弟弟，之前被吕媭封为燕王，现在已经到燕国履职。

周勃这帮元老功臣怎么可能放过吕通呢？他们立马派了一个使者，假称皇帝的诏令，逼他自尽。吕通听说全族的人都被杀光了，知道自己无法苟活，只好一死了事。就这样，吕媭经营了十五年的吕氏家业被瞬间全部荡平。

荡平诸吕后，京城长安便由以陈平和周勃为首的功臣元老派所控制，他们又会怎么善后呢？

第六章

意外之喜

29. 纠偏善后，酝酿废立

以陈平和周勃为首的功臣元老派首先对吕雉主政时期违背刘邦"白马盟誓"的做法进行了纠偏：

废掉了吕雉的外孙，也就是鲁元公主的儿子张偃的鲁王爵位，将他贬为庶人。不过后来，汉文帝刘恒即位后，念及张偃的爷爷张耳和刘邦关系特别好，又重新加封他为南宫侯。这就是后话了，我们这里稍微提一下。

改封济川王刘太为梁王。刘太的封地济南郡已经被齐王刘襄给占领了，不好再收回来。虽然刘太是吕雉所封，身份不详，但目前他毕竟还被认为姓刘，所以便将其改封到梁地，也就是之前吕产的封地。不过不久后，他也被杀了，后面会说到。

立刘友的儿子刘遂为赵王。刘友就是那个被吕雉幽禁起来，活活饿死的皇六子。因为刘友在赵王的位子上死掉，现在吕禄这个吕氏赵王被杀了，刘友的儿子刘遂自然承袭了爵位。刘遂在汉景帝时参与叛乱，最后自杀身亡，以后会详细说到，这里大家先有个印象。

吕雉的情人审食其运气不错，多亏之前被免掉了左丞相，去做了少帝太傅，离开了权力中心，这次没有受到株连；出于稳定吕氏家族残余势力的需要，加上他的两个好朋友陆贾和朱建从中说情，他得以官复原职，仍然做了左丞相。不过这家伙没有善终，最后也难逃惨死，包括朱建也因他而自杀，后面还会提到。

待纠偏差不多完成，京城局势稳定住后，陈平和周勃一面派刘章到关外把诛杀诸吕的事情通报给齐王刘襄，让他收兵；一面通知灌婴班师回朝，商议国事。

诸吕已经平定，齐王刘襄没有理由再西进了，他这次收获还算不小，收回了济南郡，便欣然奉命率兵退去。但刘襄手下的将军魏勃却被灌婴派人过来给带到了荥阳问罪。这是为什么呢？灌婴听说正是魏勃唆使齐王刘襄起兵西进，而且还逼杀了朝廷命官齐丞相召平。他认为这小子不是个善类，身为军人胆敢谋反，所以要当面审讯一番，准备从严治罪。

魏勃被带来后，灌婴上下打量了他一番，感觉他是挺普通一人，便问他为什么要这么干。魏勃貌似无可奈何地回答道："属下也是没办法啊！这就像有人家中失火，救火的人哪里会有时间给主人通报灾情后，再去救火啊？"

魏勃这小子确实机灵，他没有直接回答灌婴的问题，为自己极力辩解，那样只会越描越黑，而是设置了一个失火的场景。这个失火的场景相当于当时的政治局势，机会稍纵即逝，只有先解决迫在眉睫的问题才行，至于程序是否合法就退之而论了。

说完后，魏勃便退立一旁，不再言语了。只见他两腿发抖，几欲先走，一副战战兢兢的样子。魏勃那么精明，什么场面没见过，少年时期他都敢设法去面见齐丞相曹参，何况现在面对灌婴呢？他只是故作姿态，满足一下灌婴的优越感而已。

灌婴十五岁出道，十八岁封侯，可以说是少年得志，少年老成，应该是很骄傲的一个人。如此骄傲的人只有让他充满优越感，他才会高抬贵手。果然，灌婴盯着魏勃看了半天，没有发现异样，觉得这小子也不过如此，便笑着说道："人们都说你魏勃很勇敢，少年老成，在我看来，也不过是一个平庸无能之辈罢了，能有什么作为呢？"所以，他只是免了魏勃的将军之职，而没有治他的罪。处理完魏勃后，灌婴便带兵回到了京城长安。

差不多与此同时，来到京城长安的还有琅邪王刘泽。前面说过，刘泽先是被齐王刘襄忽悠到齐国，不得已共同起兵西进，后来他又忽悠刘襄得以从齐国脱身，准备前往京城长安。离开齐国后，一路上，刘泽慢慢行进，坐等局势继续发酵。当他得知吕氏已经被全部杀光时，才加快行进速度，驱车来到京城。这个时候，功臣元老派们已经聚集在一起，密议善后事宜。他们听说刘泽来了，都认为在刘氏宗室中，刘泽辈分最高，必须听听他的意见，以免将来被人诟病。刘泽仗着自己身份特殊，也不客气，从容入座旁听。由于不太清楚大家的态度，所以开始他只是一言不发，专心倾听大家的发言。

只听陈平和周勃等人率先发话道："我们大家心中都有数，现在所谓的皇帝刘弘以及梁王刘太、淮阳王刘武、常山王刘朝，应该都不是惠帝的亲生儿子。当年太后用欺诈的手段，把别人的儿子抱来滥竽充数，谎称是惠帝的儿子，然后杀掉他们的生母，养在后宫，逼惠帝把他们认作自己的儿子，立为继承人，或者封为诸侯王，来加强吕氏的势力。如今诸吕已经被根除，不能再这样稀里糊涂下去了！否则，等到将来这些假冒刘氏的孩子长大成人，掌握了国家权柄，我们这班人肯定没有好结果，说不定会被灭族的！不如我们在刘氏诸王中挑选一位最贤明的人，立他为皇帝！大家意下如何？"

这番论调太对大家的口味了，其实每个人都有这个顾虑，都在这样想，只是不敢说出口，毕竟这是废立皇帝的大事啊，搞不好有大逆不道的罪名。现在这层窗户纸被捅破了，众臣无不拍手赞成。

我们不知道惠帝刘盈这几个儿子究竟是不是他亲生的，但是这帮人肯定没把刘盈这个曾经的皇帝太放在心上。父母如果不够强大的话，孩子某种程度上也不会受人重视，甚至会受到欺凌。这就是残酷的现实。既然是废立皇帝，那么拥立谁呢？

有人便提议道："齐悼惠王刘肥是高皇帝的长子，现在他的嫡长子是齐王刘襄，从根儿上说，他是高皇帝的嫡长孙，理应立为皇帝。"这个提议于情于理都说得过去，何况荡平诸吕最早的发起人就是齐王刘襄，而且又是刘襄的弟弟刘章杀掉了吕氏关键人物吕产。

如果没有人反对，齐王刘襄被拥立为皇帝应该是顺理成章的事，但是这时，偏偏有一个人却站出来积极反对。那么这个人会是谁呢？他会得到功臣元老派们的支持吗？

30. 谁来做皇帝

功臣元老派一帮人在一起密商废立皇帝的大事。有人认为齐王刘襄是刘邦的长孙，而且在荡平诸吕中，率先起兵，居功甚伟，应该做皇帝。如果没有人反对的话，说不定还真就鼓掌通过了。但正当大家默许的时候，偏偏有一个人站了出来激烈反对。这个人就是琅邪王刘泽。

刘泽之前被齐王刘襄忽悠出兵，还险些被软禁了起来，为此很是恼火，所以有心趁机报复。只听他轻咳了几声，缓缓说道："我说两句啊，刚才有人提议拥立齐王刘襄来做皇帝，我认为不太合适啊！刘襄的舅舅是驷钧，这个人大家了解吗？他可是一个凶恶残暴的人啊，就像一只戴着帽子的老虎，摘掉帽子后随时都可能吃人的！刚刚被大家平定的吕氏一族，给我们的教训还不够深吗？吕氏不知道残害了多少功臣贤良，几乎毁了刘氏天下！大家想过为什么吗？就是因为吕氏一族是外戚，他们强悍霸道，专权作恶！如果现在立齐王刘襄为皇帝的话，恐怕将来又会出现另外一个外戚吕氏啊！所以我坚决反对！"

刘泽虽然是刘邦的远房堂兄弟，地位一般，但是目前他在刘氏皇族中辈分最高，非常时期，说话还是相当有分量。另外，他的话确实说到了大家的痛处，大家对吕氏外戚派干政已经深恶痛绝。特别是陈平和周勃，他们被吕雉架空了十多年，再也不会容忍同样的情形出现，所以认为刘泽说得很有道理，当即表态同意刘泽的意见。

其实，这里面还有一个他们都不愿意明说的原因，也可能是最重要的原因，就是刘襄和刘章兄弟二人在这次荡平诸吕中功劳太大了。有人可能想不通，为什么功劳大了反而成了功臣元老派反对的原因呢？

道理说白了，也很简单，我们不妨试想一下：一个人如果认为是靠自己的本事取得了成功，他还会感恩周围的人吗？肯定不会！他会认为自己得到一切都是理所当然的，而其他人的功劳也会很轻易地被抹杀。这帮功臣元老可都是人精，应该会想到这一点。齐王刘襄一旦做了皇帝，不会对他们心存感恩，再加上凶悍的舅舅驷钧协助，他们这帮人早晚要再次被晾在一边。所以，他们才会不约而同地响应刘泽的号召。很多时候，说不出口的原因，才是真正的原因，而能说出口的，往往只是一个幌子而已。

既然刘邦的长孙齐王刘襄被否定了，还有谁更合适呢？那只有从刘邦的儿子中进行挑选了。前面说过，刘邦一共有八个儿子：刘肥、刘盈、刘如意、刘恒、刘恢、刘友、刘长、刘建。到这个时候，他们已经差不多死光了，仅剩下老四刘恒和老七刘长还活着。

刘恒的母亲是薄姬，早期是魏王豹的姜，后来被刘邦抢来宠幸了一夜，就怀上了刘恒。刘恒和薄姬因为不受刘邦待见，便早早离开了权力中心京城长安，去了封地代国。这一去就是十七年！

刘长的母亲是赵姬，早期是刘邦的女婿张敖的姜，后来被献给刘邦宠幸了一夜，就怀上了刘长。刘长的命比较苦，刚出生，母亲赵姬就因受到赵相贯高刺杀刘邦事件的牵连，死在了监狱中。他由吕雉抚养成人，为此，躲过了政治迫害。刘邦平定淮南王英布后，将刘长封为了淮南王。

从刘恒和刘长的身世来看，他们的出身都不太好，很凄惨，都是刘邦一夜情的产物。不过，他们最大的幸运就是得以存活了下来。所以，活着比什么都重要，因为只有活着才有希望。

那么刘恒和刘长这两个侥幸活着的人，谁做皇帝更合适呢？功臣元老们自然又分成了两派意见。经过激烈讨论，大家普遍认为淮南王刘长不合适：首先，他太过年轻。从惠帝刘盈到前少帝刘恭，再到后少帝刘弘，他们都是因为年轻，才大权旁落；其次，他母亲家太过凶恶。至于刘长母亲家中谁很凶恶，史书上没有交代，不过群臣既然这么认为，应该没错，因为刘长这个人就很凶，后面会说到。最后，他是由吕嬃抚养成人的，难免和吕氏会有感情。总之，刘长也被否决了，现在只剩下代王刘恒唯一人选。

这时，琅邪王刘泽又发话了："我认为代王刘恒最适合做皇帝！刘恒的母亲家薄氏，是忠厚长者，有君子风范。况且，在高皇帝的亲生儿子中，还在世的，要数他最年长。从血缘上来说，名正言顺；从品性上来说，我们大家应该也都会安心。"刘泽的这段话基本上做了一个概括性总结，总结虽然不长，但顾及得非常全面。最重要的是，它解决了功臣元老派心目中最关心的问题，也就是将来刘恒当了皇帝，是不是对大家危害最小、最让人安心。

通过琅邪王刘泽对齐王刘襄的否定和对代王刘恒的肯定，大家得出了一个共识："代王方今高帝见子，最长，仁孝宽厚。太后家薄氏谨良。且立长故顺，以仁孝闻于天下，便。"

这段话的意思和刘泽的说法差不多："现今，高皇帝活着的儿子中，年纪最大的是代王刘恒，他为人仁孝宽厚。他的母亲薄氏家谨慎善良。按照规矩，拥立最大的儿子为皇帝本来就名正言顺，而且刘恒又以仁爱孝顺闻名天下，所以拥立他为皇帝最为合适。"

就这样，讨论结果出来了，新一代皇帝也新鲜出炉，即被功臣元老派确定的刘邦的第四个儿子代王刘恒。

陈平和周勃是功臣元老派的领头人，他们对这个结果非常满意，马上暗中派使者到代地迎接代王刘恒进京。代王刘恒会来吗？他敢来吗？

31. 意外之喜，忐忑不安

确定由刘恒担任新一代皇帝后，陈平和周勃马上暗中派使者到代地迎接刘恒进京。为什么是暗中呢？好像见不得人似的。因为废立皇帝这事，实在是太重大了，还要看看刘恒个人的意愿，如果提前公布了，他却不同意，局面会非常尴尬。

事实上，对于做皇帝这事，刘恒开始确实不积极。长期以来，刘恒一直游离于朝廷政治斗争之外，也没有参与荡平诸吕的行动，所以朝中突然来了使者，让他去做皇帝，他多少有点不敢相信。

这事甭管是谁，都会感觉太突然。现在这个节骨眼上，难保有诈，万一是个陷阱，代王都不一定能继续干，还做什么皇帝啊？另外，刘恒本来就是一个非常谨慎的人，考虑问题比较周全。他感觉事情太过蹊跷，这皇帝不好干，便找了一大堆理由推辞了事。

但世上很多事情就那么奇怪，无论好事还是坏事，你越不要，别人越会惦记着你。朝中大臣也是如此，看刘恒这般谦让，认为他德行真不错，非他莫属了，就又派使者过去邀请。

这次，刘恒开始重视起来，心想，看来好事真的要砸到自己头上了。但他心中还是没底，便把手下的一帮幕僚召集过来，商议究竟如何应对。

这些幕僚中有一个人，名叫张武，官居郎中令，主要负责王宫安全工作。可能由于职责所在吧，比较关心刘恒的安全问题，所以他代表一部分人率先发言道："朝上这帮大臣大都是当初高皇帝时期留下来的老臣，他们熟习兵事，多谋善诈，恐怕用心不会那么简单啊！之所以这样做，主要是碍于高皇帝和吕太后当年的余威，故作姿态。如今，他们刚刚诛灭吕氏，喋血京师，权势正盛，为什么要来迎接大王呢？没道理啊，不可轻信啊！希望大王还是假托有病，不要前往，静观其变为好。"这个意见是从刘恒的人身安全出发的，加上当时的局势不够明朗，所以很快成为主流意见，大家都反对刘恒贸然进京。

局势明朗的时候能看出问题，这不算本事，一般人都能做到，充其量算"事后诸葛亮"。在局势混沌不清时，就能有先见之明，这才叫高人。现实生活中，"事后诸葛亮"常有，而高人不多见。

但在刘恒的幕僚团队中，还真有这么一位高人，他与张武等人的意见截然相反。这位高人名叫宋昌，官居中尉，和前面说过的魏勃干同一个职务。看来这个职位容易出人才啊！

说起宋昌，大家可能比较陌生，好像这个人没什么大来头。其实不然，他还是有点背景的。宋昌的爷爷是宋义，父亲是宋襄。宋义大家应该比较熟悉了，反秦战争期间，他曾经因为精确预测了项梁必定失败，而深受楚怀王赏识重用。不过没多久，他就被项羽这个愣头青给做掉了，儿子宋襄也惨遭杀害，并因此留下了千古笑柄。

宋昌就是宋义的孙子，但他明显比爷爷宋义要厉害一点，特别是在刘恒是否应该进京做皇帝的问题上，他发表了独到见解：

"大王，诸位大臣的说法都是错误的！这次是千载难逢的机会啊，大王应该尽快赴京荣登大宝！为什么这样说呢？有三点重要原因：第一，除了刘家外，天下人都不敢再奢望做皇帝了。想当初秦朝政治混乱，天下各地纷纷起事，只要是个人，都想当皇帝，然而，最终登上天子之位的只有刘家，从那时起，天下人已经断了做皇帝的念头。第二，高皇帝大封刘氏子弟为王，封地犬牙交错，互相制约，使刘氏宗族固若磐石，为此，天下人深深折服，没人敢再出来挑战刘家了。第三，汉朝建立以后，废除了秦朝的严刑峻法，重新制定法令，施恩于民，从此人心安定，根基牢固，再难以动摇了。就拿吕太后来说吧，她曾经把持朝政，独断专行，封立吕氏子弟三人为王，吕氏宗族的权势好像一时如日中天，但结果呢？太尉周勃凭借符节进入北军后，只是振臂一呼，将士们却全部袒露左臂，表示拥护刘氏，抛弃吕氏，诸吕迅速被荡平。这就是天意啊，非人力所能为！因此，现在即使朝中大臣们想要作乱谋反，但百姓们不愿意归附，内部又离心离德，怎么能成事呢？何况京城内有朱虚侯刘章、东牟侯刘兴居等这样的刘氏皇族，京城外还有吴、楚、淮南、琅邪、齐、代这些强大的刘氏诸侯国，无论是谁都会惧怕啊！这样看来，朝臣们必须拥立刘氏子弟为皇帝。而如今，高皇帝的儿子中只有淮南王刘长和大王您了，而大王您是兄长，贤圣仁孝闻名天下，大臣们肯定是顺从了民意迎立大王做皇帝，所以大王您不必再怀疑了，可以放心前往！"

宋昌的这段话还是有点长的。简单来说，他认为无论如何，现在还是刘家的天下，功臣元老派只有拥立刘氏一条路可走，而且肯定会拥立刘恒为皇帝。整个分析非常透彻，抓住了当时的大势和人心。

虽然宋昌的分析严丝合缝，但是刘恒为人向来谨慎，何况牵涉身家性命，所以还是下不了决心。于是，他便去请示母亲薄夫人。我们前面把薄夫人称为薄姬，现在她儿子都要做皇帝了，还是称其薄夫人比较符合身份。

薄夫人不像吕雉那样喜欢干预政事，她常年单身，独居在宫中，很多事情看淡了，也不想乱下结论，便让儿子刘恒自己做主。但刘恒六神无主，没办法，只好找来太史用乌龟壳来卜卦，看看天意。那么卜卦结果又会是如何呢？

32. 举大事必慎其始终

对于是否要到京城长安去做皇帝，代王刘恒实在吃不准，他六神无主，只好把太史叫过来占卜吉凶。

关于占卜，我们已经不陌生了，前面多次提及。那个时候科学知识缺乏，差不多每次有重要决定，人们都会卜上一卦。刘恒也不例外，事关能否做皇帝的大事，更要问问上天的意思。

占卜首先要选择道具，也就是用什么道具推演出卦象。古代比较常用的道具一般有两种：一种是蓍（shī）草。这种草在当时的人看来非同寻常，暗含某种神秘力量。一种是龟甲，通俗地说就是乌龟壳。千年王八万年龟嘛，乌龟那么长寿，所以它们的壳一直被认为通灵性。不过，龟甲属于高档货，就像现在的奢侈品一样，一般人用不起。刘恒可不是一般人，而是一方诸侯王，乌龟壳对他来说小菜一碟。为了把这事占卜得准确可信，他更要选用乌龟壳做道具了。

只见太史从一堆乌龟壳中精挑细选出了品级上好的一块，然后将它放在火上进行烘烤，直到乌龟壳上布满了裂纹才取了下来。在这些裂纹中，太史认真地找出了一条最大的横向裂纹。这个横向裂纹就是卜出来的卦，其对应的卦辞就是卦象："大横庚庚，余为天王，夏启以光。"看到这个卦辞，太史便大张旗鼓地跑过来向齐王刘恒道贺，声称大吉大利。

卦辞一般都比较晦涩难懂，字少，生僻，还有歧义，但这句却很明确，即便我们现代人也能理解得八九不离十："大横（也就是卦象），预示着更替，我将做天王，会像夏启那样，将父业发扬光大。"夏启这个人，大家应该都听说过，他是大禹的儿子，夏朝的建立者，开辟了新纪元，从他开始，中国进入了奴隶社会。

面对如此直白的卦辞，齐王刘恒竟然装糊涂，说他看不懂，一副小心翼翼的样子问道："寡人已经是王了，为什么还要做天王啊？天王是什么级别啊？"太史神情严肃地耐心解释道："所谓天王就是天子啊，也就是皇帝，与诸侯王不同！"好了，话被说破了，上天的意思也是让代王刘恒做皇帝。

看到这里，大家是不是感觉太邪乎了，这怎么可能呢？太巧了吧？其实，我也这么认为！但这番占卜过程却在《史记·孝文本纪》中有详细记载，我们今天无法探究出它究竟是真还是假。如果是真的，占卜也忒准了，现在还搞什么高科技啊，直接到街边拉几个算卦的就可以通晓未来了。所以，这很可能是假的，应该是代王刘恒在进京前为自己造势而已，就像他父亲刘邦斩白蛇起义一样。

先不管它真假，既然有龟甲背书了，刘恒便派薄昭前往京城会见太尉周勃，投石问路，商议进京事宜。薄昭是刘恒的舅舅，薄夫人的亲弟弟，后面会多次提到，这里先给大家留下印象。为什么让他先去拜会周勃呢？因为如今的周勃手握京城兵权。有兵权就有实权，所以肯定要先拜拜他的码头了。这就像现在双方交涉，一方总是先派特使私下到对方的实权派人物那里打探一下消息，摸摸底细。只有实权派人物点头默认了，接下来才能搬到台面上来往，否则空忙活。

薄昭来到京城长安，向周勃仔细询问了朝臣们之所以拥立刘恒为皇帝的原因。周勃言辞恳切，把来龙去脉给薄昭原原本本地说了一遍，并表态发誓他们是真心拥立刘恒。听周勃这么说，薄昭知道没错了，肯定没问题，便马上跑回来向刘恒报告道："大王，全是真的，不用再怀疑了！"

既然舅舅薄昭亲自带回来了好消息，刘恒这才放心，这比乌龟壳卜出来的卦象更让人放心，因为那个乌龟壳很有可能被太史动手脚了。

此时，刘恒想到了宋昌之前的分析，便派人去叫宋昌过来。见到宋昌，刘恒笑容可掬地赞许道："哎呀，果然如你分析的那样啊！"随即，任命宋昌担任自己车上的参乘，这样再有什么事，好一起商量。接着，刘恒安排进京事宜，通知郎中令张武等六人跟随前往。

这天，他们一行人向京城长安进发。一路上，刘恒仍然忐忑不安，既兴奋，又紧张，与宋昌反复推演与群臣见面时的场景。

当走到高陵，也就是现在的陕西省西安市北面高陵区时，这里距离长安城已经不过几十里地，刘恒却突然让车队停了下来。为什么停下来呢？说白了，他还是不放心啊，担心有诈，所以派宋昌先行驱车到长安，观察情况是否有变化后再说。

宋昌只好奉命而去，心想，碰到这样的老大能把人急死。常言道，举大事必慎其始终。刘恒如此谨慎也没什么不妥，比急吼吼的要安全稳重很多。

刚到渭桥，也就是渭水河上的一座桥，只见朝中丞相以下官员都前来迎接。宋昌赶快下车与众人打招呼，口称代王刘恒马上就到，自己特来提前通报。这帮大臣看不是代王刘恒，都纷纷说道："臣等已恭候多时了。"

宋昌见群臣全体出迎，知道情况没有反复，便登车返回高陵汇报，让刘恒尽管放心。刘恒便下令继续前进。再次到达渭桥时，大臣们听闻这次代王刘恒真到了，都匍匐在地称臣迎接。

刘恒现在还不是皇帝，不好摆谱端架子，便从容下车答谢，宋昌紧跟其后。待群臣起身，这个时候，太尉周勃快步走上前对刘恒小声说道："臣希望单独向大王禀报一件非常重要的事。"

还没等刘恒表态，旁边的宋昌却一副正气凛然的样子阻止道："太尉有事的话，请在这里明说，'所言公，公言之，所言私，王者不受私'。"这场景估计刘恒和宋昌在车上推演了很多遍，否则宋昌也没这么大的胆子乱讲话。他这番话主要是为了塑造刘恒的形象，故意营造出光明正大的氛围："公事公办，公开来说，身为王者，没有私事可言。"

被宋昌当众拒绝了，周勃脸上直发烧，幸好是老脸，已经分辨不出脸是否红了。他慌忙跪倒在地，取出天子玉玺和符节，双手捧献给代王刘恒。但刘恒面对玉玺和符节却表现得异常淡定，温和辞谢道："老太尉先别急，等到寡人的府邸再商议吧。"

周勃只好收回双手，请刘恒登车入城，并亲自在前面引导。群臣则在后面簇拥着刘恒的车驾，进入了京城的代王府邸。在代王府邸，又会发生什么事呢？

第七章

刘恒登基

33. 被推向皇帝大位

　　经过反复盘算掂量，代王刘恒终于磨磨唧唧来到京城长安，在群臣的簇拥下，进入了他在京城长安的府邸代王府。在代王府里，丞相陈平、太尉周勃、大将军柴武、御史大夫张苍、宗正刘郢（yǐng）、朱虚侯刘章、东牟侯刘兴居、典客刘揭等重臣分别上前行礼，拜了再拜。

　　这帮人中，大多都是熟面孔，之前或多或少都说到过，只有御史大夫张苍、宗正刘郢两人大家可能比较陌生。我们这里稍微分别交代一下：

　　张苍，以后有机会再详细介绍，大家先有个印象。前面说过，御史大夫一职原本是由曹参的儿子曹窋代理的，由于他在诛杀吕禄这件事上与群臣有分歧，已经被免职。张苍便接替他，担任了御史大夫。

　　刘郢，原名应该叫刘郢客，但《史记》中写成了刘郢，这个大家知道就行了。他是刘邦同父异母的四弟楚王刘交的次子，现在朝中担任宗正一职，后来继承了刘交的王位。宗正主要负责掌管皇室家族的户籍族谱。此次刘恒被拥立为皇帝，是刘氏皇族的大事，刘郢作为族谱的掌管人肯定要全程参与了。

　　这帮人给代王刘恒拜完之后，便直接进入正题，他们恭恭敬敬汇报道：

　　"子弘等皆非孝惠帝子，不当奉宗庙。臣谨请阴安侯、列侯顷王后与琅邪王、宗室、大臣、列侯、吏二千石议曰：'大王高帝长子，宜为高帝嗣。'愿大王即天子位。"

这段话还是比较容易理解的，主要表达了三层意思：

首先，他们认为现在少帝刘弘的身份有问题。如果要拥立新皇帝刘恒，就必须废掉少帝刘弘，而废掉刘弘最直接的方式无疑是对他的身份进行否定。少帝刘弘以及他的几个兄弟既然都不是惠帝的儿子，那就不能再事奉宗庙了，也就是不能再当皇帝或诸侯王了。所以这一点被群臣首先提了出来。

其次，他们说明了废立皇帝的程序必须合法有效。如果要确保程序合法有效，必须说明这次废立皇帝的决议不是某个人主导的，而是朝内上下、宗室内外针对现状共同商议的结果。为了显得更真实，还必须列举一些能够背书的、有公信力的权威人士：阴安侯，也就是刘邦的大嫂子，羹颉侯刘信的母亲。顷王后，也就是刘邦的二嫂子，刘仲的老婆，吴王刘濞的母亲。因为刘仲死后谥号为顷王，所以他老婆就是顷王后了。琅邪王，也就是刘邦的远房堂兄弟刘泽。以上三位都属于目前刘氏皇族中辈分最高的人，他们的参与体现了权威性。另外，宗室、大臣、列侯、二千石以上的官员也都参与其中。

最后，自然而然得出结论，大家都认为刘恒是刘邦现在的长子，理应即天子位。

这段话表达的意思明白无误，而且理由充分，如果一般人听了这些，还真以为自己做皇帝理所当然呢，肯定会猴急地欣然接受。但代王刘恒果然是一个非常谨慎的人，他从这段貌似严谨的说辞中，发现了一点点小问题。

什么问题呢？他发现参与这件事的大臣当中少了一位最重量级的人物，也就是刘邦的四弟楚王刘交。无论辈分还是血缘关系，刘交都是当时刘氏皇族中最有分量的人，但由于他人在楚国，无法来到京城当面表态。

按说，这也不是什么大问题，毕竟刘交的儿子刘郢以宗正的身份在场，完全可以代表他父亲的意见。不过，刘恒还是谦让道："事奉高皇帝宗庙，可是国家大事啊！寡人才能有限，恐怕无法胜任啊，还是希望大家能请叔父楚王来京，让他老人家选立更合适的人选比较妥当。寡人无论如何也不敢当此重任啊！"

这帮人听刘恒这么说，也搞不清楚他的真实想法，生怕他真的不肯干，都纷纷跪倒在地，不肯起来，坚决请求他答应。

刘恒的演技和他父亲刘邦有的一拼，估计有过之无不及，更加逼真。他来到大堂时就是面西而坐，刻意回避了面南背北的坐法。大家应该都知道，面南背北那是皇帝的坐向，这个细节也被刘恒注意到了。他看大家都跪倒在面前，便要站起来躲开。刚要躲开，大家上去把他摁下。又要躲开，又被摁下。前前后后这样搞了好几次，刘恒仍然佯装不接受。

我们可以想象那个画面该有多好玩，国家重臣，一帮大男人，很多都是老头子，推来摁去，不知道的还以为他们闹洞房呢。经过这么反复推让，大家才反应过来，面朝西的位子好像不太符合皇帝的身份，皇帝应该是面南背北才对。于是，他们又把刘恒扶到面南背北的位子上坐下。

刘恒又谦让了两次，还是表示不能接受。从这些假动作我们可以看出，刘恒是一位城府极深的人，演技超一流水平。他后面能够逐渐控制大局，开启了"文景之治"也就不足为奇了。

丞相陈平那么精明的人估计也没完全看懂，他看这样下去不是办法，便代表大家站出来发言道："大王就不要推辞了！臣等经过再三商议，认为大王事奉高皇帝宗庙最为合适，即使把天下诸侯和百姓全都请过来商议，也会这么认为！臣等是真心为刘氏宗庙社稷着想啊，绝不敢轻率而为！希望大王您能听从臣等的意见，臣等将荣幸备至。现在，臣等就将天子玉玺和符节再拜呈上！"说着，周勃双手捧着玉玺和符节放到刘恒面前的几案上，意思是刘恒今天必须接受。

刘恒看时机差不多了，不好再继续装下去了，再装就过了，便看似无奈地说道："既然宗室、将相、诸王、列侯都认为没有人比寡人更合适，那寡人也不敢违反众人的意愿啊！"意思是他同意当皇帝了。群臣闻听，都手舞足蹈、拍手称贺，好像自己家儿子做了皇帝一样。

既然同意当皇帝了，刘恒就应该马上入住皇宫，代王府与他的身份不相符啊。但是皇宫里还住着一位皇帝，也就是少帝刘弘，他该怎么办呢？谁负责把他给清理出来呢？

34. 入住皇宫第一夜

正当大家考虑由谁把少帝刘弘从皇宫弄出来的时候，从群臣中一挺胸站出来一个人。这个人名叫刘兴居。刘兴居前面我们也多次提到过，他是刘肥的三儿子，也就是齐王刘襄和朱虚侯刘章的三弟，曾经被吕雉封为东牟侯，安排到宫中做宿卫。

他在宫中做宿卫，对宫中的情况肯定非常了解。只见他满脸激动地说道："陛下，诛灭吕氏一族时，臣没有功劳，这次就派臣去清理皇宫吧！"刘恒点头表示同意，但考虑到他太年轻，分量不够，还是希望能有一位德高望重的老臣前去协助比较好。

群臣都认为夏侯婴最为合适。夏侯婴大家应该非常熟悉了，他是刘邦的太仆，也就是刘邦的车队队长，长期跟随刘邦左右，后来被封为汝阴侯，可以说是刘邦最信任的人。夏侯婴身份特殊，有一定的象征意义，刘恒表示同意。

于是，刘兴居和夏侯婴一起径直前往未央宫。到了宫内，少帝刘弘正坐立不安，他好像已经知道自己可能大位不保，看到刘兴居和夏侯婴来了，紧张得浑身直哆嗦。

刘兴居毕竟是年轻人，直来直去，对刘弘大声说道："足下不是刘氏后代，不应被立为皇帝，请即刻让位！"他一边说，一边挥手让少帝刘弘身边的左右卫士退去。有的人比较识趣，赶快放下武器溜了。但刘弘好歹也做了几年皇帝，多少还有一些贴心的人不愿意离开。他们手持兵刃围了过来，要保护少帝刘弘。

眼看刘兴居不耐烦了，就要采取强硬措施，大开杀戒时，一个宦官头头赶快走了过来。这个宦官头头就是大谒者张释。张释是吕雉的心腹宠臣，前面说过，他还曾帮刘泽在吕雉面前请封了琅邪王。这个人眼皮多活啊，马上走上前劝说那几个侍卫放下武器离开。

刘弘看到这个情景，知道多说无益，只好同意让位。这时，夏侯婴已经让人在外面备好了一辆车，这是他的专业，熟门熟路。然后，他亲自载着刘弘出了未央宫。

在车上，刘弘哭丧着脸，战战兢兢地问道："你们这要带我到哪儿去？"夏侯婴轻描淡写地回答道："给你到宫外找个地方住吧。"不一会儿，车子开到了少府办公的地方。刘弘便被暂时安置在了那里。与此同时，刘兴居又逼惠帝刘盈的皇后张嫣搬了出去。

这样一番折腾，未央宫差不多被清理干净了，夏侯婴这才亲自驾着皇帝专用的銮驾到代王府迎接新一代皇帝刘恒，郑重其事地向他报告道："臣已将宫室仔细清理完毕，陛下可以入宫居住了。"

于是，刘恒便乘车来到了未央宫端门。所谓端门也就是宫殿正门。在端门前，竟然有十名守卫手持长戟拦住了刘恒的銮驾，并朗声喝问道："天子还在呢，你们是什么人，胆敢擅自闯入？"看来这几个傻小子还不知道怎么回事呢，口气逼人啊！

刘恒被这么一喝问，心中不免一惊，心想搞什么名堂，耍我呢，老子这么谨慎难道还是被耍了？他马上派人去喊太尉周勃过来问怎么回事。周勃闻讯骑马飞驰而来，当即向那十名守卫说明了情况。那十名守卫才知道是新皇帝驾到，心想，这年头换皇帝也太频繁了，吓得忙收起长戟，放刘恒入宫。

这也就是一个小小的插曲，很可能是个乌龙事件，但对刘恒的刺激还是很大的。进入未央宫时尽管已经是晚上了，刘恒仍然连夜对负责宫内外安全方面的人事进行了调整：任命宋昌为卫队将军，统领南北两军；任命张武为郎中令，巡视宫殿。当天夜里还发生了一件事，朝中相关部门奉命分头将梁王刘太、淮阳王刘武、常山王刘朝和少帝刘弘等人杀掉。

前面说过，这几个人都是惠帝刘盈的儿子，结果落个如此悲惨下场。当然，杀他们的借口肯定是说他们冒充刘盈的儿子了，那个时候又不能验DNA，权力在谁手里，谁就说了算。这些相关部门究竟是什么部门，奉了谁的命，史书上没有说，也不重要了，重要的是少帝刘弘兄弟永远不可能再妨碍刘恒做皇帝了。

待这些事情处理干净，刘恒还没心思休息。他回到前殿坐朝，当夜下诏道："近来，吕氏一族把持朝政，独断专行，阴谋叛乱，企图危害刘氏天下，多亏朝中将相、列侯、宗室和大臣联手诛灭了他们，让他们受到了应有的惩罚。现在朕刚刚即位，特诏令大赦天下，赐给男人一级爵位，赐给女人每百户一头牛、十石酒，即日起特别恩准百姓可以聚会饮酒五天。"

显然，这是在笼络人心啊！老百姓最好收买，他们才不管谁做皇帝呢，只要有酒喝，有肉吃，其他才懒得瞎操心呢。

过了几天，择吉日选良辰，登基典礼在高祖庙举行。向高祖刘邦宣誓后，刘恒便正式登基做了皇帝，他就是历史上著名的汉孝文帝。文帝刘恒总共在位二十三年，现在只是开始。

刘恒登基后，最为重要的当然是重新分配政治利益，封赏那些荡平诸吕的功臣了。那么，文帝刘恒会怎么封赏呢？

35. 重新分配政治利益

公元前179年，刘恒正式登基做了皇帝，诏令改元，这一年便是文帝元年。元年十月，文帝刘恒作为新的利益集团首脑，掌控了国家权柄后，最先面临的问题就是如何重新分配既得政治利益。

分配利益的原则自古大同小异，一般都是按照在推翻旧的利益格局和建立新的利益版图的过程中，功劳的大小来确定。通过前面的述说，大家可能已经很清楚，在新旧势力更替过程中，功劳最大的莫过于两大派别，五个人。

首先，刘氏皇族派：齐王刘襄，率先起兵，挑战吕氏外戚派的权威，为打破旧的利益格局提供可能；琅邪王刘泽，积极呼吁拥立刘恒当皇帝，让刘恒得以成为新的利益集团首脑。鉴于他们二人的贡献，刘恒刚登基没几天，便将刘泽迁封到燕地，封他做了燕王。燕地比琅邪郡大了不知道多少倍，这明显便宜了刘泽老小子。当然，琅邪郡作为以前齐王刘襄的封地，也重新归还齐国所有。刘恒这样做可谓一举两得，既报答了刘泽的拥立之恩，也安抚了齐王刘襄本来想当皇帝的不平衡心理。

其次，功臣元老派：周勃，参与谋划并直接领导了在京城长安荡平诸吕的军事行动，功劳貌似最大；陈平，是策划荡平诸吕的主谋，但由于是文臣，没有参与具体行动，功劳稍微小一点；灌婴，在荡平诸吕的过程中起到稳定器的作用，他的坐视旁观，不但瓦解了吕氏外戚派的战斗意志，还振奋了刘氏皇族派和功臣元老派的人心，功不可没。

这三个老家伙中，陈平无疑是最滑头的一位，对人性的洞察也最为透彻。他知道，自己虽然是荡平诸吕的主谋，但也因此背负骂名，口碑更差。为什么呢？吕雉活着的时候，陈平天天拍马屁、捧臭脚，吕雉刚死，他就倒戈了。这口碑能好吗？所以，当时对陈平人品产生质疑的人很多，其中也包括文帝刘恒。

说句实话，陈平的人品还真不咋地，出的一般都是下三滥的阴谋。但陈平有个可贵之处，就是有自知之明，他对自己的口碑非常清楚。而且，此时他还参透了文帝刘恒的另外一个小心思。什么心思呢？

在刘恒看来，周勃这个人比较厚道，也就是刘邦评价的所谓"厚重少文"。在荡平诸吕过程中，周勃又亲自率兵诛灭吕氏宗族。所以刘恒认为，周勃的功劳应该最大。对于自己，陈平既没有去解释，也没有去争功，而是以退为进。他的做法非常巧妙。在刘恒刚登基当皇帝后，身为右丞相的陈平竟然请病假了。老大刚上任，老二就请病假了，老大对此会产生什么感觉？要么很奇怪，要么很生气，肯定很不爽。早不生病，晚不生病，偏偏这个时候生病，肯定是成心的。

但陈平毕竟是元老级别的人物，刘恒又刚上任，出于尊重和形势需要，刘恒只好亲自登门去慰问。看文帝刘恒来了，陈平估计心里暗爽，这次又被他给谋划准了。他主动走上前，恭恭敬敬地给刘恒解释了自己称病请假的原因："陛下，臣是心病啊！高皇帝时期，周勃的功劳不如老臣，但这次诛灭吕氏一族，老臣的功劳就不如周勃了。老臣身为右丞相心里不安啊，想把右丞相的职位让给太尉周勃，但又不知道如何开口，便请假思考这事。"

陈平这番话出乎刘恒意料。刘恒一直以为，陈平是一个贪恋权位、唯利是图的人，没想到这次竟然如此高风亮节。这件事从某种程度上让刘恒改变了以前对陈平的看法。其实，陈平还有一个意图，就是将周勃捧到老二的位子。老二的位子向来都比较危险，没有两把刷子，早晚被刷下来。后来的事实也证明了这一点。

不过，周勃现在的形象还比较完美，既然陈平主动让贤，刘恒便顺水推舟成全了他，回去后就下了一个任免诏令：任命周勃为右丞相，位次名列第一；免去陈平的右丞相，任命为左丞相，位次名列第二；免去审食其的左丞相；任命灌婴为太尉。另外又下令，将之前吕氏宗族侵占原来齐国和楚国的封地悉数归还。这样一番利益重新分配后，新的利益格局基本形成，并不断强化，直到以后再次被打破。

最后，文帝刘恒还专门对荡平诸吕的行动进行了定性："吕产任命自己为相国，任命吕禄为上将军，又擅自假托皇帝的诏令，派遣将军灌婴带领军队攻打齐国，企图篡夺刘氏江山。然而，灌婴顾全大局，没有执行吕氏的命令，将军队驻留在荥阳按兵不动，与诸侯共谋诛灭吕氏。因为吕产图谋不轨，丞相陈平与太尉周勃共同谋划夺取了吕产等人的兵权。这个过程中，朱虚侯刘章率先捕杀了吕产等人，太尉周勃亲自率领襄平侯纪通凭符节进入北军大营，典客刘揭奉诏夺了吕禄的将军印。"这个定性说得煞有介事，容不得你不信。

在定性后，刘恒对参与其中的主要人员又进行了犒赏：给太尉周勃增加封地一万户，赐黄金五千斤；给丞相陈平和将军灌婴分别增加封地三千户，赐黄金二千斤；给朱虚侯刘章、襄平侯纪通和东牟侯刘兴居分别增加封地二千户，赐黄金一千斤；加封典客刘揭为阳信侯，赐黄金一千斤。

以上是给活着的人的封赏，而被吕氏外戚派迫害致死的人，刘恒也没忘记，主要给三个兄弟追加了谥号：赵王刘友，也就是刘邦第六个儿子，因为是被吕雉幽禁而死，谥号为幽王；赵王刘恢，也就是刘邦第五个儿子，殉情自杀而死，谥号为共王；燕王刘建，也就是刘邦第七个儿子，被狐狸抓伤后，得狂犬病而死，谥号为灵王。刘恢和刘建没有后代，而刘友有两个儿子：大儿子名叫刘遂，刘恒特别恩准让他承袭了赵王爵位；二儿子名叫刘辟彊，后来被加封为河间王，封地在河间郡。

待活人和死人都加封完之后，文帝刘恒还要给一个对他来说最为重要的人加上封号。这个人会是谁呢？

36. 亲尝汤药

文帝刘恒登基后，对荡平诸吕的功臣一一封赏，进行了利益再分配。差不多与此同时，他派舅舅薄昭去代地迎接母亲薄夫人进京。在这个世界上，对刘恒来说，薄夫人应该是最亲近、最重要的人。

关于薄夫人的身世，我们前面有过详细介绍，这里就不再重复了。她前半生的经历可以用"坎坷"两个字来形容。但自从和刘邦一夜情生了儿子刘恒之后，薄夫人便时来运转。

女人相对男人而言，一般更加注重家庭，生活是否感觉幸福美满，很大程度上取决于老公或孩子：如果不受老公宠爱，年轻时就会悲催一点；但是如果孩子长大后很有出息，情况又会慢慢好转。

薄夫人晚年之所以得到了无限荣光，正是因为生了一个出息的儿子刘恒。刘恒不但有出息，而且是出了名的孝顺。他孝顺母亲薄夫人的一个小故事，甚至被收录进了我国历史上一本非常著名的书中，在民间可以说是家喻户晓。

这本书成书于元代，名叫《全相二十四孝诗选集》，简称《二十四孝》。它从不同角度、不同境遇，辑录了以往历代二十四个孝子行孝的故事。这些故事主要宣扬了儒家思想及孝道。后来，书中的故事内容被有心人对应着配上了图画，所以又称《二十四孝图》。

《二十四孝图》中第二则故事叫"亲尝汤药"，便是讲述刘恒如何孝顺母亲薄夫人的故事。这则故事应该有一定的真实性，这里分享给大家，也算是宣扬一下孝道这个传统美德吧！

故事发生在刘恒进京做皇帝之前，当时他还在代地做代王。有一次，薄夫人患了重病，一病三年多，卧床不起。俗话说，久病床前无孝子，久贫家中无贤妻。但代王刘恒却不是这样，他从来没有嫌弃过母亲，而是三年如一日，守护在床前伺候。每次看到母亲睡着了，他才趴在床边睡一会儿，常常目不交睫，衣不解带。"目不交睫"和"衣不解带"两个成语典故便是出自这里。

另外，薄夫人生病了还要吃药。那个时候，治病吃的药一般都是汤药。汤药现在很多人还在吃，它有一个重要程序就是煎熬。煎熬的火候直接关系着汤药的疗效。按说，煎汤药这种粗活会有下人来做，但刘恒不放心，他总是亲自动手。每次煎完，他总是自己先尝一尝，看看汤药苦不苦、烫不烫，觉得差不多了，才给母亲薄夫人饮用。从这个细节可以看出，刘恒孝顺母亲是多么用心，不像现在有些人在微信朋友圈晒孝顺，只是做做样子而已。

最后，在刘恒的精心照料下，薄夫人终于康复了。书中在结尾还用一首诗赞赏了刘恒的孝心："仁孝临天下，巍巍冠百王。莫庭事贤母，汤药必亲尝。"

看完这个故事，大家有什么感想？有人不一定会真心学习刘恒的孝顺，反而可能会质疑：刘恒出身皇族，仆人一大堆，哪里用得上他在那里笨手笨脚地瞎弄啊？不错！但这样才正说明刘恒是真孝顺啊，人家都这身份了，还亲自动手呢，否则怎么会收录到《二十四孝》里作为典范呢？

当然，前面说过，汉初的治国思想是"孝治天下"，所以我们也不排除当时为了政治宣传的需要，刻意将某些故事情节夸大的可能。

不管怎样，刘恒应该比一般人更孝顺。现在，他已经成了万人敬仰的皇帝，肯定要率领百官尊母亲薄夫人为皇太后了。以后，我们也改称薄夫人为薄太后了。

薄太后为人贤淑、善良，这种品格对儿子刘恒影响非常大。刘恒也是一个性情比较宽厚温和的人，向来对汉朝继承秦朝的一些残酷法令示不满，主政后没多久，便针对"连坐"的法令提出了质疑，有心将其废除。所谓连坐，主要指因他人犯罪而使与犯罪者有一定关系的人连带受刑的制度。这样解释是不是有点学术化，太绕口了？通俗地说，就是一个人犯罪，身边人跟着遭殃。

这条法令最早出现在战国时期的秦国，在商鞅变法时颁布，主要是在户籍统一管理的基础上来执行。商鞅认为，国家要想得到最好的治理，必须使得"夫妻交友不能相为弃恶盖非，而不害于亲，民人不能相为隐"。什么意思呢？也就是说，一旦犯法了，最亲密的夫妻或朋友，也不能互相包庇，要及时向政府检举揭发，让违法行为没有藏身之地。实行连坐法的目的，就是迫使百姓互相保证、互相监督、互相揭发，一人有罪，大家坐牢。

单从目的来看，"连坐法"的出发点应该说还是很好的，在管理学上，不能说不是一种进步，它让惩恶扬善成了一种自觉。特别是后来用于军队管理，效果斐然，我这里就不过多延伸了。但是，凡事都有个度，一旦过了，长此以往，便会引起另外一种恐慌，因为一个人随时可能因为别人的过错受到惩罚，甚至掉脑袋。这对百姓来说无疑是一种难以名状的煎熬。

文帝刘恒认为连坐法太不人道，所以刚即位，便想把它废除掉，以减轻百姓的心理负担。十二月的一天，刘恒把一帮主管法令法规的官员叫来，用商量的口吻说道："诸位啊，你们都是法律专家，有一件事朕想听听大家的看法。"

这帮人看刘恒这般客气，都非常兴奋，纷纷竖起耳朵倾听，好随时显示自己的专业性，表现一番。刘恒继续说道："法令是治理国家的准绳，它主要用来制止暴行，引导人们弃恶向善。如果犯罪的人已经被治罪，但还要让他们无辜的父母、妻子、儿女以及兄弟一起被定罪，甚至被贬为奴隶，这样妥当吗？朕认为这种做法不可取啊！朕希望你们研究一下，回去好好讨论讨论，看看它的合理性。"

显然，刘恒提出了一个法律问题，也就是连坐法的合理性，并抛出了自己的观点。领导提出了问题，又抛出了观点，其实结果已经确定了。所以讨论归讨论，表面上可以很认真，内心不能太当回事，最好还是设法讨论怎么通过、怎么执行比较好，除非领导的意见有明显重大漏洞。

那么，这帮主管法令的人对待刘恒抛出的问题又会怎么干呢？

37. 刘恒的谋略

刘恒登基做皇帝不久，为了减少百姓心理负担，打算废掉连坐的法令。于是，他便把主管法令法规的一帮官员叫了过来，很客气地表达了自己的想法。

但这帮家伙可能认为刘恒刚当皇帝没有经验，抑或嫌修订法令太过麻烦，回去装模作样讨论了几天后，竟然跑来向刘恒辩解道："陛下，关于连坐的法令，臣等讨论过了。臣等认为，百姓们不自觉，不能做到自我约束，所以国家才制定法令防止他们做坏事。而连坐的法令可以让百姓们在做坏事的时候心有牵挂，从内心深处感到犯法干系重大，能有效防范不法行为。何况，这种做法由来已久，臣等建议不要轻易改变，还是继续保持为好！"

这个说辞大家是不是感觉很耳熟啊，是不是有点像现在个别懒政的地方官员，总是把百姓想象成刁民加以防范，其实是他们自己偷懒，懒得去花时间分辨是非曲直而已！所以刘恒听他们这么说，非常反感。

刘恒这个人外柔内刚、外圆内方，表面上一团和气，肚子里开的却是钢铁公司。他当即进行了反驳："朕闻法正则民悫（què），罪当则民从。且夫牧民而导之善者，吏也。其既不能导，又以不正之法罪之，是反害于民为暴者也。何以禁之？朕未见其便，其孰计之。"

这番话具有先进性，即便今天看来，都值得很多官员认真学习："朕听说，法令公正合理，百姓自然就忠厚；判罪得当有效，百姓自然就心服。引导百姓弃恶向善，这是官吏的本职工作。如果做不到这一点，还使用不合理的法令来处罚百姓，反倒会逼迫百姓去干更加恶劣的事，又怎么能禁止犯罪呢？这样的法令，朕看不出它有什么好的地方，请你们回去再仔细考虑考虑！"

显然，刘恒把老百姓能否弃恶向善的责任推给了官吏，认为官吏有义务在平时加强教育引导工作，而不是单纯用连坐的恶法简单驱使，因为驱使的结果只会让百姓以暴易暴。不过，在表达自己意思的时候，刘恒还是保持了一贯温文尔雅的风度，没有强加于人，最后仍然很客气地让这帮人回去再考虑考虑。老大让再考虑考虑，那就是不用考虑了，必须执行。主管法令法规的这帮家伙本来是想糊弄过去，没想到文帝刘恒如此坚持，还说得这么有道理，知道不好再逆着来了。

他们回去又装模作样地讨论了几天后，只好顺着刘恒的意思汇报道："陛下宽厚治天下，给百姓如此大的实惠，真是功德无量啊！臣等糊涂，一时没想到啊。经过认真商讨，臣等现在终于想通了，愿意遵从诏书，废除各种连坐法令。"

就这样，实行了上百年的连坐法令在文帝刘恒时期给取消了。这对当时的百姓来说，功莫大焉，也为刘恒赢得了极大的民心。

看文帝刘恒那么会办事，大臣们知道这个皇帝不简单，一定能够长久干下去。到了正月，他们便趁机进言道："陛下，臣等建议应该及早确立太子，以便于尊奉宗庙。"

作为皇帝立太子，本来也是很正常的一件事，但文帝刘恒是多谨慎的一个人啊。他认为，自己刚上任，况且他这个皇帝是白捡来的，当时甚至被刘氏皇族中的一些人定义为"摘桃派"，所以当听到大臣们的建议时，不由得一惊，不敢轻易答应，便婉言拒绝道："恐怕不妥啊！朕的德行不够啊！天下神明还没来得及享用朕的祭品，天下百姓对朕还不一定满意，如今，朕纵使不能做到广求圣贤，把天下禅让给贤者，但也不好那么快立太子啊！这样做只会更让朕显得德行不够啊！以后如何面对天下苍生呢？这事还是缓一缓吧！"

刘恒说得貌似很委婉，很动听，其实是不自信。不自信的主要原因还是他这个皇帝得来实在太容易了。

不过，这么一段时间接触下来，那帮大臣对刘恒的性格已经很了解了，知道这个新皇帝套路极深，喜欢用客气话掩盖真实想法，所以他们继续上前劝说道："臣等认为，立太子关系到宗庙社稷，正是为了天下苍生，必须预先做好安排才行，陛下不应该再往后推了。"

刘恒轻轻摇了一下头，好像有点疑虑地说道："大家的意思朕明白啊，但朕认为没有必要！楚王是朕的叔父，辈分高，年纪长，懂大体，见多识广；吴王是朕的兄长，能力强，年龄大，德高望重；淮南王是朕的弟弟，安分守己，心系天下。有了他们，难道还不算是预先做了安排吗？再说诸侯王、宗室、兄弟以及功臣们，其中不乏德才兼备的人，这么多优秀的人才，无论推举谁出来接替朕，都将是国家的幸运，天下人的福分！现在不推举他们，却一定要立太子，人们就会认为朕忘掉了贤能有德的人，而只想着自己的儿子，不是真心为天下人着想啊。所以，朕觉得这样做很不可取！"

刘恒这里重点提到了三个王：楚王，也就是刘邦的弟弟刘交；吴王，也就是刘邦的侄子，刘仲的儿子刘濞；淮南王，也就是刘邦的七皇子刘长。这三个王要么资格老，要么能力强，总之都可以随时对刘恒帝位的合法性提出挑战。刘恒专门把他们单独拎出来说事，表面上以示尊重，想搞禅让，实际上是在提醒大臣们，如果要立太子，必须要有压过他们三个人的正当理由。

这帮大臣当然明白刘恒的意思了，忙引经据典解释道："商、周两朝，都统治天下长达一千多年，可以说，自古以来享有天下的王朝没有比它们更长久的了，为什么？就是因为采取了立太子这个办法。确立继承人必须是自己的儿子，这已经成了约定俗成的规矩！高皇帝当年亲自率领众将士平定天下，分封诸侯，成为本朝皇帝的太祖，诸侯王和列侯第一个接受封国的人，也分别成为他们各自侯国的始祖。父业子承，世世代代永不断绝，这是普天之下的大原则，高皇帝之所以设立这种制度就是为了安定天下人心。现在如果抛开预立太子的制度，而从诸侯或宗室中另选继承人，那就违背高皇帝的本意了，这样做不合适啊！陛下的儿子中刘启最大，忠厚仁爱，臣等请立他为太子！"

大臣们这段话从三个层次为刘恒立太子进行了背书：第一层，商朝和周朝便有了传位给儿子的规矩，而且能让天下长治久安；第二层，高皇帝刘邦就是这么干的，并将其确定为制度；第三层，诸侯王们也都是如此执行的。既然自古至今，都是儿子继承老子，那么刘恒必须遵照这个办法，谁有意见就是破坏规矩。

这变相将刘氏皇族派中其他人的继承权给彻底否决了，而且他们还将太子人选直接推了出来，也就是刘恒的长子刘启。关于刘启，后面会重点写到，他最终继承了皇位，也就是历史上著名的汉景帝。

大臣们把话都说到这个份上了，文帝刘恒才松口同意。尽管同意了，但他还是不踏实，又颁布诏令赐给百姓中那些能够继承父业的人，每人一级爵位。

刘恒的很多做法有一个共同特点，就是不搞特殊，不将自己脱离于群体之外，让自己孤立起来。这很值得现代领导在搞管理时学习。有些领导喜欢搞一言堂的家长制，貌似很威风，其实执行效果一般，甚至经常会出现形左实右的情况。

太子被确立下来的同时，刘恒顺便封舅舅薄昭为轵侯，开始逐渐培养自己的势力。

太子已经立了，但皇后之位还空缺着，所以没多久，也就是三月份，有大臣请求封立皇后。那么，刘恒会封立谁为皇后呢？

第八章

传奇皇后

38. 皇后窦猗房

在大臣们的强烈要求下，文帝刘恒册立东宫，立儿子刘启为太子。紧接着，又有大臣请求封立皇后。那么封立谁为皇后呢？按说，母凭子贵，太子已经确立，皇后理应是太子刘启的母亲。但是由于刘恒在做皇帝前，代王后的位子一直空缺着，所以群臣没敢直接推举，意思是让刘恒自己做主。

考虑到要遵从孝道，文帝刘恒也没有擅自做主，而是去请示他的母亲薄太后。在刘恒是否能做皇帝的问题上，薄太后不敢发言，但在谁做皇后的问题上，她就不客气了，因为这更多涉及的是家事。所以看到儿子刘恒毕恭毕敬地来请示，薄太后便直接建议道："你现在的两个儿子都是同一个女人所生，那就立太子的母亲为皇后吧！"

太子的母亲，也就是刘启的母亲，名叫窦猗房，史称窦太后。关于"窦猗房"这个名字，汉朝的史书中并没有记载，最早出现在唐朝史学家司马贞编著的《史记索隐》中。现在很多影视剧都进行了沿用。

薄太后为什么要敲定窦猗房为皇后呢？应该有两个原因：一个原因，正如她自己所说，窦猗房是太子刘启的母亲，名正言顺；可能还有一个原因，薄太后自己没好意思说，即窦猗房和她的命运非常相似，她们都曾有过较为坎坷的经历，但最后都阴差阳错，因祸得福。那么，窦猗房有过哪些坎坷经历，又是怎么因祸得福的呢？我们这里不妨详细述说一番。

窦猗房原是赵地清河郡观津县人，也就是今天的河北省武邑县人，按照年龄推算，应该出生在秦朝末年。早年，她就父母双亡了。父母双亡对每个孩子来说都是难以承受之重，窦猗房肯定也不例外，其童年经历的悲惨可想而知。

关于窦猗房的母亲是怎么死的，史书上没有交代。古时候，医疗技术极其落后，一场小病就有可能夺去一个人的命，所以人的平均寿命很低。

秦汉那会儿，人的平均寿命只有20岁，所以窦猗房的母亲那么早死掉，不足为奇。但她父亲的死就纯属意外了。怎么死的呢？窦猗房的父亲是个隐士，秦朝末年隐居在山中，成了钓鱼爱好者。钓鱼本来是有益身心健康的活动，历史上，钓鱼爱好者当中出了很多人才，最著名的有姜子牙，还有前面说过的韩信。但窦猗房的父亲没那么幸运，有一次，他去钓鱼，竟然不小心失足落入水中给淹死了。这真是倒霉催的！从此，窦猗房成了孤儿。

当时窦猗房年龄还不大，估计和现在的小学生相仿，幸好她还有两个兄弟作伴：哥哥名叫窦建，字长君，估计和现在的中学生差不多大；弟弟名叫窦广国，字少君，年纪更小，估计和现在的幼儿园小朋友差不多大。一个中学生，一个小学生，一个幼儿园小朋友，三个孩子还没学会谋生，又加上兵荒马乱，连最起码的生存都很难保障。他们相依为命，那种艰辛，我们现在的人无法想象。

后来到惠帝时期，汉宫中海选宫女，窦猗房因生活所迫，凭着一点姿色前去应选，有幸被选入宫中，侍奉太后吕雉。有一段时间，吕雉要拉拢诸侯王，就将身边漂亮的宫女当作福利发放给他们，每王五人。在这次福利发放中，窦猗房也在其中。

因为自己是赵地观津县人，窦猗房很想被分到赵王那里，这样可以随时回家乡看看。于是，她便花钱贿赂主管这次分配任务的宦官，请求他从中通融："大人，这点小钱不成敬意，您老买点茶水喝吧！请您务必将我的名册放到去赵国的名单里啊！"那个宦官看在钱的面子上，满口答应。

为此，窦猗房欣喜万分，高兴了好一阵子。但每个人都想分到自己老家去，窦猗房能这么干，其他宫女肯定也会这么干，干的人多了，那个宦官的大脑又不是电脑，很容易就会搞错。偏偏窦猗房被搞错了，她没有被分配到赵国，而是被分配到了旁边的代国。听说这个消息，窦猗房赶快去找那个宦官说理。那个宦官这才想起来，但是分配名单已经呈递给了太后吕雉，不可能再更改了。

窦猗房那个伤心可想而知，她不依不饶，埋怨那个宦官，搞得那个宦官只得好言抚慰，一个劲地赔不是。到启程的时候，窦猗房又大哭小闹，说什么也不肯上路。直到宫中要采取强制措施，她才磨磨唧唧动身，一路上长吁短叹，洒了很多眼泪，哀叹自己福浅命薄。正是在这种惆怅凄凉、满怀失望的情绪下，窦猗房阴差阳错去了代国。

可在代国，她得到了一个好姻缘，碰到了自己生命中的真命天子，从此时来运转。不用说，这个真命天子就是当时还是代王的景帝刘恒。正所谓，千里有缘来相会，无缘对面手难牵。窦猗房在皇宫中是没人要的女人，竟然被代王刘恒一眼看中，并深深迷恋。从此，两个人整天腻歪在一起。

春风几度玉门关，窦猗房便怀上了身孕，生下了一个女儿，起名叫刘嫖，也就是历史上著名的窦太主。这位窦太主有很多风流韵事，将来会说到比较多，大家留意一下。

生完一个孩子的窦猗房魅力不减，仍然很受刘恒宠爱，接连又为刘恒生了两个儿子：长子名叫刘启，也就是后来的汉景帝；次子名叫刘武，也就是后来的梁孝王，以后也会详细说到。

能生孩子，特别是能生儿子，对王宫中的女人来说是很骄傲的事情，因为这决定着女人以后在家族中的地位。但是，王宫中有人比窦猗房还要能生，而且地位也比她高，成了她走上皇后之位前最大的拦路虎。

那么，这个人会是谁呢？

39. 命运眷顾

窦猗房阴差阳错去了代国，却意外得到代王刘恒的宠爱，生了两儿一女。两儿一女对女人来说就是最大的筹码，基本上奠定了窦猗房在后宫中的地位。但是，在后宫中还有一个人更加厉害，她不但地位比窦猗房高，而且更会生儿子。这个人就是代王后。

代王后也就是代王刘恒的正室，通俗地说就是大老婆。她前后连续为刘恒生育了四个儿子，比窦猗房所生的两个儿子年龄都要大一些。如果比赛生儿子的话，窦猗房与代王后相比是一比二，明显落后，况且自己不是正室，生的儿子那叫庶出，而代王后生的儿子那叫嫡出。庶出和嫡出虽然都是儿子，但差别实在太大了。

尽管如此，窦猗房却从来不和代王后争风吃醋，而是老老实实侍奉代王后和婆婆薄夫人，私下里还特意嘱咐自己的两个儿子要听四个哥哥的话。如此贤惠本分，可能与她的出身有关，只有知道幸福生活来之不易，才会倍感珍惜。

窦猗房的贤惠让代王刘恒省心不少，不用担心后院起火。因为对男人来说，最关心的事情莫过于两件：一件是事业，事业顺利，才会志得意满；一件是家庭，家庭和睦，才会心情舒畅。事业一般通过努力还可能争取，实在争取不到，还有家庭这个港湾可以休息；但是家庭就不同了，能否和睦自己不一定说了算，很大程度上取决于女人。

如果家中不止一个老婆，而是一群老婆，男人看起来风光，但如果管理不善，宫心计天天上演，整个家庭非乱成一锅粥不可，男人早晚被折腾死。前面说过，刘恒的两个弟弟刘友和刘恢就是因为老婆争风吃醋而死的。

常言说，三个女人一台戏，十个女人一部电视剧。代王刘恒家的女人肯定也不少，电视剧估计一直在上演。但由于主角窦猗房能够摆正自己的位置，起到了模范带头作用，这个问题相对不太突出。为此，虽然已经是三个孩子的妈妈了，代王刘恒仍然很喜欢她，对她格外宠爱。不过，这样下去，窦猗房最多是个受宠爱的妃子而已，很难再上位，因为代王后在那里占着位呢，她不可能越位。

但是命运这个东西让人说不清道不明，它往往会眷顾一些人，同时也会抛弃另一些人。窦猗房和代王后两个女人的命运就是如此。代王后突然染病身亡，被命运给抛弃了。

代王后死后，后宫中嫔妃还有很多，但是能生两个儿子的只有窦猗房。而且，窦猗房平时表现得特别突出，无论是代王刘恒，还是婆婆薄夫人，都对她很满意，她在无形中成了后宫中最有可能被立为代王后的人。只是代王后的儿子是嫡出，具有王位的优先继承权，这让窦猗房的地位还是不太稳固。

但不久，命运再次眷顾窦猗房。在代王刘恒进京做皇帝前，代王后所生的四个儿子竟然接连死掉了。如果死一个也正常，毕竟过去孩子的夭折概率比较高，但死两个就有点反常了，四个接连死掉，这概率该有多小啊。

史书中没有记载他们究竟是怎么死的，我们也不好揣测这是否与窦猗房有关，因为从来没人这么怀疑过。最大的可能是伤心过度而死。母亲死了，孩子年龄也不大，伤心过度，再加上父亲刘恒又有一群女人围着，没时间给予四个孩子更多的父爱，很可能就会发生这种情况。如果这样想，也可以理解。

不管怎样吧，窦猗房的命运发生了根本性转折。正所谓，有福之人不用忙，无福之人忙断肠。现在要封立皇后，窦猗房既被刘恒所宠爱，又得到了婆婆薄太后的支持，还有个太子儿子打底，自然而然成了不二人选。

想想这一路走来，该有多少阴差阳错，才会促成窦猗房的皇后地位啊，所以我们不得不承认，一个人的成功确实有很多偶然因素在里面。

窦猗房被立为皇后的同时，女儿刘嫖被封为长公主，封地在邯郸馆陶，也就是今天河北省邯郸市馆陶县，因此也被称为馆陶长公主。

因为立了皇后的缘故，文帝刘恒还是老套路，赐给天下那些无妻、无夫、无父、无子的人，以及年过八十岁的老人和不满九岁的孤儿每人若干布、帛、米、肉。

这无形中让很多人对刘恒又是感恩戴德，巴不得皇帝家天天有好事发生。当然，这些好事还是对皇亲国戚影响最大。

俗话说：一人得道，鸡犬升天。窦猗房已经成了皇后，她很早死去的父母也受到了追封。不过，这多少还是沾了刘恒母亲薄太后父母的光。前面说过，薄太后和窦猗房同病相怜，父母也早早先后去世：她父亲，也就是文帝刘恒的外公，死后葬在了会稽；她母亲，也就是文帝刘恒的外婆，死后葬在了栎阳。文帝刘恒即位后，便追尊他们为灵文侯和灵文夫人，分别在会稽郡和栎阳设置三百户陵园，并安排专人看守陵墓。

另外，薄太后认为自己娘家是魏王的后代，她的父母早逝后，魏氏家族没有亏待她，于是她便下令恢复魏氏家族地位，分别按照亲疏程度进行封赏，其中薄氏家族中还有一人被封了侯。

薄太后这个人的秉性估计和儿子刘恒差不多，毕竟是母子嘛。她自己娘家受到了厚封，为了不厚此薄彼，便要求儿子刘恒追封皇后窦猗房的父母。于是，窦猗房的父母分别被追封为安成侯和安成夫人。刘恒还在清河郡观津县中设置两百户的陵园，也由专人守墓，和薄太后父母的待遇一样。

窦猗房的父母得到了追封，那么她的哥哥和弟弟呢？

40. 窦皇后寻亲

趁着薄太后追封自己早逝的父母，窦猗房的父母也得到了追封。前面说过，窦猗房还有两个兄弟：哥哥窦建，字长君；弟弟窦广国，字少君。为了方便记忆，我们分别称呼他们长君和少君。这兄弟俩现在是什么情况呢？

长君的情况比较清楚，一直在老家清河郡观津县生活。听说妹妹窦猗房做了皇后，他便奉旨迁居京城长安，并得到了丰厚的赏赐。兄妹二人见面后，悲喜交加，畅谈往事，在聊天中难免会提到弟弟少君。长君便一把鼻涕一把眼泪地把弟弟少君的情况给皇后妹妹窦猗房汇报了一遍，当然少不了自责和忏悔。为什么呢？原来弟弟少君在窦猗房进宫后没多久，就被人贩子给拐跑了，一直杳无音讯，生死未卜。

窦猗房闻听，不禁黯然泪下。本来以为自己混出名堂了，可以让两个兄弟过上好日子，结果弟弟少君却下落不明。毕竟是一奶同胞啊，能不心酸吗？于是，她当即派人到清河郡四处寻找。

少君被拐走的时候才四五岁，还是上幼儿园年纪的小朋友，十多年过去了，差不多都大学毕业的年纪了，哪里那么容易找啊。现代科技发达了，拐卖儿童仍然还是个老大难问题，何况那个时候呢？正当窦猗房为这事愁得吃不香，睡不着时，有人上书认亲，说自己可能是皇后窦猗房的亲弟弟少君。正所谓，踏破铁鞋无觅处，得来全不费工夫。但这个人究竟是不是呢？还真是！

虽然少君谈不上是什么重要历史人物，但他姐姐窦猗房在历史上名气太大了，所以史书中还是详细记载了他被拐卖后的经历。我们也不好一笔带过，这里就述说一番。

少君被人贩子拐走后，先是被卖给了一户人家，接着又被转卖了十多家，最后给卖到了宜阳，也就是今天的河南省洛阳市宜阳县。经过反复贩卖，到这个时候，少君已经长成了一个大小伙子。最后被卖到的宜阳这户人家是做烧炭生意的，为了方便述说，我们不妨就称呼这家主人为卖炭翁。

有一段时间，少君被卖炭翁派到深山中烧炭，白天做苦力烟熏火燎，晚上他就和上百名家奴一起睡在石崖泥壁之下。谁知道飞来横祸，一天夜里，山泥倾泻，整个临时窝棚都被碎石流泥给掩埋了。那上百名家奴都死于非命，只有少君侥幸得以生还，这运气实在是太好了，不亚于他姐姐窦猗房。可能他们一家人的晦气都被他们爱钓鱼的父亲给带走了！

那时候的人比较迷信，做生意的人更加如此，卖炭翁认为少君这小子一定有神明保佑，不是一般人，此后对他格外优待。少君自己也感觉忒幸运了，心想大难不死，必有后福，不如找个人算它一卦，看看究竟有什么福。

那个算卦的人上下打量了少君一番，问明生辰八字，然后眯缝着眼，掐指一算，说他即将否极泰来，过不了几天可能就要被封侯了。一个家奴，无才无能，穷得只剩下力气，竟然能被封侯，这不瞎扯淡吗？如果说摸彩票中大奖还有可能，可那个时候没有啊！所以少君听后感觉太荒唐了，心想再有后福，也不至于有"侯"福啊，便哑然失笑，扬长而去。

刚到家，可巧，主人卖炭翁要到京城长安出差，估计是找销路，但家奴都死光了，只好让少君陪同前往。到了长安，正好碰上窦猗房被册立为皇后，文武百官，一齐朝贺，车盖往来，整个京城好不热闹。当时街谈巷议都在传说，说新立的皇后姓窦，清河郡观津县人，从前不过是个宫女，今日居然升为国母，真正奇怪得很啊。

少君离家时年龄虽小，但还记得老家的县名和自己的姓氏，听了传言，想起自己的姐姐窦猗房当年曾经入宫陪王伴驾。今日的皇后，莫不是自己的亲姐姐？因此，他多方探听其中细节，觉得自己很可能是窦猗房失散的弟弟，于是大胆上书认亲试试看。

在上书中，少君重点写到了一件事，说他曾和姐姐窦猗房一起采桑，从树上掉了下来。这件事实在太普通了，过去农村中哪个调皮的孩子没有从树上掉下来的经历呢？但窦猗房看到上书，追忆往事，隐隐约约记得真有这么回事，认为上书人兴许真是自己的弟弟，不妨一见，于是就向文帝刘恒说明了情况。文帝刘恒也很好奇，欣然答应。

这天，窦猗房在文帝刘恒的陪同下一起召见了少君。然而岁月荏苒，物是人非，姐弟俩阔别有十多年了，久别重逢，几乎互相辨认不出对方。如果这种情况放到现在，倒很好办，拉到医院验个DNA分分钟解决。但过去只有土办法，就是回忆往事，看看两个人的记忆是否一致。

因为少君当年年纪太小，能记住的往事实在有限，不过只要有印象的，都和窦猗房的记忆高度相似。尽管如此，窦猗房还是不放心，担心遇见高级骗子，不敢贸然认亲，最后又问道："你还有没有别的记忆深刻的事啊？比如你和姐姐分开时的情景。"

少君沉思了片刻，竟然泪如雨下，哽咽着说道："姐姐离开我西去的时候，和我在驿站宿舍里诀别。姐姐讨来米汤给我洗头，又要来食物给我吃，方才动身离去。"这一幕一下子触动了窦猗房最辛酸的往事。她知道没错了，这个人肯定是自己的弟弟少君，一时控制不住情绪，也顾不得文帝刘恒坐在一旁，起身走上前拉住少君的手，涕泪纵横地说道："你真是我可怜的少弟啊！老天开眼，幸好能有今天相聚啊！"说完，呜呜痛哭起来。

这场面实在太感人了，如果录制下来放到现在电视台的寻亲节目里播出，不用花钱买，收视率就会超高。此时，左右的侍女、宦官都纷纷拜倒在地上，擦眼睛，抹眼泪，一起为皇后窦猗房助哀。

常言道，恻隐之心，人皆有之。文帝刘恒也不例外，看到爱妻能够与兄弟团聚，不禁为之动容，颇为感慨，当即赏赐了少君田地宅院，还有大笔金钱，令他在长安定居下来。窦猗房和弟弟少君哭完之后，又召入哥哥长君一起见面。三人见面少不了重叙往事，再次声泪俱下，将悲欢离合的情绪推向高潮，又不知道感动了多少人。

但是，有两个人却不为所动，反而为这两个兄弟的到来感到揪心，担心以后会有麻烦事出现。那么，这两个人会是谁呢？他们在担心什么呢？

第九章

权势渐稳

41. 重用亲信，收紧权力

原本孤苦无依的皇后窦猗房，突然平地里冒出了两个正当壮年的兄弟，这对窦猗房来说无疑是天大的喜事。但是朝中文武大臣们却直皱眉头，背后议论纷纷，略有微词。

为什么呢？因为刚刚经历过吕后承制的他们担心窦氏兄妹聚在一起，将来难保不会成为另外一个吕氏外戚派。其中，右丞相周勃和太尉灌婴两位老同志更是忧心忡忡，私下里商议道："我们这帮老骨头虽然没有被吕氏一族整死，可是以后的命很可能又悬在窦氏兄弟二人手里啊！你看这哥俩出身草莽，缺教养、没文化，流里流气，如果以后手中有了权力，搞起事来恐怕比吕氏一族还要无所顾忌啊！不如趁早给皇帝进谏，挑选一批德行好、有影响力的人和他们交往，提前熏陶教育他们。"

二人议定，随即上奏文帝刘恒，表达了心中忧虑，并提出了预防措施。文帝刘恒多明白的一个人啊，他也领教过吕氏外戚派的厉害，当即表示同意。于是，他便派人挑选年长有德、品行端正的士人，专门安排到长君和少君周围，比邻而居，陪他俩游玩，随时监督指教。

西方有一句谚语：人，都是环境的产物。我国古代也有一句名言：近朱者赤，近墨者黑。总之，人就像水一样，可塑性很强，会随周围人事的变化，而潜移默化。

长君和少君兄弟俩长期跟着一帮有文化，有德行的人在一起混，还真的被逐渐教育成了谦谦君子。他们退让有礼，从不敢仗势欺人。而且，文帝刘恒做得更加彻底，他只是赏赐这哥俩钱财，让他们迅速富起来，而始终不肯给他们加官晋爵，让他们贵起来。这一手颇具长远眼光，直接遏制住了窦氏兄弟的欲望。

不过后来，长君和少君还是被封侯了，但那已经到了汉景帝时期，窦猗房做了皇太后。到那时，长君早死了，他的儿子窦彭祖得封为南皮侯；少君还活着，得封章武侯，比当年那个算卦的说法晚了二十多年。窦猗房兄弟的事我们先说这么多，下面继续来说文帝刘恒。

文帝刘恒由代国来到京城，即位时间虽然不长，但他又是封赏功臣，又是安抚诸侯，又是抚慰百姓，又是妥善处理家务，方方面面考虑得非常周全，使得上上下下都和谐融洽。

直到这个时候，文帝刘恒才感觉自己的地位初步稳固了，有点自信了，开始着手考虑如何进一步增强对国家权柄的掌控力。增强掌控力最有效最直接的途径无疑就是进行人事调整，重用从代国随同来京的那帮心腹之臣。

这天，文帝刘恒对身边左右说："早前时间，朝廷群臣诛灭诸吕，迎接朕入朝，朕犹疑不定，不知是吉还是凶，代国的大臣们也都出来劝阻，认为凶多吉少。记得当时，唯有中尉宋昌极力劝朕入京，并说得有理有据，朕这才有机会得以事奉宗庙。刚进京那会儿，人多事杂，朕仅提拔宋昌为卫将军，很不够啊！朕现在决定再封他为壮武侯，以便让他发挥更大的作用。另外，随朕一起进京的还有六个人，朕决定任命他们为九卿之臣！"

任命六个新人做九卿，那就意味着要有六个老人下岗或换岗，朝中相当于重新组阁了，此次人事调整的力度可见一斑。进行如此大规模的人事调整，诸侯、大臣难免会产生不满情绪，但文帝刘恒有先见之明，紧接着又下了一道诏令：当年追随高皇帝进入蜀郡和汉中的列侯有六十八人，都增加封地三百户；原先官禄在二千石以上，曾跟随高皇帝的颍川郡守刘尊等十人，各赐封地六百户；淮阳郡郡守申徒嘉等十人，各赐封地五百户；卫尉定等十人，各赐封地四百户；封淮南王的舅父赵兼为周阳侯；封齐王的舅父驷钧为清郭侯。这次封赏的大臣，级别虽然比上次诛灭诸吕的功臣要低一级，但都是关键人物，直接关系着全国的大局稳定。

这些人大家可能会有些陌生，但没必要纠结，知道他们主要由四部分势力组成就可以了：一部分是刘邦留下来的老臣，这部分人德高望重，属于老干部；一部分是各郡郡守地方大员，这部分人身兼要职，属于中高级干部；一部分是宫廷内的守卫人员，这部分人能够确保皇帝的切身安全，责任重大；一部分是诸侯王的外戚势力，这部分人能够左右诸侯王的决策，举足轻重。

人事管理最能反映一个人的领导力，从这次人事调整和封赏可以看出，文帝刘恒的政治领导能力非同一般。

到了秋天，刘恒又给一位具有标志意义的老干部封了侯。这位老干部名叫蔡兼。

蔡兼是陈留人，也就是今天的河南省开封市陈留镇人。他早期是魏国太仆，在秦朝还做过淮阳令，后来投奔了刘邦的起义军，随军出征，平定北地，功勋卓越。汉朝建立后，蔡兼担任过一段时间常山相。从蔡兼的个人简历来看，这是位资格老得不能再老的老干部了。而文帝刘恒那个时候就会玩这一套，也不知道是谁教的，估计他和他父亲刘邦一样，具有天生的政治头脑。他加封蔡兼为樊侯，封地一千二百户，这个封赏还是有点大的，没办法，谁让人家能活呢？所以，活得久也是一种能力，当把同辈人都熬死了，你怎么胡说八道吹牛，也没人出来反驳，最后自然就被当成国宝古董给供奉了起来。蔡兼能够得封列侯，应该就是如此。

经过这么一番人事布局，文帝刘恒明显是在逐渐收紧权力。稍微有点眼色的人都会看出里面的门道，夹紧尾巴，老实做人，主动给文帝刘恒抬轿子。但是，也有被之前功劳冲昏头脑的人，身在其中，仗着自己资格老、功劳大，仍然我行我素，摆谱耍大牌。比如武将出身的周勃。

自从荡平诸吕，做了一人之下、万人之上的右丞相后，周勃骄傲得像只大公鸡，对谁都颐指气使，即使在文帝刘恒面前也是一副牛气哄哄的样子。文帝刘恒开始并不在意，认为自己今天能当上皇帝全拜周勃所赐，所以对他心存感激。每次在朝堂上，他都特别尊重周勃，退朝的时候，总是注目把周勃送出很远才回后宫。

这种情形有人看不下去了，便给文帝刘恒讲了一番大道理，让文帝刘恒不由得对周勃产生了其他看法。那么这个人是谁呢？他究竟对文帝刘恒说了些什么？

42. 一席话惊醒梦中人

文帝刘恒通过人事调整，逐渐收紧了权力。很多大臣看到了这个微妙变化，纷纷夹紧尾巴做人，但右丞相周勃却自我感觉良好，仍然我行我素。

生活中类似周勃这样的人非常多，说不定我们自己身上都或多或少有他的毛病。一时成功，就迷失自己，本事不见长，脾气天天长，错把平台当作能力，错把偶然当作必然，还真以为地球离开自己就不能转了。其实，社会上相当多的人都是在靠运气吃饭，一旦运气没了，能力又没有跟上，栽跟头是迟早的事。周勃差不多就是如此。

之前出于感激和尊重，刘恒对周勃的不恰当言行比较包容，并没放在心上。但随着刘恒地位的稳固，有一个人看不惯周勃的工作作风了。这个人名叫袁盎。

袁盎是楚人，字丝。他的父亲是强盗出身，有钱之后便定居在京城长安附近的安陵。吕后时期，袁盎曾经当过吕禄的家臣。等到文帝刘恒登基做了皇帝，他的哥哥袁哙保举他做了中郎，在文帝刘恒身边工作，负责车马、门户等安全事务。

袁盎的哥哥袁哙能够给袁盎在宫中谋个差事，想必也不是一般人。但是很遗憾，史书中对袁哙并没有详细记载，估计没有什么值得大书特书的事迹。反倒是袁盎在史书中被浓墨重彩地记载了一番。这可能与袁盎的性格和主张有关。

袁盎个性刚直，敢于直言，他主张儒家思想，特别强调等级和名分，按"礼"行事，反对不同等级之间有僭越行为。这种性格和主张使得袁盎在文帝在位早期时脱颖而出，受到了文帝刘恒的赏识和重用。不过后来，也正是因为这个性格和主张，他被贬出了京城，将来还会说到。

现在我们在述说的正是文帝在位早期。袁盎看到周勃在朝中没大没小的样子，与自己的主张相悖，对他非常反感。这天，退朝时，还没等文帝刘恒离开，周勃又和平常一样急急忙忙先行走出朝堂，一副志得意满的样子。刘恒依旧在后面注目远送。

袁盎见周勃已经走远了，便凑上前向文帝刘恒进谏道："陛下认为丞相是何等人物啊？"文帝刘恒不假思索地回答道："丞相真可谓是社稷臣啊！"

袁盎冷笑了一声，不以为然道："陛下，在臣看来，丞相应该是通常所说的功臣，称不上是社稷臣啊！古人认为，社稷臣是国家重臣，能与皇帝的江山社稷生死与共。当年吕后专政，违背高皇帝遗愿，擅自把吕氏子弟加封为王，以致刘氏天下脆弱得像丝带一样，几乎快要崩断。在那个时候，丞相周勃身为太尉，手掌兵权，却不知道出面阻止，力挽狂澜，而是纵容局面一步步恶化。直到吕后去世，大臣们开始共谋诛吕了，太尉周勃才趁机重掌兵权，侥幸得逞。这其实就是所谓的功臣，并不是社稷臣。如今，丞相没有自知之明，对陛下不够尊重，而陛下呢，谦虚退让并不在乎，这都是不妥的，有违君臣之礼！所以，臣个人认为，陛下对待丞相应该换一种态度了。"

袁盎确实耿直，敢于当面批评议论皇帝和丞相的相处方式。这相当于，一个秘书在教董事长怎么正确对待总经理，风险还是有点大的，一不小心就可能让自己陷入里外不是人的局面。幸好袁盎的话是在为文帝刘恒着想，而且说得非常有道理，否则他肯定要吃苦头。

在这里，他提出了两个概念：一个是功臣，顾名思义，有功之臣。这种人如果不能正确看待自己以往的功劳，很容易堕落成靠吃老本混日子的人；一个是社稷臣，也就是国家重臣。这种人可堪大任，有担当，能与江山社稷同生共死。按照袁盎的这两个概念来套，周勃显然就没那么了不起了，相反可能是一个投机者。

文帝刘恒听闻，恍然大悟，但他城府比较深，并没有当面表态，只是默默回了后宫。

以后再上朝的时候，他果然就换了一种方式，慢慢威严起来，不再客客气气。周勃也不是三岁小孩子，毕竟是几朝元老了，看文帝刘恒对自己的态度发生了变化，知道有人在背后进谗言了，他也逐渐收敛敬畏起来。

过了不久，不知道怎么搞的，袁盎背后进谏文帝刘恒的话传到了周勃那里。周勃听说后，非常生气，他找到袁盎怒斥道："你小子也太不是东西了！我与你的兄长袁哙那是老交情了，现在你小子竟然在皇帝面前诋毁我，太可恨了！"看周勃气势汹汹的样子，袁盎并不道歉认错，表现得不卑不亢，因为他始终认为自己的做法没错，是周勃不自重、咎由自取。

两个人不欢而散，从此很少来往。直到后来，周勃被文帝刘恒构陷下狱，没人出面帮说情，只有袁盎到处活动，出手搭救，才让两个人成了至交。这事将来我们还会说到，大家先有个印象。

又过了一段时间，文帝刘恒已经初步熟悉了国家政务。在一次接受群臣朝见时，他故意向右丞相周勃发问道："丞相啊，朕有一个问题想请教一下，现在全国一年中需要判决的案件有多少啊？"

这样的问题比较具体，虽然不难，但对于高高在上、统揽全局的右丞相来说，一下子还是很难说清楚的。所以周勃听到这个问题，脑袋一下子就大了，很是紧张，慌忙谢罪道："哎呀，这个老臣还真是说不上来啊！"

刘恒翻眼瞅了瞅他，又不动声色地问道："那么全国一年中钱粮的收支又有多少啊？这个总应该知道吧？"和刚才那个问题一样，这个问题仍然是一个很具体的问题。周勃肯定还是回答不上来，只好又谢罪说不知道。

嘴上说不知道，好像很实在，但周勃的心跳却明显加速，一会儿便汗流浃背，惭愧得无地自容，平时骄傲的样子荡然无存。

文帝刘恒看右丞相周勃被问得张口结舌，一副窘样，心里暗爽，但他还不肯罢休，便转向左边又问左丞相陈平。那么，左丞相陈平这个老滑头又会怎么回答呢？

43.周勃辞职

在朝堂上，文帝刘恒故意抛出了两个非常具体的问题，让右丞相周勃回答。周勃一时回答不上来，急得汗流浃背。刘恒又转过头问左丞相陈平，估计也想看看他当面出丑的样子。

陈平虽然做丞相很多年了，但这么具体的问题，他也是第一次遇到，便急中生智，佯装轻描淡写地回答道："回陛下，这些事情都有专门主管的人具体来抓，把他们叫来一问便知，不必问臣啊。"

"哦，是吗？那主管的人又是谁啊？"

"陛下若想知道有关案件审理的情况，可以询问廷尉；至于钱粮收支的情况，可以询问治粟内史。"

听陈平轻轻松松一退六二五，文帝刘恒明显有点不悦，心想这个老滑头名不虚传啊，给我来这一套。他脸色不由得一沉，责问道："既然各自有主管的人，那么朕想知道，丞相平时都在忙什么啊？"

这话看似平淡，其实还是很重的，换句话说，丞相没什么用。绕来绕去，文帝刘恒的最终目的就是要绕到这个话题上，有意让两位老丞相、大功臣难堪。

陈平这才明白过来，心中直叫苦，这个皇帝不简单啊，套路太深了，不过跟老夫来这一套还是嫩了一点。只见他慌忙拜倒在地，貌似紧张兮兮地谢罪道："陛下明察秋毫，为臣诚惶诚恐！丞相一职责任重大，对上辅佐天子调理阴阳，以顺应四时；对下培育万物，以适时生长；对外镇抚四夷，安抚诸侯；对内爱护百姓，稳定大局，在朝中还要督促公卿大夫各司其职。臣才疏学浅，愚钝笨拙，承蒙陛下厚爱，让臣担任了丞相的职位，臣实在是勉为其难啊！"

陈平这一番话表面上是在谢罪，实际上是在给文帝刘恒上政治课，告诉他丞相的真正责任，以及究竟怎么发挥丞相的作用。

文帝刘恒做皇帝的时间毕竟还是短了点，竟然被陈平高大上的说辞给唬住了。他禁不住点头称是，对自己提出的问题反倒不好意思起来。但仔细推敲一下，用我们现在的眼光来看，陈平的回答并不高明，只是相比周勃而言，显得更加机智一些而已。

文帝刘恒对左丞相陈平表示很满意，那就是在变相地骂右丞相周勃无能。周勃再傻也懂这个道理啊，顿时更加羞愧。但他不知自省，退朝后，和陈平一起走出朝堂的时候，反倒埋怨道："老弟啊，您太不厚道了！这些说辞怎么不在平时多教教我呢？"周勃也着实可爱得很！在战场上拼杀那是没的说，但玩这种文字游戏确实有点难为他了。

陈平看周勃这老家伙傻乎乎的样子，忍不住笑着说："老兄啊，这可不能怪我啊！您身居相位，难道不知道丞相的职责吗？再说了，陛下如若问起长安城中盗贼的数目，难道您也要勉强凑数来对答吗？"周勃被陈平笑呵呵地顶了回去，才突然意识到自己的才能和陈平差得太远了。

周勃怏怏不乐地回到家中，暗暗盘算这个丞相究竟还要不要继续干。可巧，家里有位门客了解到周勃遭遇的窘境，便上前劝说道："丞相还是要见好就收啊！原先丞相诛杀诸吕，迎立代王，威震天下，这是大功，但功高震主啊。如今，丞相已经得到丰厚的封赏，如果仍然凭借着之前的功劳居于高位，时间长了，恐怕早晚会灾祸临头啊！"

最近一段时间，周勃一直感觉不对劲，先后又发生了两件让自己难堪的事，被门客这么一提醒，顿感寒心，不由得惴惴不安起来，担心晚节不保。第二天一早，他便跑到宫中向文帝刘恒上交相印，提出辞职。

文帝刘恒通过这段时间的观察，认为还是陈平治国能力更强一些，于是欣然同意。此后，陈平就独自一人担任起丞相的职务。之前由于不招文帝刘恒待见，陈平主动辞去了右丞相，还没几个月便独自担任丞相，真可谓华丽转身啊！

不过丞相也不是那么好干的，不久他就有一个棘手的问题要处理。什么问题呢？关于南越的问题。

前面说过，高帝十一年，刘邦派遣陆贾前去南越，说服南越王赵佗归顺了汉朝。但到了吕后时代，发生了一件事，直接导致了南越王赵佗与汉朝决裂。这件事说起来也不是什么大事。主要是从军事安全角度考虑，吕雉禁止了南越在中原边境市场上购买铁器。

在古代，铁器是重要的战略物资，极其重要。前面说过，秦朝那会儿，秦始皇还曾经将全国的兵器收归国有，熔化铸成十二铜人。到了汉朝，铁器也受特别管制。吕雉之所以禁止南越购买铁器，更大的可能还是对南越王赵佗不信任，有军事制裁的意思在里面。

为此，南越王赵佗很生气，他向左右埋怨道："高皇帝在世的时候，封立寡人为南越王，说好的双方互通使者和物资，可是吕后这个女人竟然听信谗言，把我们视为蛮夷和异类，断绝我们所需要的重要物资，太没道理了！这一定是长沙王从中作梗，这小子有野心，他妄想依靠汉王朝的势力，吞并南越，真是痴心妄想！"

赵佗为什么会认为是长沙王在里面使坏呢？因为南越国的边界与长沙国接壤，两国是邻居。

俗话说，远亲不如近邻。实际上，这只是人们的美好愿望罢了！近邻往往不如远亲，甚至是非不断，特别是在国家与国家之间。因为距离近，地缘犬牙交错，各种利益此消彼长，如果互不退让，双方难免会成为世仇。战国时期，秦国就曾用"远交近攻"的策略破了六国的"合纵联盟"。现在这种情况依然存在，基本上每个国家都与邻国大动干戈过。

关于长沙国，前面说过比较多，我们这里简单梳理一下：第一代长沙王是吴芮，也就是英布的老丈人；第二代长沙王是吴芮的长子吴臣，也就是诱杀英布的那位；第三代长沙王是吴芮的长孙吴回，也就是赵佗口中的那位。

面对吕雉的军事制裁，赵佗一不做二不休，干脆称帝，擅加尊号，自称南越武帝。这还不算，他又出兵攻打长沙国的边境，打下了几个县后才撤离。

那么，对于赵佗的军事挑衅，吕雉又会怎么反击呢？

第十章

再使南越

44. 越来越壮大的南越国

吕雉下令停止向南越国继续供应铁器，南越王赵佗趁机脱离了汉朝的统治，自称南越武帝。这还不算，他又出兵攻打长沙国边境城池，打下了几个县后才嚣张地撤离。

赵佗的这种做法明显是不把吕雉放在眼里。吕雉那个气啊，歇斯底里，跳脚直骂。别看她对匈奴冒顿单于的侮辱性情书没办法，忍气吞声，一副无辜的样子，但对南越国就没那么客气了。为什么呢？因为赵佗是中原人。前面说过，赵佗的老家在恒山郡真定县，也就是今天的河北省正定县，秦朝时，赵佗随军不得已才到了南越。

老家在汉朝统治之下，家里的亲戚朋友以及祖坟就成了吕雉手中的一个重要筹码。有了这个筹码，吕雉还能客气吗？她先是派人将赵佗的那些亲戚朋友能抓则抓，能关则关，能杀则杀，同时把赵佗家的祖坟也给铲平了。

吕雉这么搞，相当于彻底撕破脸了，没给自己留一点余地。于是，赵佗更加无所顾忌，撸起袖子和吕雉对干起来。

双方你来我往，互不相让。

吕后七年，吕雉实在是气不过了，便派遣一位能征惯战的将军前去攻打南越国，大有不生擒赵佗不罢休的架势。这位将军名叫周灶。

说起周灶的名字，大家可能很陌生，其实前面也提到过。早在刘邦第二批封侯时，他的大名就已经赫然出现在了名单中。这说明，周灶是位老革命，而且战功卓越，但史书中对他的记载并不多，所以我们这里也只能简单交代一下他的来历。

大家还记得吗？当年身为亭长的刘邦曾经放跑过一帮囚徒，为此，他有家不能回，只好落草为寇。当时出于对刘邦的感激，释放的囚徒中有十多个人没有走，留下来同刘邦一起躲在了芒砀山一带。周灶就是这十多个囚徒中的一员。从那时起，他便跟随刘邦南征北战。由于性格稳重宽厚，刘邦任命他做了连敖一职，主要负责外交事务和宾客接待。

周灶也很能打仗。他打仗有个突出特点，就是比较擅长防守，在军中以"防守将军"闻名。刘邦与项羽在垓下最后决战时，为了防止项羽从自己的防地逃走，周灶组建过一支精悍的阻击队。这支阻击队由二十四名勇将率领，号称"长铍都尉"，全使用长武器战斗。估计有点像现在的防暴警察，一手护身盾牌，一手长钢叉，让暴徒干着急却无法近身搏斗。周灶组建的这支队伍有效阻击了项羽大军从自己负责的防地突围。因此，汉朝建立后，周灶被刘邦加封为隆虑侯。

列侯有县侯、乡侯、亭侯三种，周灶的隆虑侯属于县侯，是一个上中等侯。在功臣排名中，他也位于前二十名。由此可见，周灶的战斗力还是非同小可的。所以这次讨伐南越，吕雉派周灶前往，应该是对其寄予厚望的。

但是，由于对南方环境不熟悉，周灶出兵时正遇上酷暑潮湿的季节，军中大多数又是北方人，水土不服，很多人染上了瘟疫，致使讨伐大军无法越过通往南越的阳山岭。而南越王赵佗久闻周灶是个老成宿将，勇敢善战，也不敢轻易主动出来迎击。

就这样，双方在边境地带僵持了一年多时间。

不久，吕雉死了，汉朝局势不明朗，周灶便停止了进攻。趁此机会，赵佗软硬兼施，对闽越、西瓯和骆越等汉朝藩属国进行武力威胁和财物贿赂，迫使它们都归属了南越国。南越国的领地迅速扩大，从东到西长达一万余里，势力空前，到文帝刘恒即位时，已经能够与汉朝分庭抗礼了。

文帝刘恒主张施行仁政来治理天下，不想采用武力征服，所以他派人重修了赵佗老家真定县的祖坟，并设置专人守墓，要求每年按时举行祭祀。赵佗的亲戚朋友，也都放了出去，能封赏的都封赏，其中赵佗的一个堂兄弟还被封了一官半职。

这些怀柔做法的根本目的是为招安赵佗做准备。准备已经做好了，下面派谁去招安，自然成了至关重要的一个环节。

文帝刘恒让丞相陈平推荐一位合适人选。于是，陈平大力举荐了一个人，认为派他过去，一定能完成这个艰巨的任务。这个人大家可能已经猜到了，他就是陆贾。

关于陆贾，之前说过太多，上次也正是他奉刘邦之命说服南越王赵佗归顺了汉朝。在平定诸吕过程中，陆贾还曾起到过整合功臣元老派的作用，我们刚刚说过，不再赘述。

这个时候，陆贾年龄已经很大了，今天住这个儿子家，明天住那个儿子家，过着安逸的退休生活，享受天伦之乐，逍遥自在。

既然陈平大力举荐，文帝刘恒便把他召来，使其官复原职，担任太中大夫，再次出使南越。这次出使南越，目的和上次一样，就是设法让赵佗放弃称帝，继续向汉朝称臣。

为了便于开展工作，在陆贾出发时，文帝刘恒还专门写了一封书信给赵佗。"皇帝谨问南粤王，甚苦心劳意。朕，高皇帝侧室之子，弃外奉北藩于代，道里辽远，壅蔽朴愚，未尝致书。高皇帝弃群臣，孝惠皇帝即世，高后自临事，不幸有疾，日进不衰，以故悖暴乎治。诸吕为变故乱法，不能独制，乃取它姓子为孝惠皇帝嗣。赖宗庙之灵，功臣之力，诛之已毕。朕以王侯吏不释之故，不得立，今即位。乃者闻王遗将军隆虑侯书，求亲昆弟，请罢长沙两将军。朕以王书罢将军博阳侯，亲昆弟在真定者，已遣人存问，修治先人冢。前日闻王发兵于边，为寇灾不止。当其时，长沙苦之，南郡尤甚，虽王之国，庸独利乎！必多杀士卒，伤良将吏，寡人之妻，孤人之子，独人父母，得一亡十，朕不忍为也。朕欲定地犬牙相入者，以问吏，吏曰'高皇帝所以介长沙土也'，朕不得擅变焉。吏曰：'得王之地不足以为大，得王之财不足以为富，服领以南，王自治之。'虽然，王之号为帝。两帝并立，亡一乘之使以通其道，是争也；争而不让，仁者不为也。愿与王分弃前患，终今以来，通使如故。故使贾驰谕告王朕意，王亦受之，毋为寇灾矣。上褚五十衣，中褚三十衣，下褚二十衣，遗王。愿王听乐娱忧，存问邻国。"

　　不好意思，又搞了一大堆之乎者也，如果看着头疼，就请忽略不计，待我慢慢给你解释分析。这封书信究竟是什么意思呢？看到这封书信，赵佗会怎么办呢？

45. 陆贾再次出使南越

　　在丞相陈平的大力举荐下，文帝刘恒决定派陆贾再去一趟南越，试图说服南越王赵佗放弃称帝，归顺汉朝。为了便于陆贾开展工作，他还专门亲笔给赵佗写了一封书信。

　　这封书信的原文大家不一定能耐心读下去，我这里还是翻译一下。"大汉皇帝向南越王表达最诚挚的问候！朕是高皇帝的庶子，早年负责治理北方的代国。朕孤陋寡闻，又加上路途遥远，不曾与南越国互通使节。高皇帝去世后，孝惠皇帝即位，高后亲掌朝政，由于不幸患病，病情日益严重，导致政治决策违反常规，处理问题简单粗暴。高后去世后，诸吕犯上作乱，拿普通人家的孩子冒充孝惠皇帝的子嗣继承大位，实行傀儡政治。幸好祖宗庇佑，群臣同心协力诛灭了诸吕。当时，群臣认为朕是正统的刘氏子嗣，理应拥立。朕推辞不掉，不得不即位。即位后，朕听说南越王您给将军隆虑侯周灶写过一封书信，请求寻找您在真定县的堂兄弟，并希望汉朝撤回派驻在长沙国的两位将军。目前，朕已经按照您信中的请求，命将军博阳侯陈濞回朝任职，您在真定的兄弟，朕已派人抚慰，另外还专门修缮了您的祖坟。前段时间，朕还听说您曾发兵攻打过长沙国，长沙国南郡遭受重创。这种做法，难道对南越国真的有益吗？朕看不一定，相信南越国也是损兵折将，损失惨重。看到百姓的妻子失去丈夫，儿子失去父亲，父母失去儿子，得一亡十，朕感到心痛！为了解决这个问题，朕本想把两国边境地区犬牙交错的地方划归南越国，还特意询问了有关主管部门的意见，他们说'这个边界线是高皇帝给长沙国划定的'，因此朕不能擅自变更。群臣认为：'侵占南越王的土地不足以使长沙国更强大，掠夺南越王的财物不足以使长沙国更富有，所以涪陵以南，还是应该由南越王来统治。'既然如此，南越王您可以自称皇帝，但是天下两帝并立，您竟然没有派人过来通告一声，难道想与朕争夺天下吗？只知道争，而不知道谦让，不是仁德君主所为！朕还是希望与南越王您能够共弃前嫌，像原来一样互通来使。为此，朕专门派陆贾向南越王您说明朕的想法，希望您能够认真对待，不要再制造边境摩擦了！现将厚棉衣五十件、中棉衣三十件、薄棉衣二十件，赠送给您。最后还是建议您多欣赏乐舞，排忧解闷，抚慰闽越、西瓯、骆越等其他邻国。"

通读整封书信，我们不难感觉出，文帝刘恒对待南越王赵佗总的基调是尊重和真诚，没有把赵佗当敌人看待。

首先是尊重。赵佗之所以自称南越武帝，不排除有利益诉求在里面，但很大程度上也是因为不受尊重所致。人一旦不受尊重就会特别自负，往往通过一种极端方式来换取对方的关注。赵佗称帝便是一种极端方式。所以书信开篇，文帝刘恒就很客气，表现出了一种宽容的态度，直到书信结尾也没有说一句过激的话，充分体现了对赵佗的尊重。尊重并不意味着不自重，文帝刘恒把自己和赵佗的关系摆得非常清楚：自己是大汉皇帝，赵佗是南越国王。这种定位不容置疑，有绵里藏针的味道。

其次是真诚。真诚最能打动人，它能迅速拉近人与人之间的距离。西方有一句谚语，对真诚做了一个形象的比喻：一两重的真诚，等于一吨重的聪明。确实如此！怎么做才能算得上是真诚呢？我想应该有两点：一点是真实，不能弄虚作假，不方便说就不说，要说就要保证不能过于偏离实际；一点是诚恳，不能虚情假意，不愿意做就不做，要做就要保证不能随随便便应付。在实际生活中，这两点应该都不容易做到，主要是因为分寸很难把握，一不小心还可能适得其反。所以平常待人接物，要因人而异，多体会总结，但原则就是真实诚恳。

文帝刘恒在这封书信中就表现得非常真实，非常诚恳。他自挖老底，向南越王赵佗通报了汉朝内部发生的变故，没有刻意掩饰自己庶子的身份，没有特别隐瞒朝中的动荡，更没有回避汉朝和南越国之间存在的问题。对于这些问题，能解决的给予解决，不能解决的说明缘由，让人心服口服。

最后，基于尊重和真诚出发，文帝刘恒也提出了希望，希望南越王赵佗能够面对现实，抛弃前嫌，重新回归汉朝。总的来说，文帝刘恒的亲笔手书还是很能打动人的。陆贾就是拿着这封书信去了南越国。

南越王赵佗见陆贾来了，知道来者不善，不由得心生恐惧。虽然两个人是老相识，关系不错，但是现在是公对公，还是要小心对待。陆贾当然也把私人关系先放到一边，恭恭敬敬地把文帝刘恒的手书呈递给了赵佗。

赵佗阅毕，大为感动。他上前握着陆贾的手说道："汉天子真是忠厚长者啊，寡人愿意奉诏称臣！"这次不错，没等陆贾费口舌，一封书信便把赵佗给搞定了。

文帝刘恒的书信虽然很能打动人，但不至于让赵佗的态度一百八十度大转弯。这里面应该还有另外一个原因，就是此时的赵佗已经上了年纪，他也想给后世子孙留条后路，不想与大汉王朝为敌。正好文帝刘恒送过来了梯子，他也就顺着梯子下来了。

　　陆贾看赵佗真情流露，便指着御书严肃要求道："这是天子的亲笔书信，大王既然愿意臣服天朝，那么面对天子手书，就应该像见到了天子一样致敬！"赵佗连口称是，当即命人将御书安置在堂前，然后行跪拜仪式。

　　仪式搞完之后，陆贾又提出了一个要求，这也是这次他来南越最重要的一个任务，就是让赵佗放弃帝号，仍然称王。话都说到这个份上了，赵佗肯定是满口答应。既然要放弃帝号，那就要给全国人民发出声明，否则算怎么回事啊。于是，他随后便发出了一道命令："吾闻两雄不俱立，两贤不并世。皇帝，贤天子也。自今以后，去帝制黄屋左纛（dào）。"

　　这段话比较好懂，通俗地说，就是天无二日，国无二主，汉朝皇帝是贤能天子，他赵佗以后要废除帝号。赵佗口中的"黄屋左纛"是一个成语，泛指皇帝待遇。黄屋是指古代皇帝车上用黄缯做里子的车盖；左纛是指古代皇帝车上的饰物，以牦牛尾或雉尾制成，设在车衡的左边。这个成语大家了解一下就可以了，现在很少用到。

　　赵佗的做法让陆贾非常高兴，总算又不辱使命，能不高兴吗？陆贾当即对赵佗一顿猛夸，直把赵佗夸得满心欢喜，心花怒放。

　　办完公事，便是私事，赵佗和陆贾是故交，公事又办得这么开心，少不了盛情款待。逗留了好几天，陆贾才提出回朝复命，并向赵佗索要一封给文帝刘恒的回信。

　　说是回信，其实就是个凭证。这个很重要，嘴巴上说说的事，将来说不认就不认了，还是白纸黑字为好。

　　那么赵佗会怎么写呢？

46. 俯首称臣

陆贾不辱使命，拿着文帝刘恒的书信说服了南越王赵佗放弃帝号，重新回归汉朝。临走时，他向赵佗索要一封给文帝刘恒的回信作为凭证。

赵佗认真构思一番，手书一封。"蛮夷大长老夫臣佗昧死再拜上书皇帝陛下：老夫故粤吏也，高皇帝幸赐臣佗玺，以为南粤王，使为外臣，时内贡职。孝惠皇帝即位，义不忍绝，所以赐老夫者厚甚。高后自临用事，近细士，信谗臣，别异蛮夷，出令曰：'毋予蛮夷外粤金铁田器；马、牛、羊即予，予牡，毋与牝。'老夫处辟，马、羊、羊齿已长，自以祭祀不修，有死罪，使内史藩、中尉高、御史平凡三辈上书谢过，皆不反。又风闻老夫父母坟墓已坏削，兄弟宗族已诛论。吏相与议曰：'今内不得振于汉。外亡以自高异。'故更号为帝，自帝其国，非敢有害于天下也。高皇后闻之大怒，削去南粤之籍，使使不通。老夫窃疑长沙王谗臣，故敢发兵以伐其边。且南方卑湿，蛮夷中西有西瓯，其众半羸，南面称王；东有闽粤，其众数千人，亦称王；西北有长沙，其半蛮夷，亦称王。老夫故敢妄窃帝号，聊以自娱。老夫身定百邑之地，东西南北数千万里，带甲百万有余，然北面而臣事汉，何也？不敢背先人之故。老夫处粤四十九年，于今抱孙焉。然夙兴夜寐，寝不安席，食不甘味，目不视靡曼之色，耳不听钟鼓之音者，以不得事汉也。今陛下幸哀怜，复故号，通使汉如故，老夫死，骨不腐，改号不敢为帝矣！谨北面因使者献白璧一双，翠鸟千，犀角十，紫贝五百，桂蠹一器，生翠四十双，孔雀二双。昧死再拜，以闻皇帝陛下。"

怎么又是书信？那么长，还是文言文，有完没完啊？

有去信，就应该有回信！大家稍微耐心一点，书信一般都是精华部分，最能反映古人的智慧，这里引用，权当欣赏学习。

实在看不下去，直接进入意译内容。"蛮夷大长、老夫、臣赵佗昧死再拜上书皇帝陛下：老夫过去是越地的官吏，有幸被高皇帝赐以玺印，得封南越王，成为大汉王朝的藩臣，按时纳贡。孝惠皇帝即位后，义不忍绝，对老夫的赏赐更加优厚。但高后亲理国政后，近小人，信谗臣，视蛮夷为异类，还发出诏令说：'像南越国这样的蛮夷，不要给他们铁器等金属农具；如果他们需要马、牛、羊，则只能给公的，不能给母的。'老夫处在荒僻之地，马、牛、羊都已经老了，自知这样下去无法进行祭祀活动，会有死罪，所以派内史藩、中尉高和御史平先后三次上书谢罪，但都没有回音。后来，又听传言说，老夫父母的坟墓都已被破坏，兄弟宗族也受到了株连。为此，手下官员们对老夫指指点点，议论纷纷：'在汉朝内不受待见，在汉朝外地位也不高啊。'老夫一生气便改称号为皇帝，不过只是在南越国内称帝而已，不敢加害于天下啊！但高皇后听说后却大怒，削去了南越国的藩臣名籍，断绝了双方使者的往来。老夫私下怀疑，一定是长沙王进了谗言，这才发兵攻打了长沙国的边境。况且，南方低下潮湿，蛮夷当中，西边有西瓯，那里的人完全不开化，整天半裸露着身体，竟然能南面称王；东边的闽越才有几千人，也称王；西北面的长沙国有一半人是蛮夷，也称王。所以，老夫就妄自窃取了帝号，聊以自娱。老夫亲自平定了百邑之地，地盘方圆几千上万里，军队有百万之众，然而现在还是选择向汉朝北面称臣，为什么？因为老夫不敢背叛先人啊！老夫在越地已经有四十九年了，如今儿孙满堂，但是夙兴夜寐，寝食不安，食不甘味，眼睛不敢看华丽之色，耳朵不敢听钟鼓之音，这一切都是因为不能臣事汉朝所致啊。现在好了，幸得陛下宽容，能和以前一样与汉朝互通来使。老夫即使死了，尸骨不腐，也必须改号为王，再也不敢称帝了！最后通过使者，恭敬地给陛下献上白璧一对，翠鸟千只，犀牛角十个，紫贝五百枚，桂蠹一瓶，翡翠四十对，孔雀两对。昧死再拜，以向皇帝陛下表明臣的心意！"

在这封书信中，赵佗主要解释了当年为什么称帝，以及现在又为什么称臣的原因。当年称帝，一是无奈之举，二是聊以自娱。所谓无奈之举，赵佗认为主要是由吕雉逼迫所致，至于攻打长沙国，那是因为长沙王向吕雉进谗言，咎由自取。这些说法有一定道理，但应该都是幌子，那些充其量是导火索，并不是根本原因。而根本原因恰恰是赵佗口中的"聊以自娱"。"聊以自娱"说得轻松，貌似玩笑话，其实反映了赵佗的真实想法。他不想与闽越、西瓯、骆越以及长沙国等蛮夷同日而语，也想做几天皇帝光宗耀祖。这个当然不好明说，便以"聊以自娱"为借口。之所以现在又同意称臣了，赵佗强调并不是担心实力不够，而是因为不想背叛祖先。实际上，以南越当时的实力想与汉朝分庭抗礼几乎不可能。赵佗这样说只是为自己找回点面子而已。真正的原因前面说过，此时的赵佗已经年迈，子孙满堂，不想再引火烧身。

另外在书信的称呼上，赵佗也很有讲究，他给自己三个定位：一是大长，也就是首领的意思，表明了自己在南越国的地位；二是老夫，说明自己相对于文帝刘恒，年纪比较长，有点倚老卖老；三是臣，这个最关键，承认了汉朝和南越国之间的君臣关系。

大长也好，老夫也罢，陆贾不管，只要赵佗能够俯首称臣，他就算完成任务了。所以拿到书信后，他心满意足，白纸黑字不好赖皮了，便准备回朝复命。

赵佗和陆贾是老友，何况还希望陆贾在文帝刘恒面前多为自己美言几句，于是赠送了他很多财物聊表敬意。陆贾也不客气，一大把年纪了，赚个钱也不容易，便欣然接受。一路上那个高兴就甭提了，不辱使命，还满载而归，能不高兴吗？

回到京城长安，陆贾第一时间跑到宫内向文帝刘恒邀功请赏，并呈上赵佗的书信。文帝刘恒认真看了一遍，他没想到会那么顺利，顿时欣喜万分，当即厚赏了陆贾。陆贾名利双收，继续回家安享晚年，最后寿终正寝。

从此，名义上，赵佗也遵守了承诺，一直到汉景帝时代，都向汉朝称臣；春秋两季，都会派使者到京城长安朝见大汉天子，像其他诸侯王一样奉诏行事。但是在南越国内，他仍旧窃用皇帝的名号，过着皇帝的瘾。赵佗这个人非常能活，活到了武帝建元四年，也就是汉武帝时期，104岁时才去世。

不管怎么样吧，南越的主权归属问题总算得以解决。对于上任不到一年的文帝刘恒来说，这无疑是一个非常大的政绩，充分体现了他的政治领导能力。

在解决南越问题前，文帝元年，国内还发生了一场特大自然灾害，也考验着刘恒的执政能力。这究竟是一场什么样的自然灾害呢？

第十一章

广开言路

47. 一场大地震

　　南越国主权归属的问题，文帝刘恒一封书信便轻松解决，凸显了他的政治外交才能。在这之前，国内还发生了一次特大自然灾害，同样考验着刘恒的执政能力。什么灾害呢？

　　夏季四月份，齐和楚两地同时发生了一场地震。这场地震的规模还是有点大的，可以称得上天崩地裂。当时两地的二十九座山在同一天崩裂，江河湖泊决堤，大水溃涌而出，给社会造成了重大财产损失。

　　我们说过，类似地震这样的自然灾害，在那个时候被认为是凶兆，而凶兆往往指向皇帝。因此，臣民难免议论纷纷，谣言四起。

　　幸好有一位诸侯王在地震前夕死掉，某种程度上分散了百姓的注意力。巧得很，这位诸侯王正是地震核心灾区的楚王刘交。

　　刘交是刘邦同父异母的兄弟，也就是文帝刘恒的叔叔，他这个时候年纪已经非常大了，是刘氏皇族中资格最老、辈分最高的人。所以之前，文帝刘恒无论做点什么事，都要先考虑叔叔刘交的感受和态度。现在叔叔刘交死了，不但成功带走了地震的晦气，而且还减弱了文帝刘恒的政治束缚。这对文帝刘恒来说，不能不说是一件好事。

　　刘交死后，因为长子早死，次子刘郢（yǐng）承袭了王位。关于刘郢，前面提到过一次，他曾以宗正的身份参与推举文帝刘恒做皇帝。

　　尽管叔叔刘交的死，让文帝刘恒的精神负担多少减轻了点，但在救灾期间，他仍然很谨慎，丝毫不敢大意。这时，有人为了拍马屁，向文帝刘恒进献了一匹千里马。为什么要送文帝刘恒千里马呢？因为文帝刘恒有个嗜好——他非常喜欢打猎。

　　打猎时，骑千里马当然最拉风了，风驰电掣般，多潇洒啊。再过瘾，文帝刘恒现在也没心情去骑马打猎了，毕竟刚刚经历过地震，叔叔刘交又刚去世不久，全国人民还沉浸在悲痛之中。所以在朝堂上，他语重心长地对群臣说："朕平时出行的时候，前有鸾旗做先导，后有副车来护卫，每日行程不超过五十里，如果率大队外出，速度更慢，每日只能走三十里，要千里马有什么用呢？朕一个人骑着千里马能跑到哪里去呢？"

　　这番话很显然不是文帝刘恒的真心话，一个打猎爱好者怎么可能不喜欢千里马呢？用现在的话说，那叫"作秀"。但身为封建皇帝，能在国难之时自我约束、克制欲望，如此作秀也难能可贵。于是，文帝刘恒干脆直接把千里马当场返还给了进献者，还报销了对方的来往路费，同时又下了一道诏令："从此，朕不接受进贡，全国上下也不要再进贡！"

　　不让进贡，对于大灾之年的百姓来说，真是天大的喜讯，因为羊毛出在羊身上，贡品越多，百姓的负担就越重。为此，百姓们无不拍手称赞，这在无形中也减轻了地震带来的创伤。

　　就这样，一晃到了年底。

　　这天，从地震灾区齐地又传来一条丧讯，齐王刘襄一命呜呼。刘襄是刘邦的长子刘肥的儿子，也就是刘邦的长孙，年纪不算大，去年还带头起兵诛灭吕氏，想做皇帝。结果皇帝没做成，他在家郁闷死了。刘襄死了，文帝刘恒又少了一个潜在的政治威胁，因为这小子有势力，有野心，还有资格。现在倒好，一死了之，文帝刘恒的皇帝大位在法理上更加牢靠。

　　刘襄死后，谥号为齐哀王，儿子刘则承袭了王位。

　　天人感应这种说法流传久远，说不清是真是假，但一场地震，先后送走一老一少两个王：老的刘交，是文帝刘恒的政治束缚；少的刘襄，是文帝刘恒的政治威胁。这对文帝刘恒来说，就是天降祥瑞。

办完刘襄的葬礼没几天，便过年了。过了年，就是文帝二年，丞相陈平突然一病不起，不久也撒手人寰。

叔叔刘交和侄子刘襄死了，文帝刘恒不一定会伤心，但是陈平死了，他还是有点痛心的。因为当时正是用人之际，像陈平这样的人才难得啊。根据陈平生前的所作所为，文帝刘恒赐陈平谥号为"献"。一个"献"字精准概括了陈平的一生。陈平一生不知道献了多少妙计，只是这些妙计大都是阴谋诡计。因此，陈平心中始终不安。他曾经给身边的人说过一段话："我多阴谋，是道家之所禁。吾世即废，亦已矣，终不能复起，以吾多阴祸也。"什么意思呢？这段话也算是陈平的自我评价，以及对家族未来的预测："我这个人啊，擅长搞阴谋，为道家所不容。将来我的爵位一旦被废黜了，永远也不可能再恢复，这都是因为我造孽太重啊！"也许真的是因果报应，陈平的话后来竟然应验了。

陈平死后，他的儿子陈买承袭侯位。陈买为侯两年去世，儿子陈恢承袭侯位。陈恢为侯二十三年去世，儿子陈何承袭侯位。按照辈分，陈何是陈平的曾孙。这小子有点好色，欺男霸女，竟然抢占人家的老婆，结果被处以死刑，陈平辛苦赚来的封地也被朝廷没收了事。此后，陈平的另外一个曾孙陈掌，通过各种关系，希望能够继续承袭陈平的侯位，但终究未能实现。

陈平的预测为什么那么精准呢？与其说是因果报应，不如说陈平的口碑太差，得罪人太多。他活着的时候，没人能动他，但死后，其子孙后代难免被人打击报复。所以做人做事，不能太不择手段，还是要有底线。底线可以低，但不能没有，否则即便自己逃脱了报应，后人也难逃厄运。

关于陈平，到此就算完结了。后世对他有褒有贬，评价不一，我这里就不再一一列举了。根据以往的述说，相信每个人都会有自己的是非判断。在《史记·陈丞相世家》结尾，史学家司马迁对陈平做了一个简单的总结和点评，其观点还是比较客观的，不妨与大家分享一下："丞相陈平年轻的时候就喜欢黄老之术，在砧板上为乡亲们分割祭肉那会儿，已经表现出了远大志向。后来，他彷徨于楚国和魏国之间，但最终还是归附了高皇帝。在高皇帝身边，陈平常出奇计，救纷纠之难，振国家之患。到了吕后主政时期，情况完全发生了变化，但陈平竟能自免于祸。最后，他通过安定汉室，保住了晚节，后人称之为贤相，这难道不是善始善终吗？假若没有才智和谋略，谁又能做到这一步呢？"

　　总的来说，司马迁对陈平的智谋非常欣赏，而且持肯定态度，相信大家也有同感。

　　陈平死后，丞相的位子自然就空了出来。那么，文帝刘恒会让谁来接任丞相呢？

48. 发生了两次日食

　　陈平刚刚独自做了几个月的丞相，还没怎么过瘾，就死了。这真是应了刘邦临终时说过的一句话："陈平智有余，然难以独任。"当然，刘邦本来的意思是说陈平担当不够，一个人当丞相干不久，但不想却成了一句预测陈平结局的谶语。这也算是一种巧合吧！

　　陈平死了，丞相的位子自然就空了出来。文帝刘恒一时找不到合适人选，便又想到了前段时间辞职的周勃。也不知道周勃究竟怎么想的，接到诏令，竟然受命不辞。

　　这就奇怪了，那么想当丞相，当初为何还要慌慌张张地辞职呢？估计在家休息一段时间，这老家伙耐不住寂寞，思前想后，认为辞职时太过冲动了，后悔不已，现在既然官复原职，索性当仁不让。

　　这种情况也可以理解。很多人辞职都是因为某件让自己不爽的事，率性而为，真的离职了，嘴上说无所谓，内心却恋恋不舍，除非有更好的机会，才可能放下那份怨气。不过，主动辞职还是很有面子的，毕竟是炒老板的鱿鱼，但如果是被老板开除赶走的，那就很难堪了。后来周勃的遭遇就是如此，这就叫没有自知之明，以后还会详细说到。

周勃刚上任不久，这天，在朝堂上，文帝刘恒一脸严肃地说道："今天给大家说件事。朕听说，古时候诸侯国有一千多个，但诸侯们都是住在封地，和自己的百姓同甘共苦，只有在规定时间才会进京入朝。可是看看现在，那么多列侯，放着好好的封地不去，都挤在长安城，还要靠封地的官兵来回奔波输送给养，实在是太劳民伤财了。况且，列侯身在京城，怎么教导和管理自己封地的百姓呢？因此朕下令，所有列侯能回封地的，都回去，在朝廷任职或者有特殊情况必须留下的，也要派自己家的太子回去！"

很显然，文帝刘恒这是在赶列侯们离开京城长安，而且没有商量的余地。从这番话也可以看出，此时的文帝刘恒已经稳掌国家权柄了。但他为什么非要这么做呢？

因为从刘邦时期开始，到文帝刘恒当皇帝，汉朝皇帝前前后后封了非常多的列侯，而且以后还要不断地封。这么多列侯不在封地上班，全都脱岗挤在京城遥控指挥，肯定不利于封地治理。封地的官员们不但要经常跑过来汇报工作，还要整天大车小车地给列侯们输送吃穿住用的物资，劳民伤财自不用说，而且搞得京城长安像个大集市一样。这样下去，既增加了长安城的运转负荷，也会让列侯之间慢慢形成攀比之风，攀比谁家封地更好，最终不但会破坏社会风气，还会影响各地经济的发展。

那么，有封地不去，土皇帝不干，列侯们究竟是怎么想的呢？说白了，他们是嫌弃封地的条件太差。为什么这么说呢？我们不妨把当时的城市和现在的城市进行类比，情况就会一目了然：京城长安相当于现在的首都北京，是超级大都市，属于一线城市；诸侯王的国都相当于现在的省会，是大都市，属于二线城市；各郡县治所相当于现在的地级城市，属于三四线城市；而列侯，按封地大小分为县侯、乡侯、亭侯，他们的封地相当于现在县级以下乡镇，应该属于农村了。让农村人供养自己在城中生活没问题，但回农村做土地主，就不一定有人愿意了。

京城多好啊，灯红酒绿，美女成群，穷奢极侈，还不用操心地方事务，列侯们当然会乐不思蜀了。所以，听到文帝刘恒这么说，列侯们心怀不满、满腹牢骚，但又不敢当面反对，只好退朝了事。

俗话说，触碰利益比触及人的灵魂都难！那是要得罪人的。当时文帝刘恒也应该考虑到了这一点，但提出这件事的时机却耐人寻味。

陈平在的时候，文帝刘恒没有提，偏偏周勃刚担任丞相，他就提了出来，无形中让周勃帮自己背了一部分黑锅。我们不知道文帝刘恒是有意为之，还是纯属巧合。如果是有意为之，那么文帝刘恒让周勃再次当丞相，动机不纯，有算计的意味在里面；如果是纯属巧合，周勃这个时候做丞相，也够倒霉的，一不小心成了替罪羊。但周勃浑然不知，他还以为自己很有权势，很有影响力呢，刚刚上任就可以做出重大决策，让列侯们都滚蛋。殊不知，最后随着这件事的发酵，他也滚蛋了。

既然皇帝下了命令，列侯们只好收拾包袱准备回到封地，但拖拖拉拉一直不上路。正当此时，长安城半个月内竟然连续发生了两次日食。我们说过，当时的人特别忌讳日食，它预示着皇帝可能有过失。

吕后时期经常发生日食，搞得吕雉神经兮兮的，不得不自责道："这都是因为我啊！"文帝刘恒也不例外，他也很紧张，心想吕后时期动不动有日食，那是因为吕雉霸道，天怒人怨，自己如此小心谨慎，怎么还发生日食啊，难不成是上天对自己也不满意？

臣民们嘴上虽然不敢这么说，心中其实也都直犯嘀咕。于是，文帝刘恒连忙下了一道诏书："朕听说，上天创造了万民，又专门派君主来统一抚育治理。如果君主不贤德，施政不公平，上天就会显示出灾异天象，预示天下治理得不够好。十一月最后一天发生了日食，应该就是上天给予朕的警示啊！如今由朕侍奉宗庙，以微小之躯依托于万民和诸侯之上，所以天下的治与乱，朕都应该负主要责任，股肱大臣们负次要责任。对下不能抚育治理好万民，对上又影响了日月星辰的光辉，以至于发生了日食，朕真是太无德了！接到诏令后，大家都要认真思考朕的过失，把你们认为朕做得不够好的地方，都告诉朕，朕一定会认真对待！大家还要推举贤良方正、能直言进谏的人，希望让他们来补正朕的疏漏。趁着这件事，大小官员们也都要重新审视自己的职责，以后务必多采取便民措施，减少百姓徭役。另外，外族经常侵扰，边疆防务繁重，既然朕不能使德政惠及边疆地区，为什么还要让边防军队撤回来，增加京城兵力来保卫朕呢？所以朕决定，撤销卫将军统辖的京城军队。还有，宫中现有马匹太多，只需留下一些够用就可以了，其余的都交给驿站使用。"

从这个诏书可以看出，文帝刘恒是一个自省能力很强的人。为了弥补自己的过失，他主要做了三件事：一件是广开言路，寻求高人指点；一件是施恩百姓，减轻徭役赋税；一件是约束自己，减少卫队马匹。

三件事中，最具开放性的莫过于广开言路，这其实在变相选拔人才。文帝刘恒认为自己做得不够好，但又不知道哪里不好，寻求高人指点无疑是最简单有效的办法。诏书下发到全国各地后，果真就有一位耿直之士出来献言献策。

这个人会是谁呢？他会有什么高见呢？

49. 贾山至言

这位耿直之士名叫贾山。贾山这个名字，估计听说过的人比较少。对那段历史略微了解的人，可能会误以为他是历史上赫赫有名的青年才俊贾谊。其实，他们不是同一个人。贾山和贾谊虽然都姓贾，但两个人关系不大，若要说有什么相似之处，那就是他们都是靠向文帝直言进谏而崭露头角的。后面我们会详细说到贾谊，这里就先让贾山出来暖暖场子。

贾山是颍川人，也就是今天的河南省许昌市禹州市人，出身于书香门第。他的爷爷名叫贾祛（xiǎn），是个知识分子，在战国时期做过魏国的博士。有这么个博士爷爷从小熏陶，贾山的知识面很宽，涉猎非常广，但广而不精，算不上是一位纯粹的儒生。这样的人一般见多识广，什么都懂一点，知识贯通在一起，给人家讲大道理，会显得很了不起。

汉朝建立后，贾山曾在灌婴那里做过随从骑士，也就是跟班的骑兵。最近他听说，文帝刘恒发诏书寻求能够直言进谏的人，声称要虚心请教，心里不由得发痒，便跃跃欲试，写了一篇上书。这篇上书标题为《至言》。

所谓至言，应该有一语双关的意思在里面，既表明自己说的是耿直之言，也暗示这些言论都极其高明。这么牛的标题，用现在的话说，叫"标题党"，主要是用来吸引眼球的。实际上，标题党自古都有。因为一个好标题确实很重要，它能让自己的文章在浩如烟海的作品中脱颖而出。知识分子想要出人头地，必须这么干，否则很难被发现。但是，脱颖而出之后，文章内容一定还要有干货，也就是说，要名副其实，否则会被人唾弃。那个时候，谁敢用空洞无物的内容来忽悠皇帝啊？除非是活腻歪了。

所以贾山的《至言》不但标题起得好，内容写得也很精彩。之乎者也，洋洋洒洒约两千五百字，这在古文中算是比较长的作品。由于太长了，我这里就不引述了，有兴趣的可以去查阅相关资料。

写得那么长，这篇文章都写了些什么内容呢？简单地说，贾山借总结秦朝灭亡的原因来向文帝刘恒进谏。他认为，秦朝灭亡是秦始皇一手造成的。秦始皇严刑酷法、横征暴敛，修驰道、建宫殿、造陵墓，无所不用其极，百姓不堪重负，才最终导致了秦朝灭亡。关于驰道、宫殿以及陵墓的规模，文章还煞有介事地进行了详细描述，在描述过程中，难免会夸大其词。

　　总之，在贾山看来，秦始皇除了有熊罴（pí）之力、虎狼之心外，一无是处。又是什么让秦始皇如此不可理喻呢？贾山在文中进一步给出了答案，就是秦始皇刚愎自用，听不进批评的意见。听不进批评的意见，就无法知道自己的过失；不知道自己的过失，就会在错误的道路上越走越远，最终导致秦朝仅延续两世，便灭亡了。

　　贾山针对秦朝灭亡的逻辑推理分析还是非常严谨的，他也因此而成了"过秦"论调的首先发起者，直接影响了后世很大一批人对秦始皇错误的认识。对秦始皇一番批判后，贾山对文帝刘恒又进行了特别称颂。他称颂刘恒不但施行仁政，得到了百姓的拥戴，而且还能够主动下诏书，听取不同的声音，非常难得。先批评秦始皇，再称颂文帝刘恒，好像有点马屁的味道。绕了这么一大圈，最后，贾山才说出要进谏的内容。

　　原来，文帝刘恒有一个嗜好，前面我们提到过，就是特别喜欢射猎。之前地震的时候，有人投其所好，还给他送了千里马过来。但因为当时刚当皇帝不久，又有天灾，文帝刘恒克制住自己的欲望，没敢收下千里马。身为皇帝，这么干已经很不容易了。不过，贾山还是揪住了文帝刘恒这点爱好不放。他告诫文帝刘恒，现在的功业刚刚建立起来，好名声刚刚传播出去，一定不能放纵自己的欲望，更不能动不动还带着一帮大臣出去游玩。

　　贾山认为，大臣们本来都是层层选拔出来的方正之士，如果天天被皇帝带着击兔捉狐，难免会玩物丧志。贾山的进谏虽然很有技巧性，绕来绕去，但是也够气人的。每个人都有点小爱好，因为是爱好，所以人们一般都特别讨厌别人对自己的爱好指手画脚。但面对贾山的《至言》，文帝刘恒并没有表现出不悦，相反，他还大加赞许贾山勇于进谏。此后，他对自己那点小爱好果然收敛了很多。

　　向文帝刘恒进谏，贾山算是很含蓄了，写了那么长一篇文章，又是铺垫，又是奉承，好不容易才把话说明白。但另外一个人就没那么客气了，他的进谏那才叫耿直。这个人就是袁盎。

关于袁盎，之前我们已经介绍过，他有浓厚的儒家思想，强调等级名分，按"礼"行事。为此，袁盎曾在文帝刘恒面前说过周勃的坏话，致使周勃失宠。他向文帝刘恒进谏有一个特点，那就是从不藏着掖着，都是当面直说，一点面子都不留，摆着一副耿直的架势。

其实，这小子也没那么耿直，有时候进谏也含着某种私心。有一次，他还利用进谏的方式对一个宦官进行了打击报复。那个宦官名叫赵同。赵同原名应该叫赵谈，因为和司马迁的父亲司马谈重名，为了避讳，司马迁在史书上给他改名为赵同。这个大家知道就行了。赵同可能是跟袁盎看不对眼，仗着文帝刘恒宠信，经常造谣中伤袁盎。

因为这事，袁盎非常郁闷，那么他会怎么反击呢？

50. 刀锯余人

袁盎经常在文帝刘恒面前慷慨激昂，一副耿直的架势。宦官赵同很是看不惯，便常在文帝刘恒那里嚼舌头根子，造谣中伤袁盎。为此，袁盎烦恼不已。

因为赵同是文帝刘恒眼前的红人，袁盎开始只是生闷气，倒没想到反击，可赵同在后面却不依不饶。恰好袁盎有一个侄子，名叫袁种，也在文帝刘恒身边工作，担任侍从骑士，负责文帝刘恒的人身安全。他对赵同的行为实在是看不下去了，便怂恿叔叔袁盎道："我说老叔啊，你不能太软弱了，必须给赵同这小子一点颜色看看！否则，他会步步紧逼！我建议你不如找个机会在皇帝面前羞辱他一下，这样以后即使他再乱讲话，也不会起太大作用了。"

别看袁种只是个普通侍从，他对人性的把握还是比较准的。被侄子这么一提醒，袁盎茅塞顿开，心想有道理，与其忍气吞声，不如反戈一击，一劳永逸。于是，他便开始寻找机会。机会永远都有，只要下决心找，总能找到。

一天，文帝刘恒坐车出巡，宦官赵同在车上服侍。这在平时是再正常不过的事，但袁盎突然跪倒在马车前不让走。文帝刘恒感到很奇怪，便把他叫过来问究竟是什么情况，看看他是不是有耿直的话要讲。

袁盎趁机进谏道："臣闻天子所与共六尺舆者，皆天下豪英。今汉虽乏人，陛下独奈何与刀锯余人载。"什么意思呢？这句话说得还是有点艺术性的，耿直又不失幽默感："陛下，臣听说能和天子一起坐在銮驾上的人，都是天下英雄豪杰！如今大汉虽然缺乏英雄豪杰，但是陛下也不应该和一个'刀锯余人'坐在一起高谈阔论啊！""刀锯余人"这个词，形象地概括了太监赵同的身体特征。

文帝刘恒是"老司机"，听了袁盎的话，一下子被触到了笑点，不由得哈哈大笑起来，笑完，当即令赵同从自己车上下去，以后不准再随意登车陪驾。赵同对自己那方面本来就自卑，结果被袁盎当众羞辱，而且文帝刘恒还非常认同，不由得流着眼泪下了车。从此之后，赵同乖了很多，不敢随便在文帝刘恒面前再乱讲袁盎的坏话。

这次进谏，虽然是袁盎出于私心，打击报复，但也从侧面说明，文帝刘恒是真心纳谏。不久，又发生了一件事。在这件事中，袁盎表现得也很耿直。

这天，文帝刘恒带着一帮侍从驾着车，到山上游玩兜风。下山的时候，他突发奇想，想玩点刺激的，准备从山的西边陡坡飞车而下。这确实好玩，很有快感，年轻人都喜欢玩类似的游戏。

文帝刘恒当时年龄也不太大，估计二十五六岁的样子，正是爱冒险的年龄。袁盎认为，这么玩太危险了，当即策马过来，紧挨文帝刘恒的马车，上去挽住了缰绳。文帝刘恒看到袁盎的举动，很不爽，一脸不屑地问道："怎么，难道将军怕死吗？"

袁盎严肃地回答道："臣听说，家有千金之财的人，不会坐在屋檐下；家有百金之财的人，不会倚在楼台的栏杆上。为什么？就是害怕万一发生危险，不值当！所以，英明的君主对冒险的事情，更加不应该心存侥幸。现在陛下驾着六匹马拉着的快车，从高坡上奔驰而下，假如有马匹受惊，就会很容易导致车毁人亡。陛下纵然不爱惜自己的生命，万一有个好歹，怎么对得起高祖和太后啊？"

袁盎的这番话还是很有说服力的。文帝刘恒听后，沉思片刻，深受触动，当即放弃了飞车下山的打算。这件事，袁盎做得恰如其分，关心领导的安全，比什么都能打动人。连续耿直了几次，都让文帝刘恒很受用，袁盎便越来越过分，有一次竟然差点把文帝刘恒惹毛。这又是怎么回事呢？我们还要从文帝刘恒身边的一个女人说起。

文帝刘恒当皇帝后，身边多了一位美女。这位美女是邯郸人，历史上被称为慎夫人。前面说过，文帝刘恒当皇帝前，最宠幸窦猗房，但后来窦猗房的眼睛失明了。至于怎么失明的，史书没有具体记载，只说因病。

俗话说，眼睛是心灵的窗户。所以，窦猗房尽管做上了皇后，但因为眼睛失明，慢慢失宠了。有人失宠，就有人得宠，慎夫人就是那位得宠的女人。不过，无论怎么得宠，那也是小老婆，吃住言行都不能超越皇后的地位，这是自古以来的规矩。但慎夫人仗着文帝刘恒特别宠爱，有时候不太讲究这个规矩，经常在宫中和窦猗房平起平坐。

窦猗房失明了，眼不见，心不烦，并不计较。其实计较也没用，因为文帝刘恒眼睛又不瞎，他视而不见，就是默认了，谁能奈何？但有一次，这种情况被袁盎看到了。袁盎愤愤不平，那么他又会怎么耿直地对待慎夫人呢？

51. 咸吃萝卜淡操心

皇后窦猗房的眼睛失明后，文帝刘恒开始宠幸慎夫人。有一种女人，本来很美丽、很善良，对人也很客气，但是一旦傍上有权有势的男人，就会换上另外一副嘴脸，忘记了自己以前卑微的身份，骄傲得可以上天。慎夫人差不多也是这样。她自恃得宠，越来越不讲规矩，平日里总是有意无意地与皇后窦猗房平起平坐。

一次，文帝刘恒带着皇后窦猗房和慎夫人到上林苑游玩，袁盎也陪侍左右。听说皇帝要来了，上林苑的负责人忙得屁颠屁颠的，赶快布置坐席。坐席的安排自古都很有讲究，特别是在公众场合，必须要按规矩来。但因为知道慎夫人从不遵守后宫中的规矩，上林苑的那个负责人为了拍马屁，便把她的席位和皇后窦猗房并排在一起。

待入席的时候，袁盎看到这种坐席安排，很是看不惯。他为什么看不惯呢？皇帝家的事，好像和他没什么关系啊！前面说过，袁盎特别崇尚儒家思想，有强烈的等级观念，凡事都要人家按"礼"来做。他认为，这种坐法不符合儒家"礼"的规范，便上前阻止慎夫人落座，并一本正经地进行解释，非要慎夫人坐在下位。

这场面多尴尬啊！慎夫人那个气啊，感觉受到了奇耻大辱。她满脸通红，在那里噘着嘴、瞪着眼，竖着眉和袁盎较真起来，大有不坐上位不罢休的意思。袁盎多耿直啊，他不卑不亢，竖在那里，毫不妥协。

文帝刘恒看到自己宠爱的女人被如此对待，也很生气，暗骂袁盎"咸吃萝卜淡操心"。

不过，他城府比较深，知道这两个人都是一根筋，如果掐起来不好处理。只见他倏地一下从座位上站了起来，背着手快速离开了。皇帝走了，慎夫人再抢座位也没什么意义，"哼"了一声，一挺胸脯，扭着屁股也走了。皇后窦猗房虽然眼瞎了，但心里像明镜一样，她没有插话，只是让人引导着自己，默默地跟了出去。

本来是游玩，却发生了这档子事，文帝刘恒也没心情了，干脆直接上车回宫。袁盎虽然耿直，但人不傻，他知道这次彻底惹怒文帝刘恒了，紧跟在车队后面，想找机会解释。

到了宫门，文帝刘恒刚从车上下来，袁盎连忙小跑上前，拜倒在地，从容进谏道："陛下千万不要责怪臣啊！臣听说尊卑有序，方能上下和睦。如今，陛下既然已经封立了皇后，那么窦皇后就是后宫之主，慎夫人只不过是后宫的妾。妾怎么能和主并席而坐呢？如果陛下真的很宠爱慎夫人，不如多封赏她一些东西，没必要乱了规矩啊！否则，将来会让慎夫人养成骄纵的习惯，说起来是陛下宠爱她，实际上很可能会害了她啊！陛下难道忘记了戚夫人被吕后做成'人彘'的悲剧吗？前车之鉴，不得不防啊！"

听到"人彘"两字，文帝刘恒不由得打了个激灵，这才恍然大悟，知道错怪了袁盎，马上转怒为喜。关于"人彘"事件，想必大家都记忆犹新。当年戚夫人就是因为仗着刘邦宠爱自己，做了很多冒犯皇后吕雉的事。刘盈当了皇帝，吕雉掌权后，她首先便对戚夫人进行了极其残酷的报复，最终酿成悲剧。

这事众人皆知，文帝刘恒当然也害怕在自己家里再次上演同样的一幕，于是他把慎夫人召来，将袁盎的话原本告知。"人彘"事件太有警示意义了。慎夫人听闻，顿时吓得脸色苍白，心中庆幸不已，马上以自己的名义赐给袁盎黄金五十斤，以示感谢。

这次，袁盎总算侥幸过关。为什么说是侥幸呢？因为这么耿直的进谏，不是每个领导都能承受的，那要看领导的个性。好了，关于袁盎进谏文帝刘恒的故事，我们就先说这三个例子，将来还会说到，都是一些无关紧要的平常小事。

有人进谏小事，就有人进谏大事，这和进谏人的性格和水平有关。才华不够，进谏大事也没人听啊。贾谊就是一位有才华的人，所以喜欢进谏大事。说起贾谊，那可以说无人不知、无人不晓，著名的经典作品《过秦论》便是出自他之手。那么贾谊是何许人也呢？

他是洛阳人，不到十八岁，就因能诵读诗书、善写文章而闻名当地。洛阳属于河南郡。当时的河南郡守，人称吴公。吴公和秦朝丞相李斯是老乡，也是上蔡人，曾经还跟着李斯学习过。他特别爱惜人才，听说贾谊才华横溢，便将其召到手下任职，很是器重。

文帝刘恒刚即位时，吴公因为政绩卓著，当政之地的GDP全国第一，被征召到朝中担任廷尉一职。做了廷尉后，吴公了解到文帝刘恒正广招人才，广开言路，就大力推举贾谊，说他年轻有为，精通诸子百家。文帝刘恒很是高兴，便征召贾谊进朝做了博士，跟随左右。

那会儿，贾谊才二十有余，在博士中最为年轻，而且见识非凡。每次刘恒下令让博士们讨论一些问题，那些年长的老先生都哼哼哈哈，要么无话可说，要么说一些绝对正确的废话。而贾谊却能出口成章、标新立异、一一回答，在场每个人听了都觉得他说出了自己想说的话。

这就像现在公司开会，如果你水平够高的话，说出的意见，大家只有附和的份，除非有人恶意反驳。对于恶意反驳的人，不用太计较，因为领导不是傻子，可能不会当面戳破，但心中是有一杆秤的，知道孰是孰非。当然，如果你遇到的是一位糊涂领导，那还是三缄其口比较好。

文帝刘恒是一位非常内秀的领导，那帮老博士肯定不敢恶意反驳贾谊，相反，都认为贾谊说得太好了，无不叹服。所以，文帝刘恒非常欣赏贾谊，认为这小子确实有才，对他连续破格提拔，使之一年之内就升任到太中大夫。

太中大夫的地位相当高，不是谁都能干的，一般水平很难胜任。大家还记得吗？以前，号称"有口辩士"的陆贾满腹经纶，立有大功，最高也才干到这个职务。担任这个职务的人，必须能够经常向皇帝提出治国理政的独到见解才行。

那么，贾谊提出了哪些独到见解呢？

52. 嘴上没毛，办事不牢

经吴公推荐，二十刚出头的贾谊，便凭着卓越才华得到了文帝刘恒的赏识，并担任太中大夫一职。之后不久，他上书刘恒，提出了很多改革措施。

在上书中，贾谊认为，从西汉建立到文帝刘恒登基，前后已有二十多年了。现在天下太平，人心稳定，应该变更历法，崇尚黄色，推广五行学说，重设官名，振兴礼乐，等等，对秦朝时期遗留下来的规制进行扬弃。

对于这些建议，文帝刘恒大多都非常认同，只是慎重起见，并没有全部立即实行。后来，随着时机逐渐成熟，他才一步步将它们落实。不过其中有一条建议，文帝刘恒及时进行了大力推动。什么建议呢？

前面说过，文帝二年初，文帝刘恒曾下诏要求诸侯离开京城长安，回到封地上居住。这条建议最早正是出自贾谊的主张。从这个主张可以看出，贾谊年纪不大，看问题却极其深远，堪称一位特别优秀的政治才俊。因为实在是太优秀了，文帝刘恒有意提拔贾谊进入公卿之列。

公卿已经是国家核心权力职务，不是随随便便就能进去的，必须经过大臣们的商议，得到大多数人支持才行。结果一商议，丞相周勃、太尉灌婴、东阳侯张相如、冯敬等一帮老同志说什么都不同意。而且，他们还联合起来向文帝刘恒进谗言："贾谊这个小子算什么东西？年纪轻轻，缺乏经验，读了几本破书，竟敢妄谈政治，出一些不着边际的政策。如果赋予他更大的权力，早晚会把政事搞得一团糟！"

按说老同志，在我们印象中应该都是和蔼可亲、高风亮节的一群人，一般还会大力提携年轻后生。其实，这种印象多来自小说或电视剧，而现实生活中，则恰恰相反，老同志对年轻后生的打压可以说是无处不在、不遗余力。

"嘴上没毛，办事不牢"差不多成了年轻人的标签，这个标签就是老同志特意贴上去的。实际上，这是很不正常、很不自信的用人观。因为历史上大多数有成就的人，都是在年轻的时候就做出了杰出贡献，上了年纪后往往靠吃老本度过余生。

毫不夸张地说，年轻人才是推动社会发展的主要动力。他们最大的优势就是没有思想包袱、思维超前，有创新精神、敢想敢干，有一股拼劲。而事业是靠拼出来的，很多所谓的经验技巧，在拼的过程中自然而然就会完善起来。如果没有拼劲，所谓的经验技巧，则很可能成为反向阻力。

当然，我们也不能完全否定老同志的作用，毕竟经验丰富，对一些行业和岗位来说，丰富的经验尤为重要。

总之，最好的用人理念，还是要老、中、青结合，根据事业的发展阶段，以及岗位特点进行安排才比较妥当。

那么，老同志为什么喜欢打压年轻人呢？无外乎两点：一是嫉妒。老同志看到优秀的年轻人，容易联想到自己年轻的时候，会有意无意地进行对比。没有对比就没有伤害。有了对比就容易产生嫉妒之心，就会设法以考验为理由，延长年轻人上位的时间。二是害怕。俗话说，长江后浪推前浪，前浪被拍死在沙滩上。老同志就是前浪，被拍死在沙滩上虽然是早晚的事，但是因为既不愿意继续学习，也不愿意那么早被拍死，心中难免充满恐惧心理。这种恐惧心理主要来自年轻人带来的压力。为了晚点被拍死，打压年轻人自然成了一种潜意识。

正是因为上述两点，周勃、灌婴这帮老家伙才疯狂打压才华横溢、年纪轻轻的贾谊。他们认为，自己拼杀了一辈子，才好不容易熬进了权力中心，可是贾谊这小子才二十多岁就能和他们在一起商议国是，太顺风顺水了。

另外，贾谊如此年轻，却那么优秀，即便是同龄人的文帝刘恒，多少都有点羡慕嫉妒恨。既然老同志们都跳出来反对，他也只好打消了提拔贾谊的念头，甚至慢慢疏远了贾谊。最后，为了平衡老同志的情绪，文帝刘恒干脆以锻炼的名义，将贾谊贬为长沙王太傅，将其调离京城。贾谊真心不服，但在朝中被排挤得实在是无容身之地，不得不接受任命，愤愤然前往长沙国赴任。

一路上，他听说长沙国地处偏远，地势低洼，气候潮湿，人文野蛮，顿觉惆怅。心想自己一身才华无用武之地，搞不好还会死在那里，越想越郁闷，越想越心痛，路过湘水时，他便想到了一个人。这个人就是屈原。关于屈原，我就不多做介绍了，太出名了，他忧国忧民，因为不受重用，投江自尽。贾谊联想到自己的遭遇，便在这里写下了一篇辞赋来凭吊屈原。

为了展现贾谊的才气，特将原文摘录如下："共承嘉惠兮，俟罪长沙；侧闻屈原兮，自沉汨罗。造讬湘流兮，敬吊先生；遭世罔极兮，乃殒厥身。呜呼哀哉，逢时不祥！鸾凤伏窜兮，鸱枭翱翔。阘茸尊显兮，谗谀得志；贤圣逆曳兮，方正倒植。世谓随、夷为溷兮，谓跖、蹻为廉；莫邪为钝兮，铅刀为铦。吁嗟嘿嘿，生之无故兮；斡弃周鼎，宝康瓠兮。腾驾罢牛，骖蹇驴兮；骥垂两耳，服盐车兮。章甫荐履，渐不可久兮；嗟苦先生，独离此咎兮！讯曰：已矣！国其莫我知兮，独壹郁其谁语？凤漂漂其高逝兮，固自引而远去。袭九渊之神龙兮，沕深潜以自珍；偭蟂獭以隐处兮，夫岂从虾与蛭螾？所贵圣人之神德兮，远浊世而自藏；使骐骥可得系而羁兮，岂云异夫犬羊？般纷纷其离此尤兮，亦夫子之故也！瞝九州而相君兮，何必怀此都也？凤凰翔于千仞兮，览德辉而下之；见细德之险徵兮，遥曾击而去之。彼寻常之污渎兮，岂能容夫吞舟之巨鱼？横江湖之鳣鲟兮，固将制于蝼蚁。"

　　这么一长篇，"兮"来"兮"去的，究竟什么意思呢？我们不妨简单翻译如下："奉天子诏命，戴罪来到长沙任职。曾听说屈原，自沉汨罗江而长逝。今天我来到湘江边上，托江水凭吊先生的英灵。遭遇纷乱无常的社会，才逼得先生您自杀失去生命。哎呀，太令人悲伤啦！正赶上那个不幸的年代。鸾凤潜伏隐藏，鸱枭却自在翱翔。不才之人尊贵显赫，阿谀奉承之辈得志猖狂；圣贤不能顺随行事，方正之人反而屈居下位。世人都说，卞随、伯夷贪婪，盗跖、庄蹻廉洁；莫邪宝剑太钝，铅刀反而是利刃。哎呀呀！先生您真是太不幸了，平白遭此横祸！这就好比丢弃了周代传国的无价鼎，反把破瓢当奇货。驾着疲惫老牛和跛驴，却让骏马垂耳拉盐车。好端端的礼帽当鞋垫，这样的日子怎么能过？哎呀，真苦了屈先生，让您遭受这飞来横祸！算了吧！既然国人不了解我，一个人独自忧愁抑郁，又能和谁诉说？凤凰高飞远离去，本应如此自引退。效法神龙隐渊底，深藏避祸自爱惜。韬光隐晦去他处，岂能与蛤蟆、水蛭、蚯蚓为邻居？圣人品德最可贵，远离浊世而隐匿。若是良马可拴系，怎说异于犬羊类！世态纷乱遭此祸，先生自己也有责。游历九州任择君，何必对故都不舍？凤凰飞翔千仞上，看到明君才下来。一旦发现危险兆，振翅高飞远离去。狭小污浊的水坑，怎能容得下吞舟大鱼？横绝江湖的大鱼，出水后也将受制于蝼蚁。"

　　这篇歌赋，我就不多做解释了，贾谊主要借屈原来抒发胸臆，认为自己和屈原一样受到了不平等待遇。因为这样类比，后来司马迁写《史记》时，特别将贾谊和屈原的传记合写在一起，也就是《屈原贾生列传》，算是成全了他吧。

　　贾谊这一走就是三年，后面我们还会说到，这里先留个伏笔。他刚走没多久，朝内便有了重大人事调整。那么，会怎么调整呢？

第十二章

文帝治国

53. 都是障眼法

贾谊虽然年轻有为、才华横溢，但是经不住以周勃为首的一帮老家伙的排挤，还是黯然离去。贾谊走后没多久，朝中就发生了重大人事调整。丞相周勃被文帝刘恒免职，并被赶出了京城长安，回到他的封地。这又是怎么回事呢？

原来周勃为人嫉妒心太强，他不但对贾谊进行打压，而且还得罪了朝中很多人。尤其刘章和刘兴居兄弟二人，对周勃最为痛恨。关于这兄弟俩，我们前面有说过，他们是刘邦长子刘肥的二儿子和三儿子，在荡平诸吕的过程中都立过大功：刘章率领一千精兵，斩杀了吕氏一族的核心人物——相国吕产；刘兴居则带队将后少帝刘弘从宫中清理出去，迎接文帝刘恒入宫。

当时，他们俩如此卖力，一方面是为了重振汉室，另一方面还因为周勃对他们有过承诺。周勃承诺，荡平诸吕之后，会设法运作加封刘章为赵王，刘兴居为梁王。但是等到文帝刘恒当了皇帝，周勃一心为自己争功，早把刘章和刘兴居兄弟俩封王的事抛之脑后了。为这事，哥俩愤愤不平，认为被周勃这老家伙给耍了。

文帝刘恒虽然明知刘章和刘兴居兄弟二人在荡平诸吕时立有大功，但是听说刘章想拥立自己的哥哥齐王刘襄为皇帝，耿耿于怀，便一直揣着明白装糊涂，也绝口不提给他们俩封王的事。

之前封赏时，周勃是第一功，增加封地一万户，还当了右丞相；而刘章和刘兴居只是分别增加封地二千户，赐黄金一千斤而已。这和当初的期望出入实在太大了。刘章和弟弟刘兴居是哑巴吃黄连，有苦说不出，整天牢骚满腹，很是不满。

就这样稀里糊涂过了两年，恰好有人进谏，请求按照老规矩封立刘氏皇族的子弟为王。

为了平衡利益，文帝刘恒才不得已下诏道："赵幽王刘友被囚禁而死，朕深感惋惜，他的长子刘遂已经被封立为赵王。刘遂的弟弟刘辟彊，以及齐悼惠王刘肥的儿子朱虚侯刘章、东牟侯刘兴居有拥立之功，也应该封王。至于封到哪里，请群臣商议！"

刘恒的这封诏书暗藏玄机，他没有直接点明封地，而是把皮球踢给了群臣。群臣揣摩了几天，从特殊渠道了解到了文帝刘恒的心思，于是他们上书建议道：封刘辟彊为河间王，封地在河间，前面有提到过，这个地方原来属于赵地；封刘章为城阳王，封地在城阳郡，原来属于齐地；封刘兴居为济北王，封地在济北郡，原来也属于齐地。

看到这种分封，大家有何感想？齐地本来就是刘章和刘兴居父亲刘肥的封地，这样分封相当于拆分齐地，把人家兄弟的封地划出来加封给另外一个亲兄弟，玩的是左口袋放右口袋的游戏。

文帝刘恒看到群臣的上书正中自己下怀，心里乐开了花，当即批准。接着，他又加封自己的两个儿子为王：三儿子刘庶为太原王；四儿子刘揖为梁王。文帝刘恒这个套路是不是很眼熟啊？吕雉之前好像经常这样玩。封了一圈子都是障眼法，最终只是为了给自己的儿子封个好地方而已。

这事可把刘章给气坏了，他那么刚强的性格，在吕雉宴席上都敢瞪眼宰活人，怎么受得了这么被戏耍？结果去封地没多久便气病了。

文帝刘恒可不管那么多，深深体会到了广开言路，由下而上形成民主意见的好处，于是又下了一道诏令："古之治天下，朝有进善之旌，诽谤之木，所以通治道而来谏者。今法有诽谤妖言之罪，是使众臣不敢尽情，而上无由闻过失也。将何以来远方之贤良？其除之。民或祝诅上以相约结而后相谩，吏以为大逆，其有他言，而吏又以为诽谤。此细民之愚无知抵死，朕甚不取。自今以来，有犯此者勿听治。"

什么意思呢？简单地说，就是废除"诽谤罪"和"谣言令"，而且文帝刘恒还给出了理由："古代治理天下，为了招揽进谏的人，制定出比较好的政策，朝廷都会设置进善言的旌旗和批评朝政的木牌。但是现在法令中竟然有所谓的谣言令，把进谏当作妖言惑众的罪状，这怎么能招来民间贤良之士呢？大臣们不敢坦露心迹说真心话。听不到真话，做皇帝的就无从了解自己的过失！所以，应当废除这样的条文。另外，百姓中如果有人一起诅咒皇帝，开始约定互相隐瞒，后来又负约相互告发，官吏会认为是大逆不道，倘若再有其他不满的话，便是诽谤罪。实际上，很多百姓只是因为愚昧无知犯了死罪，未免太冤枉了。上述做法，朕认为很不可取。从今以后，再有人犯这类罪，一律要区别对待，经过审理后再治罪。"

"诽"是背后议论，"谤"是公开指责。"诽谤"一词历史久远，从三皇五帝时就有了，直到夏、商、周，"诽谤"一直是褒义词，意指百姓可以对国家政事自由议论。它可以说是人类文明史上最早的政府监督机制。可是到了秦代，"诽谤"却成了一种罪名，凡议论朝廷过失的，都成了罪犯。特别是秦二世胡亥时期，前面说过，胡亥自己篡权心虚，更是严密监控舆论。

汉承秦制，汉初仍保留了秦的"诽谤罪"和"谣言令"。但文帝刘恒认为，一个合格的天子，必须急百姓之所急，只要对老百姓有利的事，就应该去做。他以"进善之旌"和"诽谤之木"为历史依据，提倡广开言路，废除诽谤罪。

所谓"进善之旌"，就是以天子的名义在交通路口插上旗子，诏告天下，让民众指出天子的过错；所谓"诽谤之木"，就是在路口立一块高大的木头，上面钉一横板，专供百姓在上面书写对国家政事的意见，意见还要定期收集，秉报到皇帝那里。

后来，"诽谤之术"经过历史演变，逐步升级，作用也变了，变成了漂亮的华表。现在北京天安门前那一对见证政权更替、岁月沧桑的华表就是如此演变而来的，意在提醒古代帝王勤政为民。

文帝刘恒废除了"诽谤罪"和"谣言令"，意义深远，不但得到了当时天下臣民的一致拥护和褒扬，即便是在今天看来，它也是难得可贵的，在中国法制史上有着重大进步意义。虽说忠言逆耳利于行，良药苦口利于病，但大部分人还是喜欢听甜言蜜语的，没有人愿意别人当面指责自己的过失，何况皇帝呢？皇帝的言行就是圣旨，天命所归，代表权威。文帝刘恒竟然能容忍臣民对自己诽谤，其胸怀、大度在封建皇帝中极为罕见。但有放就有收，否则还不天下大乱啊！

同年九月，文帝刘恒重新分派兵符，亲自授予各诸侯丞相以及郡守调动军队的铜虎符，将全国上下的军权牢牢掌握在自己手中。有了军权，他就可以放心大胆地做自己想做的事了。什么事呢？首先就是免去军中曾经的实权派人物丞相周勃的职务。

这段时间，刘章和刘兴居封王的事搞得沸沸扬扬，矛头有意无意被引向丞相周勃。朝廷上下都认为周勃为老不尊，打压年轻人。恰好，十月底又发生了日食。这天，在朝上，文帝刘恒便借题发挥道："年初，朕曾诏令列侯回各自的封国，有人找借口还没有走，现在倒好，又出现了日食，说明上天不满意啊！丞相是朕最为敬重的人，希望丞相能起到表率作用，率领列侯马上回封国去居住！"

周勃的丞相做得正舒服着呢，今天搞这个，明天搞那个，权势一时无两，竟然被文帝刘恒来个突然袭击，当场就傻眼了。搞突然袭击最容易让人手足无措，那些城府深的人最擅长。周勃应该就是上了文帝刘恒的当，把好名声消耗殆尽，现在看到文帝刘恒那不容置疑的态度，也不敢质疑，只好上交相印，老老实实收拾包袱回了封地。

那么周勃走后，谁来接任丞相呢？

54.攘外安内

周勃被免职赶走后，文帝刘恒任命太尉灌婴为丞相。灌婴属于功臣元老派，年富力强，深得文帝刘恒赏识。他当了丞相，朝廷便取消了太尉一职，太尉分管的军中事务暂时统一由丞相代理。这时，已经是文帝三年。

灌婴刚当丞相还没几个月，同年五月，北方边疆就发生了战事。什么战事呢？原来，匈奴右贤王率兵入侵北地郡，也就是今天的陕西、甘肃和宁夏一带，并越过黄河以南地区，大肆抢掠。面对匈奴入侵，文帝刘恒在京城长安坐不住了，他率领文武百官来到甘泉宫，开始谋划对匈反击战。甘泉宫位于关中北部群山中，距离北地郡比较近，接近战场一线。

到了六月，这天，文帝刘恒把群臣召集过来开誓师大会。在会上，他满腔愤怒地说道："为了北方边境安定，不受侵扰，我大汉朝曾与匈奴结为兄弟，每年还给他们输送十分丰富的物资。可是如今，匈奴却背信弃义，没有任何正当理由，就率兵侵入早已归属汉朝的黄河以南地区，捕杀我汉朝官兵，驱逐我边疆百姓，随意烧杀抢掠，实在是太过分了！是可忍，孰不可忍！朕下令，丞相灌婴率领骑兵八万五千人前往匈奴，务必痛击匈奴来犯之敌！"

被文帝刘恒这么一鼓动，群情激奋，文臣武将无不摩拳擦掌，大家不由得把目光都投向了丞相灌婴。为什么要派灌婴去呢？这是文帝刘恒当皇帝以来第一次对外作战，只能胜，不能败，否则其执政基础都有可能动摇。灌婴贵为丞相，派他过去，显然有杀鸡用牛刀的意思在里面。而且匈奴擅长骑射，对付他们必须用骑兵，汉朝的骑兵正是由灌婴一手组建的。只有灌婴亲自出马，才能稳操胜券。

刚被提拔为丞相，就受到如此重视，大敌当前，灌婴表示义不容辞，当即披挂上阵。俗话说，人的名，树的影。灌婴率领大军还没到北地郡，匈奴右贤王闻讯，便早已逃之夭夭。听说匈奴不战而逃，文帝刘恒非常兴奋，亲自带队从甘泉宫到前线慰问，中间路过代地晋阳，也就是今天的太原市晋源区。

前面说过，文帝刘恒以前是代王，在代地苦心经营十多年，现在回到了革命发祥地，肯定要有所表示了：对那些老部下，按功行赏，一个不落；对当地百姓，挨家挨户送去牛、羊、酒等物品；还特意免除了晋阳和中都两地三年的赋税。中都也就是今天的山西省大同市，当时是代国国都，免赋税是必须的。这么一番表示，算是皇恩浩荡，表示文帝刘恒没有忘本吧。

在晋阳差不多逗留了十多天，突然从内地传来了警报，让文帝刘恒大吃一惊，冷汗直冒。

什么警报呢？刚被加封为济北王的刘兴居竟然起兵造反，进袭荥阳，大有攻入关中当皇帝的架势。

刘兴居为什么要造反呢？前面说过，刘兴居和二哥刘章对文帝刘恒的分封很不满意。特别是刘章，当时就给气病了，过了不久便去世了。这气性也够大的！能力比较大的人，往往气性也很大，稍有不顺，便感觉自己大材小用了，如果长时间不能顺遂其意，难免气得死去活来。

历史上，气死的所谓英雄豪杰不胜枚举。想做英雄，一定要胸怀宽广，能够忍气吞声、忍辱负重，忍常人不能忍。壮志未酬先气死，都成了气死鬼，还怎么去做英雄？刘章就是如此，生生把自己给气死了。

听说二哥刘章气死了，刘兴居痛心疾首，对文帝刘恒越加怨恨，思来想去，有了谋反的想法。恰好此时，北方匈奴扰乱边境，文帝刘恒亲自前往讨伐。刘兴居认为天赐良机，关中一定空虚，可以乘虚而入，于是骤然起兵，准备突袭荥阳。

文帝刘恒得到这个警报，急调棘蒲侯柴武为大将军，率十万大军前去拦击。关于柴武，我们前面有提到过，他曾经斩杀过叛逃匈奴的韩王信，是一员智勇双全的猛将和老将，收拾初出茅庐的小伙子刘兴居应该是绰绰有余。但是文帝刘恒生性谨慎，仍然担心会有意外，看匈奴逃远了，又令丞相灌婴即刻班师回朝。

七月，文帝刘恒也从北部边疆率领诸将回到了京城长安，刚回来就下诏道："济北王刘兴居背德反上，胁迫济北官员百姓，大逆不道！但这只是刘兴居一个人的错，与他人无关。所以朕下令，济北官员百姓，凡是在朝廷大军到来之前，自动停止反叛活动的，以及率部投降或献出城邑出降的，一律赦免，既往不咎，可以官复原职；那些跟随刘兴居一起造反的，只要主动归降，也予以赦免。"

这招大家是不是有点眼熟？当年刘邦平息陈豨叛乱时，好像也是这么干的。文帝刘恒估计在家没少研究父亲刘邦的驭人之术，深得真传。这招太狠了，和平年代，没有特殊原因，谁愿意出来闹事？所以诏令一经发出，就从根上瓦解了刘兴居军队的战斗意志。

没有了战斗意志，刘兴居又初出茅庐，没有实战经验，以那点兵力对抗中央军无疑是以卵击石。他刚到荥阳，便被柴武大军给硬生生地拦住了去路。一场大战，刘兴居率领的叛军被砍杀得七零八落，四散奔逃。在混战中，刘兴居本人慌不择路，策马乱跑，一脚踏空，人仰马翻，被政府军生擒活拿，套上绳索，牵至柴武面前。

刘兴居身份特殊，是刘邦的亲孙子，柴武不敢随意处置，就把他置入囚车，押解回京。在回京的路上，刘兴居自知死罪难逃，更没脸去见叔叔文帝刘恒，便一咬牙，一狠心，用手把自己给掐死了。

别看刘肥脾气那么好，无论吕雉怎么羞辱都能接受，但生下的几个儿子脾气都非常大，不是把自己气死就是把自己掐死。估计刘章和刘兴居从小都嫌弃父亲刘肥活得太窝囊。认妹妹做干妈，能不窝囊吗？所以他们有意活得有骨气一些，结果早早死于非命。

人死不能复生，柴武也没办法，只好拉着刘兴居的尸首还朝复命。文帝刘恒看到尸首，确认是刘兴居，才算松了一口气，认为他图谋造反，自取灭亡，当即撤销了济北国番号，收归中央，变成了济北郡。

刘肥一共有十个儿子，老大刘襄、老二刘章、老三刘兴居，三兄弟都年纪轻轻先后死掉，剩下还有七个。为了安抚这七个侄子，文帝刘恒便将他们全部加封为列侯，后来又分别加封为王。

一番攘外安内之后，汉朝局势很快进入了相对安定的状态。天下太平，朝中的事就会少一些，文帝刘恒也悠闲了很多，免不得出宫玩耍。这天，文帝刘恒率领一帮侍臣来到了上林苑。上林苑是皇家动植物园，只见草深林茂，鱼跃鸢飞，野兽出没，文帝刘恒玩得很是尽兴。

当路过老虎的圈养地时，文帝刘恒看到有一大群老虎在里面嬉戏打闹，顿时起了好奇心，便问上林尉上林苑内野兽的详细情况，老虎有多少啊，狮子有多少啊，野兽平时的作息习惯啊，等等。看来文帝刘恒喜欢问这样的具体问题，上次把周勃和陈平难为得直冒冷汗，这次也不例外。

上林尉是上林苑的日常负责人，相当于现在的动物园常务副园长，按说应该对这些事情了如指掌。但他东瞅瞅、西看看，支支吾吾，全都回答不上来。旁边负责看管虎圈的啬夫赶快走上前代为回答，替领导上林尉解围。

所谓啬夫，就是一般的杂役，相当于现在的动物园饲养员或者打杂的。无论文帝刘恒提出什么问题，这个啬夫都能一一作答，而且绘声绘色，回答得极为周全。文帝刘恒不由得赞赏道："当官不应该像这样才算靠谱吗？上林尉不靠谱！"于是，他当即给旁边一个随从侍官传达口谕，提拔啬夫做上林令，也就是动物园园长。

但是，那个随从侍官却不赞成文帝刘恒的做法，并说了一大堆理由。那么，这个侍官是谁呢？他为什么不赞成呢？

55. 一个直言不讳的人

在上林苑游玩的时候，文帝刘恒一时兴起，准备提拔一个能说会道的啬夫为上林令。但是跟随左右的一位侍官认为这样做太过草率，不妥。这位侍官是谁呢？他名叫张释之。

前面我们说到过一个宦官，名叫张释，是吕媭的心腹，曾经帮吕媭给匈奴冒顿单于回过一封书信。这里特别说明一下，张释和张释之不是一个人，大家别搞混了，很多所谓的专家教授，还有电视剧，都把这两人混为一谈了。

这里说的张释之，也是一个有故事的人，以敢于进谏而闻名天下。为此，《史记》和《汉书》都专门为他立了传，将其记入史册。这里我们不妨也详细说道说道。

张释之，字季，堵阳县人，也就是今天的河南省方城县人，早年跟着二哥张仲生活。二哥张仲家庭条件不错，为了给弟弟张释之谋个好前程，出钱找关系，让张释之进宫做了骑郎，也就是一个普通侍从，给文帝刘恒当个小跟班。

文帝刘恒贵为皇帝，身边跟班的成千上百，大部分都默默无闻，如果祖上没有烧高香的话，想脱颖而出实在是太难了。所以，张释之在骑郎的岗位上一干就是十年，从来没有升迁过。在一个岗位上能坚持干十年，现在看来不可思议，稍微有点能力的人都会熬不住，早都跳槽十回八回了。这在过去倒是很正常的事，何况是在皇帝身边做跟班，虽然级别不高，但面子大。

但张释之却不想干了，认为自己屈才了，整天想着辞职回家创业，经常向同事大发牢骚："再干也没什么意思，我都工作这么久了也得不到升迁，薪资那么丁点，还在花哥哥的钱，于心不忍啊！"显然，张释之熬不下去了，不想再做"啃哥"一族。

张释之的领导是中郎将袁盎。关于袁盎，前面说过很多次，这是一个比较耿直的人。他认为张释之德才兼备，辞职太可惜了，便到文帝刘恒那里保举张释之为谒者。前面说过，谒者不是普通跟班的，还需要有点才华，能够向皇帝提出好建议才行。

文帝刘恒那么英明，当然不会随便乱提拔人了，于是就把张释之找来面试一番。张释之听说皇帝要面试自己，激动得浑身发抖，一阵小跑就过来了。文帝刘恒并没有太把张释之当回事，只是那位耿直的袁盎大力推荐，才召过来看看，所以没那么多废话，直接问张释之有什么高见。

张释之肚子里的话已经憋了很久，终于等到了这一天，马上侃侃而谈起来。谈什么呢？主要是谈怎么治国理政。这个话题，文帝刘恒天天听大臣们在他耳边聒噪，早听腻了，就不耐烦地打断了张释之的发言，略显不满地说道："别净扯没用的，说些接地气、可以立刻实施的事，不要高谈阔论，夸夸其谈！"

张释之本身还是很有才华的，只是太过激动、太想表现，说得有点急，现在被文帝刘恒这么一嫌弃，反倒镇定了下来。只见他深呼吸一下，放缓语气，畅谈起当时最时髦的话题，也就是秦汉之际的往事，花了很长的时间分析了秦亡汉兴的原因。

究竟说了什么、怎么分析的，史书上没有详细记载，我不好胡诌。总之，文帝刘恒听了很受用，当即任命张释之为谒者仆射，以后跟随自己左右，随时可以进谏。这次来上林苑游玩，张释之也跟着过来了。文帝刘恒因为啬夫周全得体的应答，便要提拔啬夫为上林令，张释之认为不妥。

这就有点奇怪了，从张释之的升迁经历来看，他也是靠着能说会道得到提拔的，凭什么轮到啬夫了，他就有异议呢？张释之没有直接解释原因，而是走上前向文帝刘恒发问道："陛下认为绛侯周勃是怎样一个人呢？"

突然扯这个，文帝刘恒感觉莫名其妙，就随口答道："长者！"

"那么东阳侯张相如又是怎样的一个人呢？""长者也！"

所谓长者，就是那种德高望重、做事靠谱的老同志。从这个回答可以看出，文帝刘恒打内心里对周勃等老臣还是非常认可的，只是为了培养自己的势力，不愿意再重用而已。

听文帝刘恒这么回答，张释之心里有底了，便顺势进谏道："陛下英明啊！绛侯与东阳侯都是长者，但是他们两个人却都不善言辞，从来不会像这个啬夫一样。现在因为啬夫伶牙俐齿，就提拔他，难免会误导世人去仿效，争相施展口舌之能，而不求实际！想当年，秦始皇正是由于喜欢重用舞文弄法的官员，官员们才舍本逐末，忙着做些表面文章，以办事严厉苛刻为高明，其实于事无补。从此，秦始皇听不到自己的过失，结果国势日衰，到秦二世时，秦朝也就土崩瓦解了。如今陛下如果提拔啬夫，同样也会造成一种不良风气。况且，身居高位的人太容易被地位低下的人所感化，犹如影之随形、声之回应一样，给人以缺乏主见的感觉！所以，陛下做任何事情都应该三思而后行啊！"

文帝刘恒觉得有道理，便轻轻点了点头，取消了原来的打算，不再任命啬夫为上林令。随后，他上了车，让张释之陪乘在身旁。在车上，文帝刘恒又进一步请教张释之秦朝政治的弊端。张释之据实而言，文帝刘恒听得太入迷了，不知道什么时候已经到了宫里，只恨路途太短，时间不够，没听过瘾。到了宫里，他便下诏任命张释之做了公车令，负责宫内警卫、接待、传达等工作。

同样都是靠着说话混饭吃，那个啬夫没能被提拔，而张释之却被提拔了。为什么？说白了，是话语权问题。所谓话语权，就是充分表达意见并得到认同的机会。张释之天天绕着文帝刘恒转，当面进谏的机会与那个啬夫相比，有天然优势，他的一家之言也更容易影响到文帝刘恒的决策。

不管怎样，从这件事可以看出，张释之是一个直言不讳的人。之后不久，又发生了一件事，更加充分地体现了他的耿直。什么事呢？

一天，太子刘启，也就是后来的汉景帝，与弟弟刘武从外面玩耍回来，同乘一辆车入朝。按照规矩，除了皇帝外，任何人到了皇宫门口都要下车，步行进宫。但是这哥俩可能是玩得太累了，仗着皇子的身份没有下车。这其实也不算什么事，毕竟是皇帝的宝贝儿子嘛，皇帝也不会太计较。

张释之却不能容忍，他现在已经被提拔成了公车令，于是直接迎上去阻止刘启和刘武的不当行为，还把他们给拘押了起来。竟敢拘押未来的皇帝，张释之还真够耿直的！然后，他又跑到文帝刘恒那里，检举揭发刘启和刘武在皇宫门外不下车，犯了"不敬"之罪。

文帝刘恒听说张释之要治自己儿子的罪，会做何表态呢？

56. 直言进谏，不断升职

太子刘启和弟弟刘武仗着自己的特殊身份入宫不下车，违反了宫内的规矩。刚担任公车令不久的张释之看不过去，亲自把刘启和刘武兄弟二人从车上赶了下来，并拘押在宫外。然后，他跑到文帝刘恒那里检举揭发，说这哥俩明知故犯，破坏了宫中规矩，应该以"不敬"之罪查办。

文帝刘恒虽然是明君，但也是人父。父母对自己的孩子哪有不包容的？文帝刘恒也不例外，他有意袒护，想帮助儿子们蒙混过关，但是看张释之有理有据，不容置疑，也不好当面驳回，便打哈哈，搁置不理，一副无所谓的样子。上级的这种态度最吓人，因为这会让下属无所适从。张释之也一时茫然不知所措，但他觉得自己没有错，就硬着头皮坚持不放人。

刘启是太子，刘武是皇子，他们被抓了起来，而文帝刘恒态度含糊不清，这肯定属于大新闻，所以很快就传到了文帝刘恒的母亲薄太后那里。薄太后为人通情达理，她认为张释之的做法非常对，不徇私枉法，值得称颂。于是，她就把儿子文帝刘恒喊过来，对其进行了严厉批评。

文帝刘恒是大孝子，对母亲唯命是从，看母亲如此严厉，忙摘下帽子赔罪认错道："母后您消消气，这都怪我教子无方啊，还望母后恕罪！"薄太后听儿子文帝刘恒这么说，也就消了气，但是转念一想，也不能坐视两个宝贝孙子这样被关着，有家不能回啊。

为了名正言顺，她只好特意下了一封赦免两个孙子罪过的诏书。宫中太监拿着诏书请求张释之放人。张释之再耿直也要给薄太后面子啊，何况薄太后的诏书那就是法令，这才将刘启和刘武兄弟二人放入宫中。

虽然这件事让文帝刘恒父子很难堪，但文帝刘恒毕竟是明君，并没有因此责怪张释之多事，反而对张释之另眼相看，认为他刚正不阿，有责任心，敢于担当，就提拔他为中大夫。

自从张释之被老领导中郎将袁盎推荐后，好像走了狗屎运，官运亨通，这已经是第三次被提拔了。又过了些时候，中郎将袁盎由于太过耿直，得罪人太多，被贬出了京城，张释之便再次得到提拔，接任了中郎将一职。中郎将主要负责皇帝的安全工作，经常陪皇伴驾。

这天，文帝刘恒到霸陵去游玩，张释之自然跟随左右。霸陵位于长安城东南约七十里的地方，也就是今天的陕西省西安市东郊白鹿原东北角。由于背山面水，当地人也称其为"凤凰嘴"，属于风水宝地。这么好的地方，后来做了文帝刘恒的葬身墓地，成为历史上第一个依山凿穴的帝陵。因为该地临近霸河，所以被称为霸陵。

一起前去霸陵游玩的，还有文帝刘恒的那位宠妃慎夫人。在霸陵，文帝刘恒与慎夫人手挽着手，四处眺望，谈笑风生，兴致勃勃。当向东面眺望时，可能为了讨慎夫人开心，文帝刘恒抬起手，指着一条马路说道："这就是去你们老家邯郸的必经之道啊！"前面说过，慎夫人是邯郸人。对现在的我们来说，邯郸距离长安并不远，坐高铁很快就到了，但那个时候就不同了。那个时候交通不便，交通工具落后，一旦离开老家，想回去一趟非常不容易，因此古人一般都有浓浓的乡愁。

当听到文帝刘恒提到自己的老家邯郸，慎夫人禁不住触动了乡思，顿时一脸凄然。文帝刘恒看见爱妃玉容黯淡，心生爱怜，有意转换话题，便命左右取过一瑟。什么是瑟呢？瑟是古代一种弦乐器，形状有点像琴。类似瑟这种乐器即便放在今天，也是高级货，不是谁都会玩的。像慎夫人这种活跃在皇帝身边的宠妃，颜值只是受宠的一方面，更重要的是多才多艺、心灵手巧，否则在美女成群的后宫中很难脱颖而出。慎夫人的鼓瑟水平就非同一般。

文帝刘恒让慎夫人鼓瑟，主要是为了排遣她心中的郁闷。只见慎夫人将瑟接入手中，随即拨弄琴弦，顺指弹来，琴声悠扬悦耳。文帝刘恒默默倾听，只觉得音乐嘈嘈切切、暗寓悲情，当即心动神移，也不由得生出几分伤感。

老刘家好像都是音乐天才，面对此情此景，文帝刘恒肯定要和着瑟的曲调，慨然作歌了。一曲唱完，他心里更加不得劲，突然想到了身后事，便回过头对着侍臣说道："人生在世，最多不过百年，总有一天会死去啊！朕死以后，如果用这北山石做棺椁，用切碎的麻丝絮充塞石椁缝隙，再涂上黏漆，将来谁还能打得开呢？"

日子过得太舒适就怕死，怕死也不可能不死，所以皇帝们都想死后能够像活着一样舒适。怎么才能死后也享受荣华富贵呢？修建豪华陵墓，确保长眠于地下，不受外界侵扰，成了唯一选择，历代皇帝都是这么干的。文帝刘恒此时也有了这个想法。

听文帝刘恒这么说，左右侍臣纷纷迎合道："陛下说得很对啊，就应该这么办！"这种情况下谁敢不迎合呢？老大正想着伤心事，无论是否合理，都要先上前安慰一番，否则也太不解风情了。

但是，跟在身边的中郎将张释之却发出了与众不同的声音。他从人群中走出来，跪倒在地，煞有介事地进谏道："陛下，臣以为没必要这样办！皇陵中假若藏有珍宝，必定使人垂涎，即便陛下用北山来做棺椁，南山来做门户，两山合成一陵，也不免会被后人有隙可乘。但如果皇陵简单朴素，没藏有那些引起人们贪欲的东西，即使不用石椁，也用不着过分忧虑！所以还请陛下三思！"

张释之的道理没有错，但在这种场合说就欠妥了。老大正在大发感慨，想身后事，他上去兜头泼了一盆冷水，用现在的话说，情商实在太低。其实，情商高低，取决于两方面：一方面是自己的处事能力；一方面是对方的性格特点。有的人比较开明，喜欢听到不同的声音，忠言顺耳；有的人比较自我，喜欢别人无条件顺从，忠言逆耳。所以情商这事，还要分人，针对不同的人，标准是不一样的，也就是要见人下菜。

而文帝刘恒恰恰是一代明君，被张释之这么一提醒，马上回到了现实，对他的先见之明赞不绝口。

后来，由于张释之总是能够直言进谏，及时阻止文帝刘恒的错误想法，又被提拔做了廷尉。廷尉可不是一般官员，那是九卿之一，主管司法的最高长官。这个职位经常要处理各种各样的复杂案件。普通老百姓的案子倒好办，依法办事即可，谁也不敢有意见。达官贵人的案子就不好办了，皇亲国戚的案子更是棘手，要秉公办案，谈何容易，非得顶住压力才行。

那么，张释之能顶住压力吗？

57. 不唯上，只唯实

张释之因为能够直言进谏，屡屡触及文帝刘恒的内心深处，被连续提拔，直至廷尉一职。刚做廷尉不久，他便接手了一桩棘手的案子。什么案子呢？这桩案子的原告来头很大，是文帝刘恒。

一次，文帝刘恒出巡，在经过长安城北的中渭桥时，有一个人突然从桥下跑了出来，惊到了文帝刘恒銮驾的马匹。马受到惊吓，一时失去控制，险些将銮驾掀翻，坐在车中的文帝刘恒惊恐万分，还以为遇到了刺客。为此，文帝刘恒大为光火，当即命令随从逮捕了那个擅自乱跑的人，并交给廷尉张释之处理。

由于原告是文帝刘恒，张释之格外重视，亲自提审了那个人。那个人趴在地上，吓得浑身哆嗦，委屈得很，带着哭腔说道："大人恕罪啊！我本是长安郊县的乡下人，路过桥下，听说皇帝銮驾在桥上通过，道路禁止闲杂人等通行，就一直躲在桥下不敢乱动。过了好久，我还以为皇帝的车队已经过去了，便从桥下跑了出来，不想一下子惊吓到了皇帝的马匹。我真不是有意为之啊，请大人明察！"虽然不是有意为之，但毕竟违法了，何况还吓到了皇帝。于是，张释之决定按照当时的法令进行处理。

按照当时的法令，像这种触犯了清道禁令的情况，处以一定数额的罚金即可。这本来是准确无误的判罚，有根有据。但当张释之跑到宫中向文帝刘恒汇报了案情和处理结果后，文帝刘恒不干了，立马翻脸道："好你个张释之啊，竟然这么轻松就把案子给结了，你拿朕的安危不当回事啊！你知道吗，这家伙何止违反了禁令，他还惊吓到了朕的马，幸亏朕的马驯良温顺，假如是什么野马，说不定就摔伤了朕！可是你却只罚他一点钱就算完事了，处罚太轻了吧！是何道理？"

老大这么说，就是在给下属施压。如果换成是其他下属，估计一句话都没有，立刻就会折回去重新审理，直到老大满意。但张释之却不为所动，义正词严地耐心解释道："陛下，臣以为，法令法规应该由天子和天下人共同遵守。现在法律就是这样规定的，陛下却要破例加重处罚，那么法律将来就成了摆设，很难再取信于民了。如果当初发生这件事的时候，陛下当场下令杀了他也就罢了，可如今既然已经把人交给廷尉处理，廷尉身为天下公正执法的带头人，理应按法办事，稍有偏差，下面的执法者就会效仿，以后难免会随心所欲、或轻或重地办案。到那时，老百姓的利益谁来保障呢？愿陛下明察！"

这番话即便放在今天来看，也有一定的进步意义。张释之主要表达了三层意思：一层，法律面前人人平等，不能因人变通、因人废事，否则将会失信于民；二层，皇帝确实有特权，但特权是特事特办，应该在诉诸法律之前实施；三层，执法人员要公正执法，不偏不倚，否则一旦形成不良风气，百姓遭殃。这三层意思有大道理，也有小道理，很有说服力。

文帝刘恒默然许久，不由得点头称赞道："好吧，看来这样判决还是很合理的，那就按你的意见办吧！"这件事一方面体现了张释之为人耿直、执法公正，另一方面也说明文帝刘恒的确是一位通情达理的明君。如果是昏君的话，不但那个路人的小命不保，恐怕张释之的廷尉也别想再干了。

不过后来又发生了一桩案子，张释之的判罚让即便是明君的文帝刘恒也无法再接受了。这桩案子还是与文帝刘恒有关，而且案情更加恶劣。

当时，高祖庙，也就是刘邦的庙内，发生了一起偷盗事件。有一个人胆大妄为，竟然偷了高祖庙神座前的玉环。这还了得，太岁头上动土啊！文帝刘恒闻讯，大怒，命人务必将盗贼缉捕归案。皇帝直接下令，哪有办不成的事。那个盗贼很快就被抓到了，当然也交给了廷尉张释之治罪。

经过审理，张释之仍然依据汉朝当时的法令法规进行判罚。依据当时的法令法规，偷盗宗庙服饰器具的，应判处死刑。现在看来，判处死刑已经够严厉了，剥夺人的生命，属于最高刑罚，但那个时候就不一定了。

当张释之把判罚结果报告给文帝刘恒时，文帝刘恒勃然大怒，训斥道："你搞什么名堂？这种恶人胡作非为，无法无天，竟偷盗先帝庙中的器物。朕将他交给你这个廷尉审理，是要灭他三族，而你却一味抠什么法律条文，这不是朕的本意，回去重审！"

张释之知道，这次文帝刘恒真的生气了，不敢大意，赶快摘下头上的帽子跪倒在地，叩头谢罪道："陛下的心情臣理解，但是依照目前的法律法规，这样处罚已经足够了啊！况且，在罪名相同时，还要根据犯罪程度的轻重不同，加以区别对待处理。现在因为偷盗祖庙的器物就要处以灭族之罪，那万一有更愚蠢的人挖走长陵一捧土，陛下该用什么刑罚来执行呢？"

虽然张释之说得很有道理，但是文帝刘恒实在咽不下这口气，便压着判决书没有批准。过了一段时间，文帝刘恒偶然向母亲薄太后提到了这件事，想听听母亲的意见。薄太后深明大义，她认为张释之的判罚没有错。估计经过这段时间的沉淀，文帝刘恒也想通了，这才勉强批准了张释之的判罚结果。

在当时，这桩案件的影响比较大。对张释之不唯上、只唯实的做法，有两个人特别欣赏。这两个人，一个是周亚夫，一个是王恬开。

关于周亚夫，很多人可能都听说过，他是周勃的二儿子，将来会重点说到，这里大家先有个印象；至于王恬开，前面也提到过，他是当年的老廷尉，曾经按照刘邦和吕雉的意见，判彭越谋反，现在做了梁国丞相，大家知道就行了。可能是惺惺相惜吧，他们俩后来都与张释之成了亲密的朋友。

通过这么几件事，张释之声名远扬，深得天下人称赞。其实，张释之之所以这般耿直公正，也是受了一位老领导的影响，有点萧规曹随的味道。这位老领导就是张释之的职场伯乐，中郎将袁盎。

　　袁盎的事迹前面说了很多，想必大家应该很熟悉了，不过还有几个历史上非常著名的小故事，与他有点关系。什么故事呢？当然，这些故事的主人公不再是袁盎，他只是在里面跑跑龙套而已。

　　先说第一个故事，故事的主人公是淮南王刘长。前面说过，刘长是刘邦的第七个儿子，也就是文帝刘恒的七弟。因为他是文帝刘恒目前唯一健在的亲兄弟，所以备受文帝刘恒恩宠，而刘长却恃宠自傲、随心所欲，结果闯出了一桩大祸。究竟是什么祸呢？

第十三章

恃宠妄为

58. 孽缘深仇

面对恩宠，一般会有两种人、两种态度：一种人，会特别珍惜、懂得感恩、知恩图报；一种人，会恃宠妄为、忘乎所以、得寸进尺。刘长属于后者，随着年龄的增长，他胆子越来越大，以至于干了一件轰动京城的大事。什么大事呢？这还要从刘长的身世说起。

关于刘长的身世，前面我们交代过，由于是穿插述说，可能有人已经淡忘了。为了述说的连贯性，我们不妨简单再回顾一下。

刘长的母亲姓赵，人称赵姬，娇滴滴的大美女，曾经是刘邦女婿赵王张敖的小妾。当年，刘邦北伐匈奴回来，路过赵地时，赵王张敖为了讨好老丈人刘邦，便把自己的小妾赵姬送给刘邦宠幸了一夜。别看刘邦一大把年纪了，赵姬竟然怀上了龙种。这个龙种就是刘长。

用现在的话说，刘长是一夜情的产物。刘邦随性而为，将赵姬撇在了赵地。但赵姬肚子里怀的毕竟是龙种，身为赵王的张敖哪里敢怠慢，命人专门建了一座宫殿供赵姬休养。

赵姬也够倒霉的，好不容易怀了龙种，还没来得及报告刘邦，赵王张敖的丞相贯高等人蓄谋刺杀刘邦的事迹就败露了。关于贯高刺杀刘邦的事，之前已经详细述说过，这里就不再重复了。总之，赵王张敖受到连累，一家老小全被抓起来治罪。

赵姬虽然被刘邦宠幸过，但名义上还是张敖的姜，难免也被收入监狱，等候判罪。因为肚子里怀的是刘邦的种，赵姬好像抓住了救命稻草，拜托狱吏向刘邦报告，想借此逃过一劫。狱吏可不敢大意，不管真假，急忙上报给领导。领导再继续上报，直到官员据实奏报给刘邦。

刘邦正为自己险些被人暗算的事火大呢，所以对此事充耳不闻。赵姬不死心，便另寻出路。什么出路呢？她打算从当时的皇后吕雉那里找关系说情。找关系就要找能和吕雉说上话的人，那么找谁呢？恰好，赵姬有个弟弟，名叫赵兼，与吕雉的情人审食其有些相熟。于是，赵姬便让弟弟赵兼筹措资金跑到审食其那里活动。

审食其还算不错，当即笑纳了赵兼的礼金，拍着胸脯答应入宫游说。赵姬天真地以为审食其是吕雉的情人，而吕雉在刘邦那里又说一不二，这次肯定有救了。她哪里料到，吕雉是个"醋坛子"，平生最恨刘邦风流成性，在外面生了一堆儿子。吕雉非但不肯帮忙，反而臭骂了审食其一顿。

审食其碰了一鼻子灰，不敢再废话，使出浑身解数把吕雉哄开心了，才灰溜溜、垂头丧气地从宫里跑了出来。既然没有办成事，按说从宫里出来后，审食其应该第一时间退回礼金，向赵兼说明才对。但是因为赵兼是个小角色，审食其并没有把他放在心上，也就装聋作哑没当回事。

赵兼得不到确切消息，着急得要命，担心哪天判决书下来，老姐的命就没了，就主动再找上门向审食其打听情况。审食其可能出于面子，也可能不想退回礼金，非但没有向赵兼解释，还闭门不见。这么做就欠妥了，俗话说，拿人钱财，替人消灾。没办成事不要紧，出于尊重，把自己的难处向人家说清楚即可，闭门不见算怎么回事。就是这么个小细节，审食其把赵兼给得罪了，给自己埋下了祸根。

很多所谓的大人物常常犯类似的错误，讲面子、好排场，一旦得势，容易嘚瑟，不把小人物放在眼里，对小人物的诉求更不会放在心上，甚至懒得逢场作戏应付一下。而有的小人物不会永远做小人物，说不定哪天就会成为大人物，到那时很可能会打击报复，弥补过去受到的屈辱。即便这些小人物不能成为大人物，如果是那种报复心理极强的，也会死磕到底，到处传播流言蜚语进行诋毁，直至大人物身败名裂才肯罢休。所以啊，奉劝那些所谓的大人物，官做得越大，事业越是如日中天，越是要悠着点、客气一点。

其实，这件事还真不能全赖审食其，毕竟审食其努力过，只是赵兼不知道而已。身在狱中的赵姬听说弟弟赵兼活动不成功，在狱中生下儿子刘长后，一赌气寻了短见。从这里可以看出，赵姬的秉性多么刚烈，一言不合，就要自杀！儿子的秉性一般都随母亲，赵姬如此刚烈，儿子刘长可想而知。刘长最后也是以更为激烈的自杀方式而告终，后面我们还会详细说到。

后来，查明了案情，贯高一帮人承担了罪过，张敖被无罪释放，刘邦这才又想起了赵姬。听说赵姬已经死了，刘邦后悔不已，念及旧情，便把年幼的刘长接到京城交给吕雉扶养。吕雉这次表现不错，对刘长悉心照顾，将其养大成人。也正因此，在刘邦的众多儿子中，刘长从来没受到过吕雉的政治迫害，有幸得以存活下来。

等到长大成人、做了淮南王后，刘长从舅舅赵兼那里得知了母亲赵姬自杀的原因。他认定母亲的死主要是审食其见死不救所致，于是记恨在心，伺机报复，一直苦于无从下手。文帝刘恒即位后，审食其失去情人吕雉的庇护，失势在家。刘长认为机会来了，便在文帝三年，以入朝觐见为名来到长安，实际上是要找审食其算旧账。文帝刘恒当然不知道七弟刘长的小心思了，为了表示兄弟情深，对刘长格外优待，特意留他在京城长安多住一些日子。

刘长这个时候差不多二十岁的样子，血气方刚，膂力过人。据史书记载，他双手能扛起巨鼎。"力能扛鼎"，史书上有此记载的人不多，项羽是一位，刘长也是一位。仗着文帝刘恒特别宠爱，刘长说话做事越来越不讲规矩。

一天，刘长与文帝刘恒同车而行，去上林苑打猎。在车上，两个人谈笑风生，刘长完全不顾身份地位，直接"哥长哥短"地称呼文帝刘恒。文帝刘恒为人宽厚，并不以为意，也"弟长弟短"地称呼刘长。这让刘长非常得意，心想皇帝哥哥如此包容我，何不趁机杀掉审食其，为生母赵姬报仇雪恨呢。

一旦有了这个想法，刘长便开始准备起来。那么，刘长会怎么杀掉审食其呢？

59. 锤杀审食其

这天，刘长手持铁椎，带领一帮随从，乘车呼啸着赶到审食其家门口。

情人吕雉死后，审食其便失势了，整天夹起尾巴做人，很少抛头露面，为的是自求多福，能够善终。现在听说文帝刘恒最宠爱的弟弟淮南王刘长来访，不敢怠慢，他慌忙收拾整齐，小跑着亲自出门迎接。来到门外，看到刘长的车驾，审食其赶快弯腰低头，作长揖恭候，专等刘长下车回礼。

只见刘长从车上一跃而下，迅速冲到审食其面前，二话不说，挥起手中的铁锤朝审食其的脑门砸将过来。"啪"一声，审食其瞬间脑袋开花，脑浆迸裂，身子摇晃了一下扑倒在地，当场毙命。接着，刘长从容地令左右随从割下了审食其脑袋，旋即上车扬长而去。

由于事发突然，审食其身边的家丁猝不及防，哪里来得及上前救护阻止？更重要的是，刘长不但是淮南王，还是皇帝的弟弟，平日里倍受恩宠，谁敢追上去抓人？就这样，刘长得以安然逃脱。

俗话说，王子犯法与庶民同罪。尽管刘长是文帝刘恒的亲弟弟，但毕竟是杀人了，杀人是要偿命的，何况审食其曾经还是官居左丞相的朝廷命官。

刘长当然知道其中的利害关系了。他倒也聪明，杀完人没有逃出京城，而是直接驾车来到皇宫门前，然后直入内宫，赤裸上身求见哥哥文帝刘恒。文帝刘恒不知道发生了什么事，听说宝贝弟弟刘长有急事求见，便出来接见。当看到刘长上身赤裸，长跪在地时，他大吃一惊，忙问什么情况。

刘长这才抬起头，哭丧着脸，满怀委屈地答道："臣弟杀人了！刚刚杀掉了那个辟阳侯审食其，特向陛下请罪！"文帝刘恒不禁眉头一皱，心中一紧，让他不要慌，说说为什么突然要杀掉审食其。

刘长流着眼泪说道："陛下，臣弟之所以杀审食其，是因为他有三条不可饶恕的罪过。其一，臣弟的母亲当年居住在赵国，本来与贯高谋反的事情毫无瓜葛，辟阳侯审食其在吕后那里受宠，他明知臣弟的母亲是被冤枉的，却见死不救，就是不肯向吕后求情；其二，赵王刘如意母子无辜，惨遭毒害，辟阳侯审食其仍然见死不救，眼看着惨剧发生；其三，吕后曾经加封诸吕为王，想取刘汉天下而代之，辟阳侯审食其明知其野心却从不谏阻。他身为朝廷命官，享受朝廷俸禄，却不为朝廷谋利、假公济私。身负三罪，辟阳侯审食其罪该万死！臣弟杀他就是为天下人诛贼，上报国家，下报母仇！只是臣弟年轻，太过冲动，事前未曾向陛下请命，擅自行动诛杀罪臣，臣弟也有罪啊，所以特来向陛下请罪，愿受惩罚！"刘长的这番话明明是强词夺理，所谓三罪都是"莫须有"，无非是泄私愤而已。即便当真有，那也有国法伺候，轮不到他这个地方诸侯王到京城行凶杀人啊！

文帝刘恒听完刘长的辩解，沉吟了一会儿。说实在的，他对审食其也没有好感，对其所作所为特别厌恶，早想除之而后快，只是没有合适的理由，现在既然刘长将其杀死，倒也省心。因此，文帝刘恒竟然不顾国法，下诏特赦免刘长。刘长欣喜不已，当即说要辞行回国面壁思过，其实他是生怕哥哥文帝刘恒反悔。事已至此，文帝刘恒只好欣然同意。

就这样，虽然杀人了，刘长却没受任何处分，得意扬扬地离开了京城长安。这件事，文帝刘恒处理得还是有点草率，多少应该给刘长一点教训。明目张胆地包庇既坏了规矩，也助长了刘长的嚣张气焰。

现在公司治理最怕类似这样的纵容，领导不顾公司章程，随意包庇犯错的心腹员工，很容易带坏公司风气。对于那些破坏公司章程的员工，还是公事公办比较好，最起码也要给予严重警告才比较妥当。

刘长的所作所为破坏了国家大法，朝中大臣们大都看得明白，心中不免有异议，但没人敢明说，因为搞不好会有挑拨皇帝兄弟情谊的嫌疑，谁会有那么耿直啊？还真有！就是当时还在担任中郎将的袁盎，他入宫不无忧虑地进谏道："陛下，淮南王擅自锤杀审食其是违法行为，理应治罪！陛下听之任之，放他回国，恐怕将来他会更加肆无忌惮，时间久了，难免尾大不掉啊！臣听说，尾大不掉，就会后患无穷，所以陛下最好还是对他进行处理，让他有所节制，大则夺其爵位，小则削减其封地，这样才可以防患于未然。请陛下三思！"

袁盎的道理讲得非常明白，就是不能太过纵容刘长的言行，否则养虎为患，后患无穷。但是文帝刘恒于心不忍，听完之后，既没肯定，也没否定，顾左右而言他。袁盎再耿直也不傻，知道文帝刘恒听不进去他的劝说，只好找个借口退出。

事实上，后来淮南王刘长正是由于文帝刘恒的不断纵容，才走上了不归路，甚至铤而走险造反了。

过了几天，文帝刘恒非但没有追究治罪淮南王刘长，相反，却派人追查审食其身边的人，大有清除审食其一党的意思。在审食其一党中，有一个重要人物，经常为审食其出谋划策。这个人名叫朱建。

关于朱建，前面我们有详细述说过，他原本是一个很有节操的人，和审食其并无瓜葛，因为给母亲办葬礼时缺钱，不得已收受了审食其馈赠的安葬费。为了还人情，审食其被惠帝刘盈关进监狱要处死的时候，他出手相救，最终堕落成了审食其身边的大红人。

审食其风光无限的时候，朱建自然沾光不少，但是现在倒霉了，他也自然首当其冲。文帝刘恒为了彻底清理审食其一党残余，便派专案组来缉拿朱建。朱建得到消息，认为自己在劫难逃，为了不连累家人朋友，打算自杀了事。

他的几个儿子怎么可能眼睁睁看着父亲寻短见呢，纷纷跪倒在地哭喊着劝阻道："情况还不明朗，生死未知，您老还是应该再等等看啊！"朱建仰天长叹道："别等了，情况已经很明了了！只有我死了，才能大事化小，免得你等受到牵连啊！"说完，拔剑抹了脖子。朱建为了老娘投靠了审食其，为了孩子自杀谢罪，算得上是一位好汉！

专案组来到朱建家，看朱建已经死了，只好回报文帝刘恒，说明情况。文帝刘恒听到朱建自杀的消息，会做何表态呢？

60. 一人升天，全家平安

朱建听说文帝刘恒派了专案组要查办他，为了让家人和朋友不受连累，主动提前自我了断。文帝刘恒闻讯，深受感动也深感惋惜，他对朱建的为人早有耳闻，现在看来名不虚传，于是摇着头叹息着对左右说道："哎……朕真没有打算要杀朱建啊，纯属误会啊，朱建何必非要如此呢！"

既然没准备杀，干吗还要大张旗鼓派人去抓呢？难道抓过来喝茶谈心吗？逻辑好像有点不通！这我们就不臆测了，皇帝心，海底针，他人的生死对皇帝来说，有时候只是一念之差的事。

可能为了说明自己真没有要杀朱建的想法，文帝刘恒随后便下诏加封朱建的一个儿子为中大夫，算是对朱建的死做了个交代。搭上自己一条老命，换得子孙后代加官晋爵，也算是值了！正所谓，一人升天，全家平安。

不管怎样，刘长擅杀审食其这一档子事总算蒙混过关。

一晃到了第二年，也就是文帝四年，丞相灌婴病逝，御史大夫张苍被提拔为丞相。这个张苍又是何许人也呢？其实，前面我们也提到过，只是没有机会详细述说。张苍这个人还是比较传奇的，在汉朝初年，特别是文帝时期，是一个举足轻重的人物，所以我们这里不妨顺便插叙一下他升任丞相前的经历。

张苍是阳武人，也就是今天的河南省新乡市原阳县人。说起阳武这个地方，有人可能感觉很眼熟。不错，之前我们也说到过，张良曾经带着一个大力士刺杀秦始皇，就是在这个地方。张苍从小非常喜欢读书，尤其擅长音律、历法和算术，按现在的说法应该是个音乐家、天文学家和数学家。

秦朝时，他曾担任过御史，掌管宫中各种文书档案。后来因为犯罪（至于什么罪，史书上没有记载，反正是畏罪弃官），潜逃回了阳武老家。如果天下安定，张苍这辈子算没有出头之日了。试想，谁会重用一个逃犯？所以，他只好在家仰望星空，看月亮、数星星，偶尔引吭高歌，抒发胸中郁闷，还不得不顶着犯罪嫌疑人的身份到处藏匿。偏偏天下大乱，刘邦攻城略地，来到了阳武县。张苍终于有了重新做人的机会，便以宾客的身份跟随刘邦攻打南阳郡。可是刚打下南阳郡，他竟然又犯罪了，而且是死罪，按法应该斩首示众。看来张苍年轻的时候不是个省油的灯，是一个容易惹是生非的家伙。

这天，张苍被人剥下衣服，趴在刑具上，正要受刑，凑巧被一个贵人撞见出手搭救。这个贵人名叫王陵。关于王陵，前面说过太多，我们这里就不再详细重复了，简单回顾一下。他和刘邦是老乡，在南阳郡曾经帮助过刘邦，后来老娘被项羽烹了，便死心塌地跟着刘邦打天下。高后时期，王陵还做过右丞相，后来因为反对吕雉分封诸吕为王，被革职回家。就是这个王陵，出手救了张苍一命。

那么，王陵为什么要救张苍呢？说来也很有意思，这竟然和张苍的身材、长相有关。张苍身材高大，身高足有八尺。汉朝时期的一尺相当于现在的23厘米多一点，折算过来，张苍差不多有一米八五，即便放到现在，也称得上是高大威猛。

按说张苍如此高大，他父亲应该也不矮，可奇怪的是，他父亲的身高却不足五尺，也就是不到一米一五。张苍的儿子也很高大，但张苍的孙子又才六尺多一点，也就是一米四的样子。司马迁对张苍家族身高的大起大落感觉很奇怪，便在《史记》中特意记载了下来。我在这里顺便也多交代几句。

另外，张苍不但身材高大，而且皮肤也与众不同，浑身像葫芦一样肥硕白皙。总之，张苍身材高大、皮肤白皙，如果头上再顶一头黄毛，估计就有点像现在西方白种人了。在汉族中，特别是那个年代，这种体魄称得上是天生异相，属于贵人相。

张苍那天脱光受刑的时候，体貌特征完全展露，王陵路过看到后，惊叹张苍相貌非凡，杀了太可惜。因此，他高呼"刀下留人"，然后跑到刘邦那里求情。

刘邦这个人对非原则性问题向来睁一只眼闭一只眼，一般愿送人情，加上又是德高望重的王陵出面担保，便当即赦免了张苍的死罪。就这样，张苍有幸跟随刘邦向西进入武关，最后到达咸阳，得以成为开国元老级的人物。

入关后，刘邦被封为汉王，进入汉中，不久又还师平定三秦。那个时候，我们说过，陈馀刚刚打跑常山王张耳。张耳无处可去，投归了刘邦。刘邦就任命张苍为常山郡守，让他跟随韩信、张耳攻打赵国。在井陉，韩信背水一战，一举打败赵国，张苍所部擒杀陈馀，立了一功。赵地平定后，刘邦便任命张苍为代国相国，防守边疆。之后不久，张苍被调任赵国担任相国，辅佐赵王张耳，张耳死后，又辅佐了赵王张敖一段时间。后来，张苍又被调回代国担任相国。燕王臧荼谋反时，刘邦带兵前去攻打，张苍以代国相国的身份跟随，又立下战功。高祖六年，张苍因战功被加封为北平侯，封地一千二百户，并升任为管理财政的计相，后又担任主计。所谓计相，差不多相当于御史的职位等级，主要干国家财政核算的工作。这也算是发挥了张苍"善算"的特长。

张苍担任主计的职务达四年之久。当时萧何担任相国，他就一直在相国府办公，负责各郡以及诸侯国交上来的会计账簿的核算和管理。

刘邦晚年剿灭英布叛军，立儿子刘长做了淮南王，诏令张苍为相去辅佐刘长。在淮南相的位置上，张苍一干就是十六年。吕氏覆灭后，他被上调到中央政府担任御史大夫，与周勃等人共同尊立代王刘恒为皇帝。现在丞相灌婴去世了，张苍便继任为丞相。

那么，张苍凭什么能够一步步从死囚犯升任到一人之下、万人之上的丞相呢？他究竟有什么过人之处和优秀品质呢？

61. 学有所长

有人可能会好奇，张苍凭什么能够一步步从死囚犯升任到丞相呢？走了狗屎运吗？其实，这主要归结于他学有所长，时代又恰好给了他发挥所长的机会。

自从汉朝建立到文帝时期的二十多年，属于汉朝开国初期，当时的文武百官要么谋士出身，要么军人出身，以夺取天下见长，唯独张苍博览群书，学问宽泛，精通音律、历法和算术。这些特长在战争年代不一定有用，但在和平年代却大有用武之地。所以从担任计相时起，张苍就专心致力于探讨订正音律和历法的工作。当年刘邦是在十月攻入武关，到达霸上灭亡秦朝的。张苍作为历法专家，主张仍然沿袭秦代历法，以十月为一年开端，也就是采用颛（zhuān）项（xū）历或秦历。

我国是世界上最早发明历法的国家之一，早在春秋战国时期就发明了六种历法：黄帝历、颛顼历、夏历、殷历、周历和鲁历。这六种历法，被后人合称为"古六历"，对后世中国历法的发展起到了深远的影响。

在古六历中，各历法的差异主要是历元、实行地区和所用的岁首不同。所谓历元就是每年的起算时间点。黄帝历、周历、鲁历三种历法以子月为岁首，也就是以冬至所在的那个月份（大致相当于今天的农历十一月）为岁首；殷历以丑月为岁首，也就是冬至所在月之后的一个月（大致相当于今天的农历十二月）为岁首；夏历以寅月为岁首，也就是冬至所在月之后的第二个月（大致相当于今天的农历十二月或正月）为岁首；颛顼历以亥月为岁首，也就是冬至所在月之前的一个月（大致相当于今天的农历十月）为岁首。

张苍所推崇的历法是颛顼历，这个历法直到汉武帝时才被废除，以后有机会还会说到。另外，张苍对金、木、水、火、土所谓"五德"，也有深入研究。他认为，汉朝初年正值水德旺盛的时期，所以坚持仍然要像秦朝那样崇尚黑色。这一观点在文帝后期被抛弃了，后面还会详细述说。以上是张苍在历法、五行方面的建树，在汉朝初年影响很大。

张苍还深谙音律，能吹奏律管、调整乐调，使其合于五声八音，可以说是个不折不扣的音乐家。而且张苍还将音律的规则推广到现实生活中，结合算术，制定了各种器物的度量标准，将其作为天下百工的规范。

后来，整个汉代研究音律和历法的学者，都师承张苍。张苍的算术造诣也颇深，经他手校正过的《九章算术》对中国及世界数学的发展都有重大贡献。关于《九章算术》，我就不多介绍了，初高中历史书中都有所提及。

张苍不但学有所长、博闻强识，而且人品还不错，是一个知恩图报的人。他对曾经救过自己性命的王陵，始终感恩戴德。张苍当上高官的时候，王陵已经很老了，退休在家，张苍没有忘本，经常把王陵当作父亲一般侍奉。

王陵去世后，张苍做了丞相。当时每工作五天就要休假，和现在一周五天工作日差不多。休假时，张苍总是先拜见王陵的夫人，献上美食之后，才回自己家。由此可见，张苍是多么懂得感恩！无论过去，还是现在，有感恩之心都是优秀的品质。

专业好，人品又好，以"仁厚"著称的文帝刘恒提拔张苍为丞相就不足为奇了。张苍由御史大夫升任了丞相，那么御史大夫一职，会让谁担任呢？文帝刘恒想到了一个人。这个人就是有"一诺千金"之称的季布。

关于季布，大家应该已经很熟悉了，他曾经是项羽手下战将，后来被刘邦特赦，并重用为中郎将。现在，季布正在河东郡担任郡守。郡守属于地方大员，这样的大员不少，文帝刘恒为什么偏偏会想到季布呢？不用说，肯定是季布工作出色。自从由中郎将出任河东郡守，河东的百姓都对季布心悦诚服，认为他是个好官。

要想被领导提拔，群众心悦诚服是一方面，更重要的是要有人帮助做好宣传工作，让领导有机会赏识，否则干得再好也没用。那么，季布在河东的政绩，是哪个人带头宣传呢？这个人名叫曹邱生。

曹邱生与季布是老乡，都是原来的楚国人，擅长交际，长期混迹于京城长安。在长安，他结交权贵，与宦官赵同关系不错。赵同这个人，前面说到过，是文帝刘恒身边的大红人。他与中郎将袁盎关系不好，经常在文帝刘恒那里说袁盎的坏话。因为有一次与文帝刘恒同车，被袁盎趁机以进谏的名义狠狠报复了一次，才有所收敛。

不管怎样，能与文帝刘恒同车，可见赵同的地位非同一般。曹邱生能和他混在一起，肯定也不是一般人了。另外，曹邱生还常与窦皇后窦猗房的大哥窦长君往来，关系也非常好。有这些达官贵人做朋友，曹邱生好不风光，便借势敛财，充当官场掮客。

季布原本不认识曹邱生，两人没有交集，只是互相知道对方的大名而已。而且因为听说曹邱生是偷奸耍滑之徒，劣迹斑斑，季布起初对曹邱生很是厌恶。可能是太厌恶了，以至于季布曾写信劝窦长君不要与曹邱生来往。

估计季布有交友洁癖，估计曹邱生也确实做过什么特别过分的事，臭名昭著，否则不应该啊，毕竟两个人没有谋过面嘛。总之，季布特别讨厌曹邱生这个人。

窦长君收到季布的书信后，将信将疑，不知道怎么办才好。恰好，这个时候曹邱生来拜访，说是想结交季布，请窦长君写封介绍信引荐。俗话说，不是冤家不聚首。窦长君感觉很好笑，心想这小子真是太贱了，人家那么讨厌你，你还倒贴，便好意劝说道："我说老弟啊，你还是别去招惹那个季将军了。据我所知，他对你的意见大得很哩！"曹邱生微微一怔，暗自纳闷，不过仍自信满满地说道："老兄您尽管放心，我自有办法说动季将军，您只要给我写封介绍信，我去拜见他一面就行。"窦长君是个厚道人，不便推脱，只好泛泛写了一封书信，交与曹邱生。

曹邱生拿着窦长君的书信来到河东郡，求见季布。季布接到书信展开一阅，不禁大怒。能不怒吗？自己明摆着被窦长君出卖了嘛！他心怀不满，对曹邱生更加厌恶，有意要当面教训曹邱生一番。

那么，曹邱生会怎么应对季布呢？

62. 道不同，不妨碍做朋友

曹邱生明明知道季布讨厌自己，偏偏还要用热脸去贴季布的冷屁股。

像曹邱生这种人，一般都有过人之处。能和自己投缘的人打交道，并不稀奇；能把道不同的人变成朋友，那才叫厉害。无疑，曹邱生就是那种认为"道不同，不妨碍做朋友"的人。他拿着窦长君的介绍信，满脸笑容地来拜会季布，而季布端坐在那里，怒容满面，一副浑身长满刺的模样。

一看到季布的架势，曹邱生心里就明白了七八分，但他毫不畏缩，先是弯腰向季布做了一个长揖，然后看似无不仰慕地说道："久仰将军大名啊，特来拜访！在我们楚人中曾经流传着这么一句话，'得黄金百斤，不如得季布一诺'。今日有幸一见，果然不同凡响！不过，将军能够声名远扬，也离不开江湖上的朋友尽力宣扬啊。我与将军同是楚人，理应为将军效犬马之劳，替将军传播美名，将军应该不会拒绝吧！"

这几句话谈不上有多么高明，无非是当面吹嘘奉承而已。但季布是侠士出身，向来把名声看得比自己的生命都珍贵，所以当听到此言，不由得转怒为喜。又见曹邱生一表人才，谈吐不凡，不是等闲之辈，当即下座相迎，盛情款待。

有的人就是有那种说不清的亲和力，无论你多么讨厌他，一旦谋面了，就会忘却他的种种不是。曹邱生应该就是具备这种能力的人。按说，季布本来很讨厌他，但二人这么一接触，竟然大有相见恨晚的感觉。所以，曹邱生在河东郡一住就是好几个月，接受了季布不少恩惠。

成了朋友，又接受了恩惠，曹邱生也要有所表示啊，于是回到京城之后，他便大张旗鼓地为季布做宣传，宣传季布在河东的工作做得如何如何好，如何如何深得当地百姓的爱戴。这么一宣传，季布的名声更大了，一时誉满天下。恰好这个时候张苍升任为丞相，御史大夫一职空了出来，文帝刘恒便想到了季布，将他召入长安，有意重用。

可是在这世上，有人为自己说好话，就有人在背后说自己坏话。季布也不例外。他刚进京没几天，就有人跳出来在文帝刘恒那里说坏话，说季布这个人虽然很勇敢，很讲信用，但喜欢酗酒，经常发酒疯，不成体统，不宜在京城为官。

　　文帝刘恒对季布可能也没太多好感，只是久仰大名，现在听人这么说，便犹豫不决起来，一直没有下定决心。季布在京城待了一个多月，本以为会得到重用，结果全无音讯。他知道有人从中作梗，便入朝面见文帝刘恒道："陛下，臣在河东工作得好好的，突然被召入京城，听说另有重用，想必是有人在陛下面前替臣美言了；如今臣来京城一个多月了，却没接到任何任命，想必又有人在陛下面前诋毁臣了。如果真是这样的话，臣担心，那些别有用心的人通过揣摩陛下的处事方式，都要来胡说八道了！"

　　季布毕竟是武将出身，说话直来直去，好像在教训文帝刘恒如何为人处世。哪个领导听他这么说都会很不爽。文帝刘恒虽然宽厚，相信肯定也不得劲。被季布当面戳穿了自己的真实想法，他很是尴尬，在那里默不作声，愣了半天才说道："哪里啊！你想多了，河东郡是朕最看重的一个郡，就好比朕的大腿和臂膀。这段时间之所以召你进京，主要是为了了解河东郡的治理情况，非有他意。现在还是烦请你回河东继续担任郡守吧，不要误会了！"从这番话可以看出，文帝刘恒情商很高，不但抬举了季布，还轻松让自己摆脱了尴尬，让两边都不失面子。

　　季布心中虽然不痛快，但也无话可说，只好谢别而去。既然说到了季布，我们不妨也顺带介绍一下季布的弟弟。

　　季布的弟弟名叫季心，也是侠士出身，但他们两兄弟的为人特点略有不同。季布以守诺闻名，而季心则以勇猛著称，见有不平事，总是大吼一声，说出手时就出手。这种性格的人既让人心生敬畏，也容易引来祸端。

　　有一次，有个土豪劣绅，相当于现在的村霸，武断乡曲，人见人怕，季心看不下去了，便找上门想教训他一番。谁知那个土豪劣绅也不是个善茬，平时横惯了，心想你算哪根葱啊，敢教训老子，当即出言不逊，给季心难堪。季心性格暴躁、天生勇猛，怎么受得了如此对待，一时冲动出手把那家伙给杀了。杀人容易，但杀人是要偿命的，季心当然不想偿命了，便逃到中郎将袁盎家中藏匿了起来。

当时，袁盎正受文帝刘恒宠信，他比较欣赏季心的勇猛，设法出面调停，结果大事化小，小事化了，不了了之。而且事情了结之后，袁盎还推荐季心在京城卫戍部队中做了中司马，也就是中尉之司马，领兵打仗。

季心真是走了狗屎运，杀人非但没有偿命，还进入军队做了军官，这其实都是因为有关系啊！自古以来，无论谁，无论多高地位，都要有关系；关系多了就形成关系网，有了这张网，做人做事都会顺心如意，否则倒霉是早晚的事。

就说绛侯周勃吧，自认为功劳很大，谁都不放在眼里，得罪了很多人，把关系网给搞僵了，结果就倒了血霉。什么血霉呢？这还要从他被文帝刘恒免职赶回封地说起。

周勃的封地在河东郡境内，也就是季布担任郡守的地方。自从被免去丞相一职回到封地，一晃一年多，每遇河东郡例行巡视各县，周勃不知道怎么想的，总是像过去打仗时一样，身披战甲去接见，而且身后两旁围着很多家丁。再看这些家丁，各个手持利刃、全副武装，一副如临大敌、以防不测的架势。

按道理，周勃已经退休回家养老了，应该安享晚年才是，为什么还整天舞枪弄棒呢？说穿了，还是不服气啊。周勃虽然年纪很大了，但有一颗年轻的心。他心有不甘，何况是被赶下来的，难免会对文帝刘恒心存不满。之所以如此对待政府巡视，就是在炫耀武力、摆老资格。

一两次这么干，大家也能包容原谅，但经常这副霸道样，就有人看不惯了，上书诬告周勃谋反。文帝刘恒对周勃本来就怀着说不清、道不明的心结，现在有人这么上书，不免猜疑起来。那么，文帝刘恒会怎么处理周勃呢？

63. 周勃入狱

周勃被文帝刘恒赶到封地后，心怀不满，整天舞枪弄棒、炫耀武力，摆老资格，傲慢地对待巡视组。时间久了，有人借机诬告周勃，说他图谋不轨、蓄谋造反。

文帝刘恒对周勃本来就怀着说不清、道不明的心结，现在有人这么上书，不免猜疑起来，有心惩治。于是，他当即召廷尉张释之入宫，要求成立专案组赶赴河东郡，把周勃逮捕回京，立案审查。皇帝亲自督办的案子，张释之哪敢怠慢，马上奉命行事，安排抓捕事宜。

来到河东郡，专案组先是会同河东郡守季布，将案情做了通报。季布虽然过去是项羽的战将，在战场上没少和周勃正面干仗，但他是老同志，觉悟高，对周勃的秉性还是非常了解的；周勃心中有气可能，造反绝不可能，肯定是被人冤枉诬告，所以他有心替周勃开脱。但转念一想，多一事不如少一事，诏命难违，还是不蹚这个浑水为好，于是他便亲自带着人协同专案组来见周勃。

因为是秘密抓捕，周勃还不知道自己已经大祸临头，以为又是过去那帮巡视组常规巡查，仍然身披战甲出来迎接。一出大门，外面的阵势让他大感意外。只见来人非同寻常，个个都显得很牛的样子，而且还有郡守季布亲自小心翼翼地陪同。

当听说皇帝诏书到了，周勃明白了七八分，顿时忐忑不安起来，忙将季布和专案组一帮人迎进大厅。在大厅里，周勃跪倒在地，听来人宣读诏书。诏书还没宣读完，周勃已经魂飞天外，吓得呆若木鸡，像泄了气的皮球一样，完全没有了往日的威风，僵在那里一动不动。

老同志容易倚老卖老，特别是有功之臣。既然退休了，就要高风亮节、少出风头，否则早晚会自取其辱。周勃现在这个下场就是不识时务所致。

僵持在那里多尴尬啊，最后还是季布走上前，搀扶周勃起来，好言抚慰，劝他脱掉铠甲、放下兵器。周勃压根没想过谋反，舞枪弄棒只是个人兴趣爱好，最多是吓唬吓唬地方官而已。听季布好言相劝，他立马脱下了那身不合时宜的装束，然后跟着专案组去了京城长安。

到了京城长安那还有的好啊？周勃被扒下朝服，换上囚服，扔进了监狱，做了文帝刘恒的囚徒。曾经无论多么牛气哄哄，只要沦为阶下囚，以后就很难再威风起来了。俗话说，得志猫儿雄过虎，落毛凤凰不如鸡。如今的周勃差不多就是那只落毛凤凰。因为平时得罪人太多，大家又知道他不受皇帝待见，再难有雄起之日，所以这次入狱，谁都不把他放在眼里，连狱吏都敢给他小鞋穿。

为什么会给小鞋穿呢？无非是想索要贿赂。某些人一旦手里有了点小权力，总想寻租变现、吃拿卡要，穿小鞋自然是必须手段。

周勃开始还挺傲慢，心想你个小狱吏算什么东西，老子是开国功臣、一方诸侯，就是不出钱，看你能怎么样。狱吏什么样的人没见过，当年萧何、韩信、彭越等人，都是大人物，到了监狱不也得老老实实、俯首帖耳。

当然，对付周勃这样身份的人，没人敢拳打脚踢，但看管他的狱吏自有其他办法。什么办法呢？说白了，就是冷暴力！那个狱吏每天冷嘲热讽，给周勃上眼药，不给他好脸色。砍砍杀杀、冲锋陷阵，周勃毫不含糊，但被人这么挤对，他实在受不了，气得吹胡子瞪眼，干生闷气。

过了段日子，周勃终于想通了，便服软让家人送钱贿赂狱吏，因为这样做既显得自己大方，也表明自己现在还是有钱有势。狱吏拿到了钱，立刻换了一副嘴脸，对周勃格外照顾，马屁拍个不停。

不久，廷尉张释之传唤周勃，开始对他进行当面对质讯问。周勃是个武将，本不善言辞，被张释之审讯了一会儿，就急得面红耳赤，张口结舌，最后无言以对。关于廷尉张释之，前面我们述说得比较多，他是一个公正耿直的官吏。周勃虽然无言以对，无法为自己辩白，但张释之知道他肯定没有谋反，所以也就没再刁难。

周勃回到狱中，后悔不已，唉声叹气，无计可施。看管他的狱吏还算有良心，已经拿了贿赂，见他如此狼狈，便过来主动献上一条良策。什么良策呢？狱吏担心隔墙有耳，不敢直说，只是在手上写了五个字给周勃看。

周勃定睛一瞅，原来是"以公主为证"五个字。这是什么意思呢？原来，周勃有几个儿子，其中一个儿子名叫周胜之，娶了文帝刘恒的女儿为妻。皇帝的女儿可不就是公主。周勃看到这五个字，茅塞顿开，儿媳妇是公主，只要她肯出来做证，证明自己没有谋反，一切就都不是问题了。

只是，这位公主和儿子周胜之关系不太融洽。虽然不融洽，毕竟嫁到了周家。常言道："嫁鸡随鸡，嫁狗随狗。"夫妻之间无论有多大的不和，只要没离婚，关键的时候还是会站到一起的。这是人之常情，公主也不例外。于是，待家人来探监的时候，周勃便把狱吏的主意传递了出去。周胜之平日里对公主不太好，经常爱搭不理，不过这次为了父亲，他只好放低姿态央求公主。公主趁机摆着一副臭脸，直至周胜之好话说尽、精疲力竭，才嫣然一笑，心满意足地入宫为公公周勃求情去了。

由于周勃平时不会做人，打击年轻后生，这次被抓，在朝中除了公主出面求情外，其他出来为周勃说话的只有两个人：一个是袁盎，一个是薄昭。这两个人为什么会为周勃求情呢？先说袁盎。

之前说过，袁盎和周勃还有过节。周勃刚做丞相那会儿，由于自恃功高，在文帝刘恒面前没大没小。为此，袁盎看不惯，在文帝刘恒那里说了一番话。这番话我就不重复了，反正最终导致文帝刘恒对周勃有了看法。所以从根上说，周勃现在被抓与袁盎当初的那番话不无关系。

袁盎为人正直，当时进谏是出于公心，现在他从老部下廷尉张释之那里听说周勃是被冤枉的，便出于道义，替周勃求情。那么，薄昭又是为什么要替周勃求情呢？公主、袁盎和薄昭三人究竟能不能说服文帝刘恒释放周勃呢？

第十四章

刘长之死

64. 海水难量，人心难测

　　周勃被文帝刘恒给抓到京城长安扔进了监狱，出面替他求情的人中除了儿媳妇公主和袁盎外，另外还有一个人。这个人就是薄昭，文帝刘恒的亲舅舅，俗称国舅爷。国舅爷薄昭为什么要替周勃出头呢？因为两个人有交情。

　　当年文帝刘恒准备进京做皇帝前，正是薄昭率先过去找周勃对接的，从那时起，两个人就有了私交。后来因拥立有功，周勃得了很多封地和赏金，当时为了避嫌，也为了讨好国舅爷薄昭，他将其中一些封地和赏金赠送给了薄昭。

　　避嫌说得过去，为什么又说是讨好薄昭呢？逻辑很简单！周勃经历过吕后时代，他深知外戚派是一股不可小视的力量，而薄昭是文帝刘恒的舅舅，地地道道的外戚，肯定要讨好了。周勃用真金白银和封地来讨好，货真价实，谁不心动？从此，薄昭和周勃成了铁哥们。现在铁哥们有难了，他岂能袖手旁观。

　　但薄昭没有直接去找文帝刘恒求情，而是到姐姐薄太后那里为周勃申冤。此时，周勃的儿媳妇，也就是公主，刚刚在薄太后那里哭诉完，哭诉公公周勃如何如何被冤枉，直把薄太后给哭得肝肠寸断。现在薄昭又过来声情并茂地称赞周勃如何如何义薄云天，为了刘氏江山拼搏一生、力挽狂澜，如何如何忠心可鉴，绝不可能谋反，等等。

薄太后还没听弟弟薄昭说完，早都火冒三丈，当即召儿子文帝刘恒过来训话。文帝刘恒是个大孝子，别看当了皇帝，在母亲薄太后面前大气都不敢出。当听说母亲为周勃的事生气时，他吓得赶快小跑了过来。

刚进大堂，只见薄太后二话不说，从头上抓下头巾，向文帝刘恒扔了过去，且面带怒色地骂道："绛侯周勃手握皇帝玺、统率北军时都没有想过要造反，现在告老还乡，在一个小县城里手无寸铁，反而要造反吗？你这是听了哪个小人的谗言，竟然要陷害功臣，糊涂啊！"文帝刘恒自知理亏，慌忙解释，说回去一定查个水落石出，还周勃清白。这明显是在搪塞老娘啊！俗话说，知子莫如母。薄太后对儿子刘恒的套路太了解了，知道他言不由衷，于是不容分说，当即下令让他临朝时就赦免周勃。刘恒只好满口答应。

恰好此时，张释之也已经结案。在朝上，他首先详细介绍了审理过程，最后结论是周勃并没有谋反企图。文帝刘恒无话可说，待张释之汇报完，就派人到狱中将周勃无罪释放了。

接到自己无罪释放的消息，周勃却高兴不起来。为什么呢？他这一辈子哪受过这委屈啊，老了竟然蹲了牢房，受尽了凌辱，出狱前不禁喟然长叹道："想我周勃曾经统帅百万雄师，征战天下，何等威武雄壮，怕过谁？向谁低过头？可是今天我才知道，一个小小的狱吏竟然都那么威风，也能给我小鞋穿啊！"说罢，这才缓步离开监狱。

周勃后来究竟有没有再找那个狱吏的麻烦，史书上没有记载，我们也不得而知，估计是没有。俗话说，大人不计小人过。何况人家还给他出了一条好主意。

从狱中出来后，周勃来不及回家，先要上朝向文帝刘恒谢恩。这是规矩！皇帝抓错了人，那也要谢恩，当年萧何不也是如此吗？文帝刘恒肯定不会向周勃道歉的，只是安慰了几句，仍令他回到封地，不要在京城逗留。周勃点头应允，他和文帝刘恒也没什么好聊的，寒暄几句后，当即告辞。

从朝中出来，周勃又去了薄昭和袁盎那里当面致谢。常言道，风劲方知芳草力，患难时节见真情。那么多朝臣，那么多老同事、老部下，结果只有这两个人冒险为他求情，能不好好感谢吗？

薄昭替周勃求情属于情理之中，毕竟有过利益输送。袁盎就不同了，他和周勃有过节。两人闲聊时，又聊到了往事，最后周勃笑着说道："看来老夫之前真的错怪过你了，今天才知道，你当年都是为了老夫好啊！"说完他便与袁盎激动地握手告别，然后匆匆离开京城回到了封地，安心养老。从此，袁盎和周勃两个人成了莫逆之交。

人与人之间的关系很奇妙，好坏转换就在一念之间，随时可能有变化，所以不要轻易定性两个人的关系。正所谓，海水难量，人心难测。

不管怎样，周勃总算安然脱身，造反之事纯属子虚乌有，甚至有可能是文帝刘恒故意为之。但这时，有一个人却是真心想造反。这个人是谁呢？不是旁人，正是文帝刘恒那个最宠爱的七弟淮南王刘长。

刘长为什么想要造反呢？说起来，都是文帝刘恒娇惯所致。前面说过，刘长在京城长安出差时，就常与文帝刘恒勾肩搭背，同坐一辆车，言行中没有君臣之礼，总是称兄道弟。后来，他又擅自杀害辟阳侯审食其，按照袁盎等一般朝臣的意见，本应该给予惩戒，结果文帝刘恒非但没有惩罚他，还反过来追究审食其一党。以上种种纵容，让淮南王刘长逐渐膨胀起来。

回到淮南国后，刘长更加忘乎所以，车马随从搞得非常气派，人前人后都像皇帝一样。按照当时的规制，这些都是僭越行为，是不被允许的。文帝刘恒听说后，也很生气，便下诏训责，期望弟弟刘长能够迷途知返，改过自新。

放纵容易收敛难，刘长已经被惯坏了，面对哥哥文帝刘恒的训责，非但不认错，竟然抗词答复，表现出一副很委屈的模样，声称要辞职不当淮南王了，回他母亲家赵地真定县，给母亲赵姬守坟去。显然，他心中怀着某种怨气!

有人可能想不通，刘长怎么会那么不识抬举，文帝刘恒对他那么好，他却不懂得知恩图报，反倒如此矫情。其实这一点也不难理解。就像从小被惯大的孩子一样，这种人长大之后自己没什么出息也就罢了，很多还一边啃着老，一边骂老爹老娘没本事。

再比如职场上的一些人，被领导表扬惯了，偶尔被批评便给领导脸色看。这些现象就发生在我们身边，随时都能见到，道理应该都差不多。所以，作为领导一定要恩威并施、赏罚分明：有的人容易嘚瑟，就不能太给好脸，否则就是纵容；有的人知道感恩，就不能吝啬笑脸，否则就是刻薄。总之，见人下菜，因人而异。

文帝刘恒贵为皇帝，肯定容不下刘长给自己甩脸子。那么他会怎么办呢？刘长又会怎么应对呢？

65. 苦口婆心，好言相劝

由于文帝刘恒的纵容，淮南王刘长日益膨胀、骄横。据《汉书》记载，在当时，朝廷上下，从薄太后和皇太子到文武百官，都惧怕淮南王刘长。这种记载未免有点夸张，不过也从侧面反映出，在文帝刘恒的特别庇护下，刘长是多么猖狂。

因此，刘长在自己的封地淮南国内更加肆无忌惮：置朝廷规制不顾，另起炉灶制定法令法规；出入时像皇帝一样有左右警卫戒严封道；称自己发布的命令为"制"；在给文帝刘恒上奏书时，随意而为，既不庄重，也不得体。以上种种，惹得文帝刘恒非常生气，但由于以往太给刘长面子了，文帝刘恒一下子又拉不下脸。于是，他便委托一个人写书信劝说刘长收敛一些。这个人是谁呢？他就是国舅爷薄昭。

为什么会让薄昭来写信劝告呢？因为薄昭和文帝刘恒的关系非同一般，他是文帝刘恒心腹中的心腹。可以说，他的态度某种程度上就可以代表文帝刘恒的态度，所以让他写书信劝告再合适不过。

接到委托，薄昭多次给淮南王刘长写信劝谏："窃闻大王刚直而勇，慈惠而厚，贞信多断，是天以圣人之资奉大王也甚盛，不可不察。今大王所行，不称天资。皇帝初即位，易侯邑在淮南者，大王不肯。皇帝卒易之，使大王得三县之实，甚厚。大王以未尝与皇帝相见，求入朝见，未毕昆弟之欢，而杀列侯以自为名。皇帝不使吏与其间，赦大王，甚厚。汉法，二千石缺，辄言汉补，大王逐汉所置，而请自置相、二千石。皇帝曲天下正法而许大王，甚厚。大王欲属国为布衣，守冢真定。皇帝不许，使大王毋失南面之尊，甚厚。大王宜日夜奉法度，修贡职，以称皇帝之厚德，今乃轻言恣行，以负谤于天下，甚非计也。

"夫大王以千里为宅居，以万民为臣妾，此高皇帝之厚德也。高帝蒙霜露，沫风雨，赴矢石，野战攻城，身被创痍，以为子孙成万世之业，艰难危苦甚矣，大王不思先帝之艰苦，日夜怵惕，修身正行，养牺牲，丰洁粢盛，奉祭祀，以无忘先帝之功德，而欲属国为布衣，甚过。且夫贪让国土之名，轻废先帝之业，不可以言孝。父为之基，而不能守，不贤。不求守长陵，而求之真定，先母后父，不谊。数逆天子之令，不顺。言节行以高兄，无礼。幸臣有罪，大者立断，小者肉刑，不仁。贵布衣一剑之任，贱王侯之位，不知。不好学问大道，触情忘行，不祥。此八者，危亡之路也，而大王行之，弃南面之位，奋诸、贲之勇，常出入危亡之路，臣之所见，高皇帝之神必不庙食于大王之手，明白。

"昔者，周公诛管叔，放蔡叔，以安周；齐桓杀其弟，以反国；秦始皇杀两弟，迁其母，以安秦；顷王亡代，高帝夺之国，以便事；济北举兵，皇帝诛之，以安汉。故周、齐行之于古，秦、汉用之于今，大王不察古今之所以安国便事，而欲以亲戚之意望于太上，不可得也。亡之诸侯，游宦事人，及舍匿者，论皆有法。其在王所，吏主者坐。今诸侯子为吏者，御史主；为军吏者，中尉主；客出入殿门者，卫尉大行主；诸从蛮夷来归谊及以亡名数自占者，内史县令主。相欲委下吏，无与其祸，不可得也。王若不改，汉系大王邸，论相以下，为之奈何？夫堕父大业，退为布衣所哀，幸臣皆伏法而诛，为天下笑，以羞先帝之德，甚为大王不取也。

"宜急改操易行，上书谢罪，曰：'臣不幸早失先帝，少孤，吕氏之世，未尝忘死。陛下即位，臣怙恩德骄盈，行多不轨。追念罪过，恐惧，伏地待诛不敢起。'皇帝闻之必喜。大王昆弟欢欣于上，群臣皆得延寿于上；上下得宜，海内常安。愿孰计而疾行之。行之有疑，祸如发矢，不可追已。"

这番劝谏是什么意思呢？那么长几大段，可能有人会大皱眉头，叫苦不迭。因为是书信，为了尊重原文，我才不得不引用，还请大家见谅。如果有兴趣，有闲情，有雅致，自己阅读理解最好。如果实在懒得费脑筋，也没关系，我这里用大白话给大家解释一番：

第一段，薄昭主要表达了三层意思。首先，他对淮南王刘长的本性大加称赞，"刚直而勇，慈惠而厚，贞信多断，是天以圣人之资奉大王也甚盛，不可不察"。意思是说，上天对刘长很偏爱，把这么好的天资赋予他，刘长应该珍惜。为什么要让刘长珍惜呢？那肯定是在变相说刘长以前不懂得珍惜了。接着，薄昭把刘长不懂珍惜的事例列举了一大堆：第一件事发生在文帝刘恒刚刚即位的时候。文帝刘恒感觉自己做这个皇帝有点名不正言不顺，生怕弟弟刘长不服气，有意拉拢，提出把在淮南国境内的列侯封地迁移到他处。刘长当然很高兴了，变相扩大自己的实际管辖范围能不高兴吗？但是他又不好表现得太猴急，就佯装推辞。文帝刘恒最后还是坚持这样做了，使刘长增加了三个县的封地。第二件事前面有详细说到过。文帝刘恒当皇帝后，刘长以未见过刘恒这个皇帝哥哥为由，请求进京朝见。朝见期间，刘长表现得很没规矩，不但和文帝刘恒称兄道弟，而且还锤杀了辟阳侯审食其，喋血京城。当时包括袁盎在内的一些大臣纷纷要求严惩刘长，以防尾大不掉，但刘恒却特赦了刘长，而且反过来追究审食其一党。第三件事是刘长公然挑战朝廷的权威。按照汉朝规制，诸侯国如果缺少二千石以上的官吏，要主动报告朝廷派人补充。但是刘长却故意赶走朝廷设置的官吏，私设丞相和二千石以上的官吏，严重违反了当时最基本的诸侯管理制度。不过，文帝刘恒仍然默许了。第四件事是刘长赌气说不想做淮南王了，非要回真定县给母亲守坟。文帝刘恒本可以顺势而为撤销刘长的王位，但他并没有这么做。以上这些事，薄昭认为，都充分体现了文帝刘恒对刘长的厚爱，而刘长却不懂得珍惜，口出狂言，为所欲为，影响极坏。

再说第二段，教训的味道更加浓厚："大王封地千里，统治万民，这都是拜高帝所赐！高皇帝风餐露宿，风雨无阻，冒着雨箭飞石，野战攻城，身受重伤，为子孙后代开创了千秋大业，极为艰难。大王本应该经常回顾祖先创业艰难，反躬自省，修身正行，养牲畜、收谷米，多备祭品以祭祀祖先，以报先辈的大恩大德，可是，大王却为一点小事就闹情绪，放弃封地，要做什么平民百姓，视先帝大业而不顾，只为了图个美名而已。这是不孝，大错特错！父辈打下江山，子辈不能坚守，这是不贤！不去守长陵，而要去守真定，把母亲摆在父亲之前，这是不义！多次违抗当今皇帝的诏令，这是不顺！为个人名声去守母坟，以显示高于兄长一筹，这是无礼！大臣有罪，重则问斩，轻则肉刑，这是不仁！蔑视王侯之位，非要做平民百姓，这是不智！不努力学习钻研大道，全凭感情冲动恣意妄为，这是不祥！以上八点，都是危亡之路，而大王您都实行了。抛弃国王之位，施展匹夫之勇，无疑出入于危亡之路，依我来看，高皇帝的香火就要在你这里延续不下去了，请大王三思啊！"

这段书信明显比第一段表达得更加严厉，更加直接，直接点出了刘长的八宗罪：不孝、不贤、不义、不顺、无礼、不仁、不智、不祥。对这八宗罪，薄昭定性为"危亡之路"，再继续下去是要开除祖籍的。

第三段，薄昭给刘长讲了几个历史典故：周王为了安定周朝，杀掉了管叔，流放了蔡叔；齐桓公为了回到齐国做国王，不惜杀死兄弟；秦始皇为了控制秦国，也将两个弟弟杀掉，甚至把母亲软禁起来；顷王刘仲在匈奴攻打代地时，临阵脱逃，高皇帝为了严肃国法，剥夺了他的封国；济北王刘兴居举兵反叛，当今皇帝为了大汉江山，将其诛杀。这些典故，既有古代的，也有近代的，还有现代和当代的，主要是为了向刘长说明一个道理：无论是哪个帝王，在大是大非面前都绝不会心慈手软。

最后，书信还结合汉朝当时的法令法规，针对刘长的不当言行进行了分析解读，相当于在给刘长定罪。总的来看，这段书信就是严厉警告，警告刘长想仗着皇亲国戚的身份，指望皇上宽大无边，是绝不可能的！更不要低估了朝廷维护中央政府权威的决心！

最后一段，薄昭给刘长指了一条明路。"立即痛改前非，向皇帝上书谢罪：'臣不幸早失父母，从小孤单，在吕氏当权时，常常受到死亡威胁。陛下您即位后，臣仗着您的恩德骄奢淫逸，做了很多不轨之事。想想自己犯下的错误，心中诚惶诚恐，现在臣伏地不敢起身，等待正法。'如果这样谢罪，皇帝听后一定会很高兴的。皇帝高兴，群臣和睦，天下就会太平。如果犹犹豫豫不肯实行，灾祸如同离弦之箭，不期而至！"

那么，薄昭指的这条明路，淮南王刘长能听得进去吗？他又会怎么做呢？

66. 有无妄之福，必有无妄之灾

薄昭奉文帝刘恒之命，写书信好言相劝，劝说刘长进京谢罪。但刘长仍不思悔改，他怕朝廷查办，便想先发制人，起兵造反。造反不是小事，必须事先谋划好，而且还要找些合伙人，否则孤掌难鸣。

于是，文帝六年，刘长派遣苟但率领七十人潜入关中。苟但是何许人也？史书上没有仔细交代，只说他是淮南国大夫。在关中，苟但勾结了一个人。这个人名叫柴奇。柴奇在历史上名气也不大，但他的父亲倒小有名气，就是开国功臣棘蒲侯柴武。关于柴武，之前我们多次说到过，这里就不再重复了。

柴奇向苟但表态，他愿意同谋造反，并承诺会秘密用四十辆大车将造反所用的兵器提前运至长安城北边的谷口县。谷口县位于今天的陕西省淳化西北边，那里地形险要，方便依险起事。同时，柴奇又派心腹伍开章前往淮南国，进一步谋划造反事宜。

这个伍开章还是有点能力的，以前在军队任职，担任将官，曾因犯法被贬为普通士兵，后被柴奇重用在身边。来到淮南国，伍开章建议刘长先派人南联闽越，北通匈奴，待时机成熟后，再乞师大举。对这条建议，刘长非常认同，因此很是赏识伍开章的才干，当即赐予伍开章财物爵禄，还给他找了个漂亮老婆，留他在淮南国结婚，安家置业。伍开章得此奇遇，升官发财，欣然留住淮南，只是派人拿着密信回报柴奇。

常言道，人算不如天算。派回去的人在入关的时候，竟然被守关的士兵搜出密信。密信内容不言而喻，肯定是如何如何造反等一些话。守关人员不看则已，一看大惊失色，马上将密信呈报朝廷。看到密信，文帝刘恒那个心痛就甭提了，但他还是不忍心直接拿下刘长，只是派专案组到淮南国抓捕伍开章，有点敲山震虎的意思。

看到专案组来了，刘长知道大事不好，便将伍开章给藏匿了起来。俗话说，躲得过初一，躲不过十五。朝廷要抓办的人哪有抓不到的道理。为了避免引火烧身，刘长干脆诱杀了伍开章，省得他万一被抓到后胡说八道。伍开章这小子看来也是个倒霉蛋，刚享富贵没几天就死于非命。正所谓，有无妄之福，必有无妄之灾。

伍开章死后，刘长命人将其尸首悄悄埋葬在肥陵，也就是今天的安徽省寿县，并对文帝刘恒派来的专案组狡辩道："伍开章下落不明！"专案组明知刘长耍了手段，也没办法，无功而返。没抓到伍开章，文帝刘恒岂肯罢休，就又派人召刘长进京当面解释。刘长本想造反，但事迹败露，没准备好，不敢抗命，只好乖乖就范。

在京城长安，丞相张苍、典客兼御史大夫冯敬以及宗正、廷尉等人组成联合调查组，对刘长进行隔离审查。通过审查，刘长谋反属实，而且还有种种不法行为，比如杀过人，逼死过朝廷命官等，按汉律罪该万死。

看到审查报告，文帝刘恒思忖再三后下诏道："朕实在是不忍心依法制裁淮南王，请列侯与二千石以上的官员再商议商议！"这相当于扩大决策范围。现在很多领导都喜欢这么玩，一旦遇到小范围难以左右的棘手问题，便召开扩大会议，明着说是为了民主，其实是为了达到个人目的。文帝刘恒也是如此！但他并不是真的不想收拾弟弟刘长，无非想让天下人知道，刘长是罪有应得，而他宅心仁厚，无心诛杀同胞兄弟。

没几天，群臣将商议结果再次上书，仍然请求依法治刘长死罪。文帝刘恒暗自窃喜，在奏章上却批示道："朕实在是不忍心依法惩处淮南王，还是赦免他的死罪吧，废掉他的王位即可！"毕竟是造反，罪大恶极，死罪可免，活罪难逃，于是群臣第三次上书道："刘长图谋造反，大死之罪，陛下仁厚，不忍心依法惩治，施恩赦免，废其王位。臣等以为，还是应该将刘长及家属发配到蜀郡严道县邛崃山邮亭之地，作为惩罚。由严道县为他们兴建房舍，提供日常生活所需。臣等冒死请求如此处置，并将此事原委昭告天下。"群臣的意思很明确，这次不能让刘长轻易过关，还是要对其有所惩戒。

没有文帝刘恒的默许，群臣是不敢如此上书的。试想，谁敢这么袒护罪不容赦的谋逆之徒啊？唯有文帝刘恒首肯才行。显然，群臣上书的惩罚方案应该就是文帝刘恒的意思，他只是借群臣之口说出而已。所以看到上书，文帝刘恒非常满意，当即颁诏道："同意朝臣们的意见，每天供给刘长肉五斤，酒二斗，受其宠幸过的妃嫔十人可以随同前往。其他皆准奏！"

　　诏令下达后，刘长随即被关进辒车押往蜀郡严道县，也就是今天的四川省荥经县，而其他参与谋反的人一律诛杀。所谓辒车，顾名思义，就是辒重运输车，相当于现在的货车，比较大，人也可以在里面休息。刘长乘坐的这辆辒车，周围封闭，只留一个小洞口方便送饭进去。

　　刘长是皇子，从一出生就是人上人，还做过淮南王，骄傲得不要不要的，现在被关进这种货车里，对他来说简直是奇耻大辱。所以，朝中有一位大臣认为如此对待刘长不妥。这位大臣，我们前面反复提及过，就是袁盎。大家还记得吗？当年，刘长在京城锤杀辟阳侯审食其时，袁盎曾劝说文帝刘恒对刘长严加约束，不要惯坏了，可文帝刘恒充耳不闻。如今刘长当真走上了不归路，不得不说袁盎有先见之明。

　　按说袁盎应该很得意，但他却向文帝刘恒进谏道："陛下一向娇宠淮南王，由着他的性子做事，没有安排严正的太傅和国相去辅佐，才导致他落到如此境地。淮南王性情刚烈，遭遇如此挫折和屈辱，他肯定无法承受。如果他一时想不开，在途中身染风寒，患病而亡，陛下可要背负杀弟的恶名啊！"这个推理合乎逻辑，文帝刘恒闻听，却不以为然道："你多虑了，朕不过是给他点苦头尝尝，希望他能早日悔过自新。他若悔过，朕会让他重新回来的。"听文帝刘恒这么说，袁盎知道多说无益，便退了出去。

　　差不多过了一个多月，从雍县，也就是今天的陕西省宝鸡市凤翔县传来了一条消息。什么消息呢？刘长死了！文帝刘恒闻讯，禁不住号啕大哭起来。

　　那么刘长究竟是怎么死的呢？

67. 不堪受辱，绝食而亡

话说淮南王刘长被装进辎车发配到蜀地，结果却死在了半路上。那么刘长究竟是怎么死的呢？原来一路上，沿途各县押送刘长的官兵都不敢擅自打开辎车封门，只有在吃饭的时候，将饭菜从门洞中传递进去。

当时，刘长对自己过往的所作所为懊悔不已，又受此奇耻大辱，便对旁边的人抱怨道："谁说老子是最勇猛的人啊？我哪里是勇猛啊，只怪平时自我放纵，才会落得如此下场啊！人生在世，不过百年，怎能忍受如此羞辱呢？"于是，拒绝进食。

这是不是和他母亲赵姬的个性很像？赵姬当年因为刘邦一时没有出面保护自己，生完儿子刘长后就自尽了事。现实生活中，类似赵姬刘长母子个性的人非常多，顺风顺水的时候得意扬扬、为所欲为，一旦失意便自暴自弃、寻死觅活。也就是只能好、不能坏，只能上、不能下。这种秉性的人在职场中是很被领导所忌讳的。能好能坏、能上能下，方能成就精彩人生。但人的秉性，一部分是后天培养，属于易变量；还有相当一部分是先天遗传的，属于难变量。正所谓，龙生龙，凤生凤，老鼠生的儿子会打洞。所以，如果知道自己秉性中有某些致命弱点，在教育子女时，尽量注意引导，某种程度上可以避免或者较少地将弱点传给孩子。刘长从小没有亲爹亲妈培养引导，难免有性格缺陷，这种缺陷就很容易导致人生悲剧发生。

辎车行至雍县，也就是今天的陕西省凤翔县时，那里的县令多了个心眼，他听说刘长一路上没有怎么吃饭，感觉不对劲，便命人打开辎车封门，这才发现刘长早已绝食而亡。刘长虽然有罪在身，但毕竟是文帝刘恒的亲弟弟，雍县县令不敢隐瞒，慌忙把刘长的死讯上报朝廷。

文帝刘恒闻讯，悲痛不已，痛哭流涕。有人说文帝刘恒是在作秀，有这种可能性，毕竟是演技派，但他肯定也有真情流露。血脉相连，唯一在世的亲兄弟死了，哪有不心痛的道理啊？哭完，文帝刘恒想到了袁盎曾经的劝谏，把袁盎召来自责道："淮南王死了，朕真后悔没有听从你的劝告啊！"身为皇帝，能向下属如此坦诚地承认错误，实在是难得。

袁盎没有趁机吹嘘自己多么有先见之明，而是劝慰道："事已至此，也没有办法啊，何况这也是淮南王咎由自取，还请陛下放宽心，节哀顺变！"文帝刘恒轻轻点点头，默然一会儿问道："爱卿，你看这件事该怎么处理为好呢？"看来，文帝刘恒召袁盎过来承认错误不一定完全是真，他真实的用意应该是让袁盎帮出主意善后。

袁盎刚被表扬过，那个兴奋甭提了，所以贸然斗胆进谏道："陛下，依臣之见，目前只有斩杀丞相、御史等人才能向天下谢罪啊！"前面我们不断说到袁盎进谏的故事，大都是正面的，比如大公无私推荐张释之、替周勃求情等，但这次进谏他却明显带着某种政治企图，甚至可以说是用心险恶。为什么这么说呢？

丞相和御史都是朝廷重臣、国家栋梁，虽然在查办淮南王刘长时主张过死刑，但那也是按法办事，不至于因此获罪被杀啊。显然，袁盎有私心在作祟。人性都有两面性，无论情操多么高尚，只要是正常人，有阳光的一面，必定有阴暗的一面，只是比例大小不同。所以，为人处世不能太过天真，不要完全听信于人，要有判断，能明辨是非。

文帝刘恒就是一位有判断、能明辨是非的皇帝，号称一代明君，他对袁盎的建议不置可否，摆摆手让袁盎先回去。待袁盎走后，他又派人把丞相张苍和御史大夫冯敬召进宫，命令他们立刻调查刘长路经各县负责给刘长送饭的失职人员，要求将他们全部斩首示众。

文帝刘恒伤及无辜的做法，明显是让人代过，既是袒护丞相和御史，更是为自己开罪。这就是所谓的找替罪羊，很多领导最喜欢干的事，效果明显，但后遗症也非常严重。为了进一步证明自己的清白，文帝刘恒又下令在雍县按照列侯的标准就地下葬淮南王刘长，并安排三十户人家为其守坟。

刘长死后留下了四个儿子：刘安、刘勃、刘赐、刘良。当时这四兄弟不过七八岁的样子，文帝刘恒分别对他们进行封侯：刘安为阜陵侯，刘勃为安阳侯，刘赐为阳周侯，刘良为东城侯。按说如此对待弟弟刘长，文帝刘恒也算仁至义尽了，可事与愿违。文帝十二年时，竟然有百姓作歌讽刺道："一尺麻布，尚可缝；一斗谷子，尚可春。兄弟二人不能相容。"

为什么老百姓会认为文帝刘恒不能容兄弟刘长呢？其实，还是与文帝刘恒皇帝大位的来路有关。从法理上，刘恒和刘长都是刘邦的亲儿子，两个人都有资格做皇帝，为什么必须是刘恒呢？从这个意义上来说，文帝刘恒不能容下刘长的观点顺理成章，何况刘长确实是因文帝刘恒羞辱而死的。

文帝刘恒非常爱惜自己的名声，听到歌谣后感觉很委屈，不禁叹息道："古时候，尧、舜放逐过自己的儿子，周公诛杀过哥哥管叔，流放过弟弟蔡叔，天下人却都称赞他们贤明，为什么呢？无非因为他们大义灭亲，大公无私。现在天下人作歌讽刺朕，莫非认为朕贪图淮南王的封地吗？"关于文帝刘恒提到的两个历史典故，我这里就不展开了，有兴趣的话，可以去了解一下，都是些拿自己人开刀立威的事。

为了消除影响，文帝刘恒给弟弟刘长加封谥号为"厉王"。"厉王"这个谥号不是什么好的名号，有暴虐之王的意思，变相向世人说明了刘长死的原因。

关于谥号，我们这里多说几句。谥号到底是什么意思呢？其实谥号就是用一到两个字（或是更多的字）概括性地对逝去的帝王、皇后和诸侯大臣做出评价，算是盖棺论定。谥号最早出现在西周早期，由周公旦提出使用，一般是一两个字组成，而且只有美谥，也就是只有对死者的赞美。后来人们发现，并不是每个君王都是英明神武的，也有暴君和庸君，于是谥号就有了分类，有好有坏，也有一般的。

在秦始皇之前，谥号一直都被广泛地推行使用。前面说过，秦始皇统一天下之后将谥号废除了，之所以废除，主要是因为秦始皇觉得谥号有评议先人的嫌疑，他不想自己死后被后人评议。秦始皇是我国第一个皇帝，同时也是第一个没有谥号的君王，直到秦二世的时候都无人提及加谥。西汉建立后，谥号才又恢复使用，恢复使用的谥号字数也在不断增加，一个朝代比一个朝代多，成了褒义词的堆砌，历史记载最长的谥号有将近三十个字，完完全全失去了它本来存在的意义。

回到正题。文帝刘恒对弟弟刘长蓄谋造反虽然耿耿于怀，但他还是诏令按诸侯礼仪专门给刘长建造了陵园。文帝十六年，他对刘长的三个儿子再次进行加封：阜陵侯刘安加封为淮南王；安阳侯刘勃加封为衡山王；阳周侯刘赐加封为庐江王。三个人的封地就是原来父亲刘长的封地，现在相当于一分为三。另外一个儿子东城侯刘良因早年夭折，没有后代，就没有再追封。

完成这一系列安抚动作后，文帝刘恒内心好受了很多，心想总算向天下人有所交代。但是有一个人听说后却不以为然，甚至还上书阻止文帝刘恒这样做。这个人是谁呢？文帝刘恒会怎么对待他呢？

68. 自视甚高，不受待见

刘长死后，文帝刘恒不计前嫌，厚待刘长家人，以平复天下人的议论。但有一个人认为刘恒的做法不妥，这个人就是贾谊。关于贾谊，前面我们详细介绍过，他是一个才华横溢的年轻人。因为太有才华了，擢升得太快，得罪了朝中一帮老臣，结果被排挤出了京城，到长沙王那里担任太傅一职。

淮南王刘长造反不成，绝食身亡的事，在当时太出名了，远在长沙国的贾谊也听说了。他得知文帝刘恒善后的做法后，有不同意见，便上书谏阻道："淮南王刘长悖逆无道，负罪而死，罪有应得，天下称快。可是，如今朝廷却给罪人子嗣封王封侯，势必惹人非议。况且，将来这些孩子长大成人后，万一不知感恩，想为父报仇该怎么办？岂不是自寻烦恼！"

贾谊的担心不无道理，俗话说，斩草不除根，春风吹又生，杀人不灭口，仇家追着走。后来，贾谊的话果真变成现实，将来我们还会详细说到。但是文帝刘恒认为贾谊危言耸听，不肯听从，坚持按既定做法来办。

贾谊的进谏虽然未受重视，但他在文帝刘恒那里刷了一下存在感。刷存在感是人的基本需求，特别是那些自视甚高的人，目的无非是引起别人的关注和重视。文帝刘恒对贾谊的才华向来非常赏识，对贾谊始终念念不忘，现在看到贾谊的上书，果然派人召贾谊进京聊聊。贾谊兴奋不已，心里翻江倒海，一夜没睡，心想终于又有出头之日了。第二天一大早，他便收拾行囊赶赴京城长安。

贾谊赶到京城长安的时候，文帝刘恒刚刚举行完祭神大礼，正静坐在宣室中祈求上天保佑。所谓宣室，就是未央宫前室或者正室，是朝臣商议国事的地方，非常庄重，一般人没资格到那里朝见皇帝。文帝刘恒听说贾谊到了，令他直接到宣室报到，可见对贾谊多么看重。

贾谊奉命来到宣室，行过跪拜大礼，寒暄几句后，按照文帝刘恒的示意，小心翼翼地静坐在一边。文帝刘恒和贾谊年纪相仿，属于同龄人，一年多没见面了，一时不知道从何聊起，两个人干坐在那里多少有点尴尬。

文帝刘恒情商很高，因为最近这段时间一直忙着祭拜天地、装神弄鬼，他便主动打破尴尬气氛，向贾谊请教鬼神之事。贾谊多博学啊，无所不通，无所不精，趁机向文帝刘恒详细地讲述了鬼神怎么现形、怎么显灵等一些玄之又玄的事。

文帝刘恒从小在深宫大院中长大，哪里知道这些，对这些闻所未闻，又加上贾谊讲得绘声绘色，不由听得全神贯注。可能听得太入神了，他竟然不顾君臣之别，不断向贾谊身边挪动，不知道什么时候已经很靠近贾谊了。

待贾谊讲完出宫，差不多已经是半夜时分了，文帝刘恒不无感慨地自言自语道："朕好长时间没见过贾谊了，自认为学识已经超越他，现在看来还是不如他啊！"由此看来，文帝刘恒也是好学之人，暗地里没少与贾谊较劲比试，结果这么一聊，仍然自叹不如、甘拜下风。于是过了不久，他便任命贾谊为梁怀王太傅。

梁怀王是文帝刘恒的小儿子，最受宠爱，又喜欢读书，因此文帝刘恒让贾谊给他当老师。再受宠爱，梁怀王也毕竟是一方诸侯王，和皇帝，甚至太子，不能相提并论。给诸侯王做老师，这和贾谊的理想抱负相差甚远。贾谊那个郁闷就甭提了，他本以为那天聊得很尽兴，一定能在京城长安得到重用，不想又被调到诸侯国去工作。

像贾谊这种才华横溢的人，最大的需求不是物质，更不是教书育人，而是能够施展才华、指点天下。三天不发表点高见，便生不如死。离开京城长安后，贾谊仍然不忘记讨论时政得失，经常向文帝刘恒上书：昨天说朝廷给刘长的儿子们封王不合理，天下要大乱了；今天说某某诸侯封地太多，与祖制不符了；明天又说君臣奢侈无度、尊卑无序、礼仪不兴、廉耻不行、储君失教、臣下失控等。

总之，这些进谏貌似都很有道理，文帝刘恒开始还认真阅读，但时间长了，不免腻烦起来，认为贾谊满纸牢骚、杞人忧天，心想天下太平，哪里有那么多事。慢慢地，贾谊又被雪藏了起来，最终在梁国消磨时光，直到死去，后面我们还会说到。

贾谊的上书有吸引眼球的意思，难免夸大其词，但是天下真的就像文帝刘恒认为的那样太平无事吗？也不尽然！最起码北方边境就不安生。

自刘邦白登之围被冒顿单于大败之后，匈奴在北方越来越强大，时刻威胁着汉朝边境。为了安抚匈奴，当年刘邦迫不得已采取了和亲政策。和亲政策尽管有辱国格，却为汉初争取了休养生息的时间，其间匈奴有事没事还是会过来骚扰一下，但大规模的战事总算避免了，就这样一直延续到了文帝时期。

这天，匈奴突然派人来到长安报丧，说冒顿单于病死，稽（jī）粥（yù）继位。稽粥是冒顿单于的儿子，历史上的称号为老上单于。

老上单于刚刚即位，文帝刘恒不想得罪他，继续采用和亲政策。既然要和亲，那就要嫁一位皇族宗室的女孩子过去。文帝刘恒当然不想让公主嫁过去了，自己的女儿怎么舍得，于是他安排了一位旁系宗室翁主给老上单于做阏氏。所谓翁主，就是皇帝或诸侯王的女儿。

京城长安距离匈奴路途遥远，需要有人护送翁主，宦官中行（háng）说（yuè）就接到了这一任务。中行说不是一般宦官，有点才能，自视甚高，他不愿意接这么个差事，便央求文帝刘恒另找他人成行。

文帝刘恒认为中行说是燕地人，在北方长大，熟知匈奴内情，能说会道，无论如何不肯换人，硬要中行说过去。中行说推脱不掉，感觉很没面子，悻悻起程。临行时，他对一帮太监气哼哼地抱怨道："宫中难道没有其他人能够出使匈奴吗？为什么偏偏要派我前往？既然去了，我就不回来了，将来助胡害汉，给汉朝带来祸患，休要怪我！"

当时大家对中行说的话没当回事，认为他平时孤芳自赏惯了，不过说句自我解嘲的气话而已，一个阉人能搞出什么名堂，还要祸害大汉，真能吹牛！众人都付诸一笑，由他北去。

中行说是在吹牛吗？他究竟会给汉朝带来怎样的祸患？

—— • 第十五章 • ——

匈奴之患

69. 中国历史上第一个汉奸

中行说负气护送宗室翁主去匈奴和亲。经过长途跋涉，一行人好不容易到了匈奴。听说汉朝送来了美女，而且还是翁主，老上单于满心欢喜，带人热烈迎接。

翁主漂亮可人，惹得老上单于魂不守舍、直流口水，草草举行了见面仪式，便拉着翁主到后帐中解衣取乐。别看匈奴总是欺负汉人，但他们对汉人的衣食住行很是向往，对汉朝美女更是喜欢得不行，皇家出身的翁主自然格外受青睐。从帐中一出来，老上单于就下令立翁主为阏氏，优待中行说等随从。

翁主成了阏氏，汉朝的和亲政策才算成功，稳住匈奴的目的才算达到。这一好消息本来应该由护送翁主的中行说负责带回去，但中行说对派他护送翁主来匈奴一事怀恨在心，压根没想过再回汉朝，再加上老上单于特别优待，他索性投降了事，留在了匈奴，成了中国历史上第一个名副其实的汉奸。

在匈奴，中行说开始为老上单于出谋划策，极力对付汉朝，慢慢使匈奴更加强大起来，匈奴也变本加厉地侵扰汉朝边境。那么，中行说都为匈奴出了些什么计策呢？待我慢慢道来。

自匈奴与汉朝和亲后，得到了汉朝在衣、食、住、行等多方面的资助。这些资助说起来是汉朝帮助匈奴搞经济建设，使他们摆脱愚昧，实际上另有打算。前面说过，匈奴人对汉人使用的器物稀罕得很，常常视为珍宝，特别是匈奴贵族，谁如果得到了一件汉人器物，都要到处吹嘘一番，显得自己很有能耐。

这种现象正是汉朝希望看到的，因为它能在不知不觉中改变匈奴人的思维方式和生活习惯，进而使他们认同汉朝的价值观，从根本上解除威胁。用现在的话说，这叫"和平演变"。"和平演变"想必大家都听说过，美国人最擅长使用，屡试不爽，不费一刀一枪让苏联解体就是"和平演变"成功的经典案例。所谓"和平演变"，简单地说就是针对别国输出不适合其国情的价值观和生活方式。

每个民族都有自己独特的价值观和生活方式，这是在经年累月的历史长河中沉淀形成的，没有好坏之分，只有适合不适合之别。而"经济基础决定上层建筑"，有经济优势的国家容易将自己的价值观和生活方式输送给经济较弱的国家。

三观不合，夫妻还可能闹离婚，何况国家之间。因此，东西方碰撞很大程度上在所难免，要么热战，要么冷战。当时汉匈两族是近邻，也存在类似问题。

中行说从汉朝过来，而且在权力中枢的皇宫中待过很多年，当然明白和亲政策的真实目的就是"和平演变"，所以他有意搞破坏。

这天，老上单于带领一帮匈奴贵族吃喝玩乐，正玩得开心，中行说突然发问道："尊贵的单于，臣有一句话不知道当问不当问。匈奴并不是非常强大，人口更是少之又少，还没有汉朝一郡的人口多，但为什么能够雄霸一方呢？"老上单于哪里认真考虑过这个问题，他还以为是父亲冒顿单于够厉害才造就的，不由得伸过头认真倾听，想听中行说如何在众人面前吹捧他父亲。

中行说接着说道："那主要是由匈奴人的生活习性决定的啊！匈奴人衣、食、住、行别具一格，自成一体，才不必依赖汉朝。可是现在呢，单于却喜欢汉人的器物饰品，不断放弃原来的习俗，实在是不应该啊！汉人的东西不能再享用了，如果再享用的话，即便不过十成中的一二成，已足使匈奴归属汉朝了。"

老上单于听闻，不免一惊，但汉朝的东西实在是太好用了，他不忍心丢掉，就说中行说大惊小怪、小题大做。其他匈奴贵族对中行说的话同样嗤之以鼻，甚至当众嘲笑中行说由于太恨汉朝了，以至于敏感过度。

中行说知道自己口说无凭，不会有人相信，因为汉朝的衣、食、住、行在当时代表着先进生产力，很容易让人产生依赖性。只见他"唰"地一下站了起来，穿上绫罗绸缎制作的衣服快速走出帐篷，然后钻入荆棘灌木丛中。看到中行说行为反常，估计很多人都还以为他经不住嘲笑，发神经病了呢。

等中行说再回到帐篷内，身上的衣服已经破烂不堪，好像叫花子一般。他指着身上的衣服对大家朗声说道："看见没，这就是所谓的汉朝服饰，真不中用！"说罢，他又换了一身匈奴特有兽皮制作的外套走出帐篷，仍旧钻入荆棘灌木丛中跑了一圈，回来后，兽皮外套毫无损坏。中行说又对大家朗声说道："怎么样？我说得没错吧，汉朝服饰远不及匈奴的耐用！为什么你们非要舍长从短呢？"老上单于和那帮匈奴贵族看得目瞪口呆、无言以对，被中行说的现身说法所折服，于是各自穿回匈奴本族的衣服，以后再也不愿意按照汉人的穿衣习惯生活了。

中行说不但反对匈奴人穿汉人的衣服，而且还经常说汉人的食物不如匈奴的牛羊肉和奶酪好吃、有营养，每次见到从汉朝那边送来的精米美酒，就马上让人撤掉。

匈奴人原本对汉人的器物很稀罕，现在看到身为汉人的中行说如此不屑一顾，反倒推崇匈奴的，便认为汉人的东西稀松平常，不过如此，慢慢也就不再推崇汉人的生活方式了。

中行说一方面教唆匈奴人抛弃汉人不中用的器物和生活习惯，另一方面他又让匈奴学习汉人的先进技术。当时汉人的算术水平非常高，中行说便教老上单于的左右侍臣学习书算，以方便记录人口、牲畜数等。这就是所谓的"拿来主义"，取人所长，避人所短。

经过一段时间的引导，不但匈奴人恢复了过去的生活习性，就连中行说本人都越来越像匈奴人了，生活野蛮、言语粗俗。

有位汉朝使者到匈奴访问，见中行说这副模样，难免嘲讽挖苦。那么，中行说又会怎么说呢？

70. 生活方式优劣之争

中行说投靠匈奴后，不遗余力地帮助匈奴从各个方面摆脱汉朝的影响，而且自己也好像脱胎换骨一般，生活野蛮、言语粗俗，比匈奴人还要匈奴人。这天，有位汉朝使者到匈奴访问，见他这副野蛮样，有意嘲讽挖苦。中行说当即进行了反驳，场面异常激烈。

那么，两个人究竟争论了些什么问题呢？也没什么新鲜的东西，主要还是围绕汉匈两族人民生活习惯的优劣展开辩论。

汉使认为，匈奴人缺乏孝道，只顾自己享受，对老年人不管不顾。中行说不以为然，辩解道："哼，净瞎扯淡！你们汉人和我们匈奴人差不多了，你们年轻人去当兵戍边时，老年人难道不是节衣缩食，将好东西送给子女带走吗？"

中行说的话猛一听确实没错，但实际上他偷换了概念，把汉使关于孝道的话题转移到了老人关爱年轻人的具体事情上。汉使一时没反应过来，只好点头说："是啊！"

中行说接着说道："对我们匈奴人来说，战争是头等大事，因为战争能够让匈奴强大起来。老年人由于年老体衰，无法到战场上冲锋杀敌，自愿将肥美的食物留给年轻人享用，让年轻人拥有健康的体魄保家卫国，有错吗？这怎么可以说是匈奴轻视老年人呢？"

汉使被中行说质问得无言以对，另找话题说道："好吧，就算你说得对！但匈奴人生活野蛮总是事实吧，一家老小互不回避，同睡一个房间，成何体统！这还不算，父亲死后，儿子竟然娶后母做老婆，兄弟死后，兄弟的老婆又给活着的兄弟做老婆，真是乱七八糟、有悖人伦！另外，匈奴人平时光着身子，头上不戴帽子，身上没有衣带，穿着粗俗，不懂礼仪！"

汉使一口气列举了匈奴人的三个生活陋习，很是得意，嘴角微微撇着，眼睛斜视中行说，想要中行说难堪。匈奴人的这三个生活陋习的确令人难堪，让人无法理解，那么他们为什么会如此呢？我们不妨简单分析一下。

第一个陋习应该和匈奴人的住宿条件有关。匈奴人是游牧民族，不像农耕民族有固定住所。他们经常搬家，随身携带帐篷，随地撑开就是家。现在我们想想，这样的生活好像很浪漫，甚至还有人在风景区做起了租赁帐篷的生意，特别受年轻男女青睐。帐篷空间逼仄，两个人偶尔住一次，可能还挺新鲜，但如果一家老小长期挤在里面，就没那么舒服了，所以当时汉人没少编段子嘲笑匈奴人。匈奴人并不富裕，帐篷又是贵重资产，不是谁家都有很多，而且携带不方便，所以一家老小挤在一起住也是没办法的事。

如果说第一个陋习还能说得过去的话，第二个陋习在汉人看来，简直不可理喻。共享老婆，太前卫了吧！其实，这主要与匈奴的发展阶段以及生活习性有关，直到现在，有些落后的地方和民族还保有类似的传统。

第三个陋习，现在看来不算什么事，不就是不戴帽子，少穿衣服吗？有什么大惊小怪的。但在汉朝时期，这就是粗俗。匈奴不像汉族有文化传承和积淀，礼仪制度相对不完善，穿着追求舒服简单，言行难免过于粗糙。

按说中行说是汉人，对这三个陋习应该也不会太适应，但面对汉使的嘲讽，他却表现得非常坦然，略带自豪地炫耀道："匈奴人这样的生活方式很好啊，多有民族风情！他们是马背上的民族，从小吃牲畜的肉，喝牲畜的乳汁，用牲畜的皮毛做衣服穿，牲畜就是他们的所有。牲畜吃草、喝水需要不断转换地点，他们跟着迁移，这让他们人人都练就了骑马、射箭的本领。空闲的时候，他们无拘无束地聚在一起，不分彼此，你说要那么多礼仪干吗呢？那么复杂累不累？你们汉人所谓的"礼义廉耻"太虚伪了，容易导致误会，使君王臣民之间产生怨恨，有什么好显摆的？百姓的家族繁衍和国家的政治传承是一样的道理，父子兄弟死了，活着的人继承死者的老婆，可以避免种族的消失，所以匈奴人虽然伦常混乱，但能够保证血脉纯正、一脉相承，这样没什么不好！汉人装模作样，貌似正派示人，不娶父、兄的妻子做老婆，可是亲属关系随着时间的推移越来越疏远，发展到后面，说不定还会相互残杀，改名换姓的更是大有人在。你说匈奴人喜欢住在一起，那是因为匈奴人不像汉人那样喜欢讲排场，过分讲究居住条件，极力修筑房屋、建造城池。修筑房屋耗费财力不说，还把人搞得疲惫不堪，真是自欺欺人！你这个生活在茅草屋里的汉人，戴着帽子、穿得花里胡哨，就自我感觉很了不起吗？"

中行说的反驳明显带有强词夺理的成分，汉使还想再说些什么。中行说早就不耐烦了，两眼一瞪，斥责道："少废话，赶快把你从汉朝进献来的礼品呈过来验收，一定要数量足、质量好，如果不齐全、粗劣不堪，那么等到秋高马肥之时，我匈奴铁骑可不是吃素的，一定会南下践踏，再次光临汉朝边境！"

俗话说，人在屋檐下，不得不低头。汉使见中行说变脸了，马上收敛了轻视的表情，安排人去交付礼品。礼品验收完，总算没毛病，按照惯例，匈奴要回封感谢信。那时候还没有纸张，书信一般写在竹简上，称作"书简"。以往，汉朝给匈奴的书简长一尺一寸，上面开篇写着"皇帝敬问匈奴大单于无恙"，然后把所赠礼品详细列举出来。而匈奴那边从来不讲究，回复的书简没有固定格式，一般随便写点表示感谢的话就算完事。

但这次不同了。中行说为了彰显匈奴的强大，派人制成长一尺二寸的书简，上面的封印比汉朝的也要大上一号，开篇写着"天地所生，日月所置，匈奴大单于，敬问汉皇帝无恙"，然后才详细列举回礼和感谢的话。

前面中行说还在鼓吹匈奴人追求简约，不注重繁文缛节，现在却搞这么复杂，明显是前后矛盾。说白了，还是公报私仇！

汉使碰了一鼻子灰，窝着一肚子气，回到京城长安后，自然把中行说的言行如实禀报给文帝刘恒。文帝刘恒听闻，不禁又后悔又担忧，经常找群臣商议如何防范匈奴再次入侵。

这时，有一个人上书，说自己有高招对付匈奴。那么这个人会是谁呢？他所谓的高招，文帝刘恒会接受吗？

71. 贾谊的治安策

中行说投靠了匈奴，帮助匈奴抗衡汉朝。这事通过汉使，传到了文帝刘恒那里。文帝刘恒又悔又忧，时常把群臣找来商议对策。朝内一帮王公大臣，官老爷当久了，远离边疆，早已麻木不仁，能提出什么对策？无非说些狠话，吓唬吓唬自己人，拍拍文帝刘恒的马屁而已。

当时靠着和亲政策，大家过惯了安逸日子，朝内上下基本上没有人能够提出更高明的见解。这时，关外有一人趁机上书表达自己的意见。这个人，前面已经反复说到过，就是才高八斗的青年才俊贾谊。

贾谊上次与文帝刘恒聊鬼神聊得很投机，本以为能留在京城任职，实现人生理想，不想竟被派往梁国给梁王做了太傅。对贾谊来说，做太傅太屈才了。因此，贾谊耐不住寂寞，动不动就给文帝刘恒上书，表达自己的政见。上书多了，合在一起，被后人称为《治安策》，但文帝刘恒看多了，看腻了，对其嗤之以鼻，认为多是牢骚之言，不必当真。

这次，贾谊听说文帝刘恒因为匈奴的事很苦恼，就又上书一封，提出了对付匈奴的政治策略。上书的内容我这里就不摘抄了，太长，又都是些"之乎者也"，读起来太费劲。简单地说，贾谊认为单纯的和亲政策并不能有效制止匈奴的侵扰，应该儒法结合，采用"德战"，也就是"以厚德怀服四夷"，辅以"三表五饵"之术，争取匈奴底层民众，孤立匈奴单于及贵族，进而降服整个匈奴民族。

"以厚德怀服四夷"是战略方针，很好理解，相当于现在我们常说的"以德服人"。"三表五饵"是战术手段，那么具体指哪些手段呢？

所谓"三表"，也就是用"以立信义""爱人之状""好人之技"等三种态度，来对待匈奴人。"信"，就是说话算数，言必信，行必果，以诚相待；"爱"，就是不搞种族歧视，接受匈奴人的言行举止；"好"，就是不搞地域歧视，包容匈奴人的生存技能。显然，这些手段实际上属于儒家"仁"的表现形式。在"信""爱""好"三者之中，"信为大操"，也就是最根本的。

所谓"五饵"，就是用盛服车乘、盛食珍味、音乐妇人、高堂邃宇府库奴婢和亲近安抚五种手段作为诱饵，破坏匈奴人衣、食、住、行方面的生活习惯，最终达到解除其战斗意志、不战而屈人之兵的目的。

贾谊的"三表五饵"是和亲政策中"和平演变"目的的升级版，更加积极主动，覆盖面更广。用现在的说法，就是通过输出价值观，搞"颜色革命"。其实质就是打着"信""爱""好"的旗帜，用各种物质利益和精神享受来满足匈奴民众的低级需求，分化瓦解人心，致使匈奴内部分崩离析，从而一劳永逸地解决匈奴问题。

这一政治策略在汉朝初年非常具有前瞻性，所以贾谊对自己的这次上书信心满满。他满以为文帝刘恒会特别重视，甚至书信中还特别毛遂自荐，举荐自己来主持国家外交方面的事务，以亲自操刀推进"三表五饵"。

可是，文帝刘恒对贾谊好像成见很深。他觉得贾谊年少浮夸、行不顾言、言过其实，于是看完上书后便束之高阁、置之不理。匈奴问题也因此久拖不决。

就这样，一年又一年，不觉到了文帝十年，文帝刘恒始终放心不下北方边境，就亲自带队过去视察，试图解决边患问题。自己远离京城视察边防工作，一定要让最信任的人留守京城才行。文帝刘恒最信任的人是谁呢？不用说，莫过于亲舅舅，也就是薄太后的弟弟薄昭了。

薄昭得了重权，得意忘形、忘乎所以，待文帝刘恒离开后，他在京城长安遇事专断，不与人商量，一意孤行。

很多人都是如此，没有权力的时候，看着还挺老实巴交，一旦得势就变成了另外一副嘴脸，整天吹胡子瞪眼，牛气哄哄，嚣张疯狂得很。殊不知，疯狂背后往往伴随着危机。有这么一句流传甚广的谚语：上帝要你灭亡，必先让你疯狂！意思就是说，一个嚣张疯狂的人，距离灭亡一般都不会太远了。

薄昭正在风头上，哪里会想到危险临近。一天，文帝刘恒派遣一名特使回京城办事。至于什么事，史书上没有记载，大家不用太较真。这名特使恰好和薄昭有仇。至于什么仇什么恨，史书上也没交代，估计是得罪过薄昭。薄昭仗着大权在握，竟然假公济私，找个理由将那名特使给杀掉了。这还了得！皇帝特使可是钦差大臣，即便有错，也只有皇帝才能处置，擅杀皇帝特使就是死罪。

文帝刘恒闻报，顿时火冒三丈，早先就听说舅舅薄昭在他离京期间为所欲为，没想到现在竟敢滥杀无辜，而且杀的还是自己的特使。他下决心要严惩舅舅薄昭。按说，皇帝严惩个人还不简单，直接抓来杀掉不就得了。但是文帝刘恒不愿意这么做。为什么呢？因为之前贾谊在《治安策》中说过，公卿级别的官员有罪了，最好不要直接抓捕让人家受辱，而应该设法让人家认识到错误、自行了断，这样才能体现皇帝待臣以礼、为人宽厚。

文帝刘恒虽然对贾谊有成见，但他一直想以宽厚示天下，所以认为这条建议是真知灼见。不过，让人家自行了断谈何容易，技术难度也忒大了。何况薄昭是文帝刘恒的亲舅舅，有姐姐薄太后撑腰，怎么可能轻易就范？

城府极深的文帝刘恒自有办法。什么办法呢？

72. 死于非命

薄昭留守京城，手掌大权，仗着国舅爷的身份为所欲为，竟然擅杀了文帝刘恒的特使，犯了死罪。文帝刘恒为了留下宽厚的美名，没有直接派人把薄昭抓起来杀掉，而是派朝中一些重臣到薄昭家饮酒，在饮酒的时候，劝说薄昭体面自尽。

再体面自尽那也是死啊，薄昭当然不肯，仍抱一丝生机，寄希望于文帝刘恒开恩放他一条生路。文帝刘恒外柔内刚，怎肯罢休？他看舅舅薄昭硬挺着不肯就范，又派朝中所有大臣穿着素服堵在薄昭家门口哭丧。人还没死，来那么多熟人同僚哭丧，谁受得了啊？亏文帝刘恒想得出来！这么一闹腾，满城风雨，大家都知道文帝刘恒非杀舅舅薄昭不可。薄昭再傻也自知死期已到，躲是躲不掉了，只好含恨服药自尽。

历史上没有记载薄太后是否出手搭救过弟弟薄昭，想必是没有，即便有，也肯定被儿子文帝刘恒说服了，否则薄昭不会死得那么张扬。不管怎样，薄昭一定是引起了公愤，不死不足以立国法。为此，很多人赞赏文帝刘恒秉公执法、不徇私情，既能大义灭亲，也能宽厚待人。

但是很多事情就怕仔细揣摩，如果我们认真想想，这件事多少还是有点蹊跷。薄昭毕竟是国舅爷，薄太后唯一的弟弟，杀个人有那么容易偿命吗？即使杀的是钦差大臣，处理的结果未免也忒狠了点吧？当年淮南王刘长造反也没有直接杀头，只是发配外地而已，何况曾经为文帝刘恒当上皇帝立下汗马功劳的薄昭呢？

显然，另有他因！什么原因呢？无非是薄昭当时位高权重、权倾朝野。他在京城嚣张跋扈只是表面现象；深层次来看，是政治地位过高，威胁到了皇权，有尾大不掉的可能。文帝刘恒城府极深，想杀舅舅薄昭应该不是一天两天了，但他做事擅长不动声色，不留痕迹。所以他平时对舅舅薄昭的言行不加以约束、有意纵容，直到舅舅薄昭杀了人，才趁机痛下杀手。

如果这么分析，那么薄昭和当年淮南王刘长的死很可能一样，都是死于文帝刘恒的捧杀。不同的是，文帝刘恒在杀弟弟刘长和舅舅薄昭的具体手段上，选择了区别对待，对症下药。刘长年轻好面子，采用侮辱的手段，让他主动绝食而亡；薄昭人老皮厚实，采用围攻的手段，逼他被动服药自尽。

舅舅薄昭的死，是文帝刘恒有意为之，他不一定会心疼。一年后，也就是文帝十一年，文帝刘恒最喜欢的一个儿子不幸死于非命，却让他悲痛欲绝。前面说过，文帝刘恒一共有八个儿子，前四个在他做代王时先后夭折，另外还有四个儿子：老大刘启，老二刘武，老三刘参，老四刘揖。这次死掉的就是老四刘揖，生前是梁王。

梁王刘揖，也有地方记载为刘胜，年纪最小，好读书，最招文帝刘恒宠爱。因为梁王刘揖好读书，前面说过，文帝刘恒还特意把才高八斗的贾谊派过去给他做太傅，有心好好栽培。不想刘揖命浅福薄，竟然早早死于非命。那么，刘揖是怎么死的呢？说起来也是小孩子太调皮所致。

有一次，梁王刘揖带一帮人从梁地到京城长安朝拜。一路上，他纵马奔腾，好不潇洒，就像现在的官二代或富二代飙车一样，只求快感，不讲安全，结果一不小心马失前蹄，从马背上飞了下来，重重摔在地上，当场七窍出血，血流如注。虽然后来经太医极力救治，刘揖还是一命呜呼。

　　梁王刘揖死了，身为老师的太傅贾谊感觉责任重大，认为自己没照看好刘揖。贾谊平时和刘揖感情深厚，对刘揖寄予厚望，所以悲痛至极，痛不欲生。又加上他一直郁郁不得志，在政治上不能一展抱负，不禁心灰意冷，过了一年多，便得病郁郁而终，时年才三十三岁。

　　三十三年的人生实在是太短暂了，但是贾谊提出的超前的政治主张，让他在历史上留下了浓重一笔。前面说过，贾谊的政治主张其实并没有完全得到文帝刘恒的重视，特别是在匈奴的问题上。而此时，匈奴老上单于对从汉朝投靠过来的中行说器重有加，可以说是言听计从。在中行说的怂恿下，老上单于时常派兵侵略骚扰汉朝边境。

　　文帝十一年十一月中，匈奴入侵狄道，也就是现在的甘肃省临洮县，掠去许多人畜。文帝刘恒闻讯，很是气愤，给老上单于写了一封书信，在信中严厉斥责了匈奴负约失信的行径。老上单于已经从侵扰汉朝的过程中尝到了甜头，哪里会理睬。他看到来信后，回都懒得回。

　　既然外交斡旋失败，文帝刘恒只好向边境增兵，试图积极防御。匈奴和汉朝的边境线绵延一千多里，而且匈奴擅长偷袭，汉朝顾东失西、顾此失彼，弄得兵民交困、鸡犬不宁。面对这种被动局面，朝中上下一筹莫展，无计可施。这时，又有一个人出来献策。这个人会是谁呢？他的献策有用吗？

73. 伏女传经

　　匈奴老上单于在中行说的教唆下，对汉朝北方边境不断侵扰。为此，文帝刘恒头疼不已，朝内那帮大臣也无计可施。这时，有个人跑过来献策，这个人会是谁呢？他的名字叫晁错，可能很多人听说过，如果没有听说过，也不要紧，以后我们会反复提及。

晁错是颍川郡人，也就是今天的河南省许昌市人，早年曾经在轵（zhǐ）县，也就是今天的河南省济源市轵城镇，跟着一个叫张恢的人读书学习。关于张恢这个人，史书上记载不多，大家知道他是晁错的老师就行了，不必太过纠结。

在张恢那里，晁错系统地学习了申不害和商鞅的刑名之学。关于申不害和商鞅，我这里就不多介绍了，特别是商鞅，太有名了，想必很多人都很了解。至于申不害，他和商鞅差不多，都是战国时期著名的改革家，属于法家学派，主张循名责实、慎赏罚明，推崇刑名之学。

研究刑名之学的人和现在学习法律的人有点像，一般都比较严峻刚正、苛刻严酷，说话做事有板有眼、不容置疑，好像很权威似的。如果不信，可以观察一下你们单位法务部的人，他们不一定很专业，但得出的结论往往都是斩钉截铁的。其实，这是职业属性决定的，只要不是太离谱，也无可厚非。由于长期受专业熏陶，晁错的性格也差不多如此，得罪很多人在所难免。最后他也因此而惨死，我们先提一下，将来还会说到。

完成学业后，晁错来到京城长安谋得太常掌故一职，专门为朝廷研究政策和学问。朝廷的研究员肯定要研究一些高大上的学问，否则多掉价，实际上，他们都是为当政者的意识形态服务，维护政府权威。

文帝初年，天下太平，朝廷推崇研究《尚书》。众所周知，《尚书》是儒家的经典作品，五经之一。"尚"即"上"，顾名思义，尚书就是上古的书，是我国最早的一部历史文献汇编，但在汉朝初年失传了。

社会上有个传统，越是失传的东西，越是容易被人捧为高级货，就像人的名声一样。有的人活着的时候不怎么为人所知，说不定还会被人诋毁，但死了却有可能声名鹊起。为什么？无非是因为人活着，有可能成为自己的竞争对手；而死人不构成威胁，有时候还可以捧出来为自己贴金。

当然，《尚书》作为儒家经典，不仅仅因为失传了才会那么受朝廷推崇，更重要的是，学习和宣传它，能够为朝廷服务。于是，文帝刘恒派人到处打听谁学习过《尚书》。一打听，在山东济南，有位老儒生专门研习过。这位老儒生名叫伏胜，九十多岁了，年轻时在秦朝政府做过博士，学问据说大得很。

前面说过，秦朝时期，秦始皇焚书坑儒，严禁私人藏书。伏胜和其他儒生一样，当时也不得不上交藏书，但是他当时正在研读《尚书》，不舍得交出去，就偷偷藏在了家中的夹墙中。

秦朝末年，天下大乱，伏胜带着一家老小四处逃难，直到汉朝建立时才得以重新回到家中。汉朝废除了秦朝时期私人不得藏书的禁令。这时，伏胜才敢从夹墙中取出《尚书》。由于保管不严，夹墙内潮湿，又加上时间太久了，书简已经破烂不堪，仅剩下二十九篇勉强还能辨认。

文帝刘恒即位后，诏令天下，寻求诸子百家的经典作品，其他的都陆续寻到，唯有《尚书》无人知晓。现在听说济南伏胜老先生精通《尚书》，文帝刘恒有意请他到京城长安教学。只是伏胜年事已高，无法进京，文帝刘恒只好诏令太常派人到济南伏胜那里去学习。既然派人去学习，就要派一个年轻有为、聪明好学的人。太常经过认真筛选，选中了晁错。

晁错那个高兴甭提了，有了公办学习的机会，意味着前途光明，所以接到任务，他便兴冲冲地跑到了济南去见伏胜。见到伏胜后，晁错大失所望，因为伏胜这老头老得不能再老了，都老掉牙了，说话不把风，听半天也不知道他在说什么。幸好伏胜还有一个女儿，名叫羲娥，得父亲真传，对《尚书》有很深的研究。父亲伏胜讲课的时候，羲娥都立在身边，父亲说一句，她跟着说一句，逐句翻译，有时候还加上自己的理解，让整个授课很充实。

正是凭着伏胜女儿羲娥的同声翻译教学，晁错对《尚书》有了大概了解，即便遇到不是很明白的地方，他也能设法引申贯通。历史上有个典故，叫"伏女传经"，指的就是这件事。其实伏女所传授的《尚书》很不完整，只有二十九篇，而且还残缺不全，一半是靠父亲伏胜的记忆想象出来，究竟有无错误，谁也不知道，不过糊弄一般人还是没问题的。

到了汉武帝的时候，有人从孔子老宅的夹墙中也发现了很多典籍，其中就有《尚书》，虽然腐蚀得也很厉害，不过比伏胜所保存的内容要多二十九篇。所以《尚书》至少有五十八篇，后经过孔子的第十二世孙孔安国考订编纂，才得以流传后世。

不管怎样，伏胜的女儿羲娥因传授《尚书》而成名，并被载入史册，流传千古。说到伏女羲娥这个奇女子，当时还有一个女人更加神奇，因为是同时代的女子，我们不妨也顺便说道说道。这个神奇的女人名叫缇萦，生活在今天的山东省境内。她的神奇经历被后人总结成了一个成语典故，也就是"缇萦救父"。既然是缇萦救父，那就要从缇萦父亲的遭遇说起。

缇萦的父亲名叫淳于意，精通医术，经常救人于病痛之中。既然经常救人，淳于意怎么反过来需要女儿缇萦搭救呢？他究竟经历了什么？

74. 缇萦救父

上一章提到了缇萦救父的典故，下面我们继续述说。这个典故是历史上真实发生过的事，非常著名，在《史记》《汉书》和《资治通鉴》中均有详细记载。既然是缇萦救父，那就要先介绍一下缇萦的父亲。

缇萦的父亲复姓淳于，名意，老家在今天的山东省淄博市临淄区，年轻时做过太仓长，也就是仓库管理员，上了年纪后，大家都尊称他为仓公或太仓公。也有人认为淳于意做的是太仓县令。总之，淳于意给公家当过差，吃过皇粮。

当差期间，淳于意忠于职守、安分守己，口碑很好，后来，他有幸拜了附近一位医学大家为师，便辞职不干了。这位医学大家名叫阳庆，在西汉初年享受国家八级的公乘爵位，人称公乘阳庆。

公乘阳庆虽然医术高明，但一身医术却没有子女可传，当时他已经七十多岁了，为了后继有人，便收淳于意为徒，将自己有关黄帝、扁鹊等先人如何诊脉的书全给了淳于意，还传授淳于意如何通过观察人的面部颜色来诊断病情。

淳于意天赋奇高，三年就学有所成，不但能为人治病、预判生死，而且患者一经投药，无不立愈，特别是他的切脉技术，已达到臻于神乎其技的程度。

当时齐国有一个御史，名叫成，一天突然头痛难忍，求医无果，便把淳于意请过来切脉诊断病情。切完脉后，淳于意诊断御史成的头痛病是头部疽（jū）症，通俗地说就是头部长疮。头部长疮一般人都能看出来，不算什么本事，但淳于意的厉害在于，他还能找出病因以及产生的后果。淳于意认为，御史成的病内发于肠胃之间，因贪那杯中物所致，五天内疮口必然破裂，八天内肯定会口吐脓血而死。果不其然，御史成在第八天大口大口呕吐脓血，最后真的一命呜呼。

从此，淳于意名声大噪。俗话说，人的名，树的影。名声大了，慕名来看病的人自然就多了，淳于意的家一时门庭如市，就像现在的三甲医院一样。那么多人来看病，淳于意又不是三头六臂，一个人怎么看得过来，有时不堪烦扰，就出门游山玩水，给自己放一段时间假。他放假了，来看病的人常常失望而归，甚至有的病人由于得不到及时治疗，死了。这样时间长了，难免引起病人家属的怨言，医闹也时常发生。

看看，医闹自古就有。按说，看不看病是医生的自由，淳于意家又不是公立医院，何况生死自有定数，怨不得医生。但看病的人并不这样想，他们认为淳于意就是见死不救。

文帝十三年，有个人来看病，但已经病入膏肓。淳于意认为再治疗已经没什么意义，便以无药可治为由拒绝接诊。不久那个病人就死了，而病人家属在当地很有势力，他们责怪淳于意医德败坏，草菅人命，于是告到了官府。官府竟然不分青红皂白判定淳于意有罪，并要处以肉刑。前面说过，肉刑有三种：第一种叫黥，也就是在脸上刺字；第二种叫劓，也就是割掉鼻子；第三种叫刖，有人说是砍左右脚，有人说是断左右趾。总之，无论哪一种，都是要在人身上动刀的。

按照西汉初年的法令，普通百姓一旦被判定为肉刑，当场就要执行，但如果担任过国家公务员，必须押送到京城长安才能受刑。幸好淳于意曾经给政府当过差，大小也算公务员，所以首先要被官府押送到京城长安。

淳于意没有儿子，只有五个女儿，临行时五个女儿哭作一团。看着哭得稀里哗啦的女儿，淳于意很是生气，不禁仰天长叹道："生女儿当真不如生儿子啊，危急的时候，女儿只会哭，没有一个有用的！"听完父亲的哀叹，年仅十五岁的小女儿缇萦心中不服，决定跟随父亲进京，目的是一路照顾父亲的生活起居。临淄距京城长安两千余里，父女俩一路上风餐露宿，尝尽人间辛酸，好不容易才熬到了京城长安。

到了京城长安后，缇萦不甘心父亲淳于意受肉刑，便斗胆上书文帝刘恒，请求做奴婢替父赎罪。上书中这样写道："我父亲做官时，齐地人都称赞他廉洁公正，奉公守法，现在他犯了罪，按律应判处肉刑，我们无话可说。但是令人感到悲痛伤心的是，正如死人不能复生一样，受肉刑的人不可能再有完整的身躯，即使以后想改过自新，也没有办法了。所以我愿意进入官府做奴婢，以抵赎我父亲应受的刑罚，使他能够得以改过自新。"

看了缇萦的上书，文帝刘恒十分同情，深深被缇萦的孝心所打动。另外，他觉得缇萦说得也很有道理，于是当年五月决定废除肉刑，并下了一道诏书："《诗经》中说，'开明宽厚的君主，应该像父母一样爱护百姓'。现在百姓有了过错，还没有加以教育就处以严厉的刑罚，即便有人想改恶向善，也无路可走了，朕深感愧惜！肉刑实在太残酷了，动不动就是切掉人的肢体，摧残人的皮肉，甚至使人终生无法生育，这太不合伦理道德了！朕为民父母怎么能忍心呢？所以必须废除肉刑，用别的刑罚去代替它。此外，只要不是逃犯，犯罪之人依据犯罪的轻重服刑到一定年数，就可以释放。请丞相和御史大夫立刻制定出有关配套法令！"

丞相张苍和御史大夫冯敬接到诏书，哪敢怠慢，连夜召集朝内法律专家开会。经过会议讨论，正式确定把肉刑改为打板子：原来判为砍脚的，改为打五百板子；原来判割鼻子的，改为打三百板子。就这样，缇萦得以让她的父亲淳于意免受肉刑之苦。

文帝刘恒废除肉刑，看起来是件好事，但实际执行起来，却弊病不少。你想想，打五百或三百板谁受得了，所以常常有犯人被活活打死，这样一来，反而变相加重了刑罚。当然，缇萦的父亲淳于意肯定没有被打死，由文帝刘恒出面担保，谁敢真打啊？后来甚至因为医术高明，淳于意成了文帝刘恒和诸侯的座上宾，治好了很多达官贵人的病。

司马迁还专门为淳于意立了传，也就是《史记·扁鹊仓公列传》，详细记载了他的二十五例医案，我这里就不再赘述了。

前面插叙了"伏女传经"和"缇萦救父"两个历史典故，可能有人早不耐烦了，因为还是想了解一下那个晁错。那么，晁错究竟给文帝刘恒献了哪些对付匈奴的策略呢？

75. 病急乱投医

晁错在山东济南跟着伏胜和伏胜的女儿羲娥学习《尚书》，学成之后就回到了京城长安。前面说过，晁错是公费学习，带有政治任务，回来后自然要向文帝刘恒汇报学习情况。因为《尚书》是上古时代的历史文献，所以在汇报时，晁错大量引用了古人的话，陈述治国理政的方略，讲得头头是道。

文帝刘恒闻所未闻，认为晁错学有所成，知识面宽泛，于是便把他安排到太子刘启那里做了舍人，目的无非是让太子刘启开开眼界，增长见识。

太子刘启也就是未来的汉景帝，他对晁错的才能格外赏识，与之一见如故，不久就提拔晁错做了门大夫，接着又升他为太子家令，相当于太子府的总管家。这段经历为后来晁错在汉景帝时代得到重用奠定了基础，以后还会详细说到。

因为晁错才气过人、学识超群、口才又好，经常给太子刘启出谋划策，当时被大家尊称为"智囊"，一时声名鹊起。名气大了，晁错说话的分量也就越来越重。所以当他听说文帝刘恒为了匈奴的事烦心不已时，就主动上书详细阐述自己对付匈奴的策略。

那么，晁错都提出了哪些策略呢？总结起来，大致分为四个方面：首先，是从匈奴和汉朝领地的地形地势分析。晁错认为，地形地势有高低之别，匈奴的地形地势偏高，利于顺势而下，发动山战；而汉朝地形地势略低，更加擅长平原野战，阻击敌人。所以双方交战，应该尽量扬长避短。其次，是从匈奴和汉朝军队的战斗力分析。晁错认为，军队里的士兵有强弱之分，上战场前必须加强训练，只有操练纯熟、训练有素，才不至于在战场上失利。再次，是从匈奴和汉朝军队的武器性能分析。晁错认为，武器的选用要因时因地制宜，远战时，多采用强弩和长戟，近战时，多采用盾牌和刀枪，这样才能有效杀伤敌人。最后，是从军队的组成分析。晁错认为，军队中要增加匈奴投降过来的人和义渠等游牧民族的力量，并充分给予他们信任，让他们作为前驱冲锋陷阵，与汉朝军队互为表里，取长补短。

洋洋洒洒几千字，晁错主要写了以上四个方面的问题，不知道大家看后有什么体会，反正我看不出有什么高明之处。实际上，只要有点战争经验的人，都能提出来以上四个方面，这属于作战的基本原理啊。

但是文帝刘恒看完却很受用，并对晁错大为赞赏。为什么呢？恐怕更多的是一种鼓励，鼓励大家群策群力，营造一种抗衡匈奴的氛围。

得到了鼓励，晁错紧接着又上书提出了一些建议。他建议，与其派遣军队整天辛苦往返边疆，不如招募百姓到边疆居住生活，增加边区人口，这样既可以解决兵源问题，还方便军用物资供应，更重要的是能够持久对抗匈奴。这条建议也不新鲜，秦始皇时期就一直是这么干的，只是汉朝的政治形势比秦朝要好，执行起来更容易而已。

另外，为了让军用物资得到充足供应，晁错还建议朝廷放开公务员的入职门槛，只要老百姓向军队捐助物资，就可以在政府中谋得一官半职；有罪的人甚至可以凭此抵罪，无罪的人可以授予爵位，爵位大小根据捐助物资多寡来确定。

看到这里你是不是想到一个词，叫"卖官鬻爵"。其实，"鬻爵"早在惠帝时期就有了，之前我们说到过，主要是为了让普通百姓能因富得贵。而晁错的这条建议是在"鬻爵"的基础上增加了"卖官"。"鬻爵"还能说得过去，无非是官方授予一个称号而已，有鼓励劳动致富的意思在里面。可"卖官"就不同了，会造成一种不良官场风气，后患无穷。因为花钱买官的人，一旦手中有了权力，必定会想方设法从百姓身上榨取更多财富。

文帝刘恒当时可能是病急乱投医，竟然采纳了这一建议，还因此对晁错宠信有加。晁错从此有机会在朝堂内引经释义、评论时政，影响力逐渐大了起来。

自从采用了晁错的对匈策略后，汉朝又是移民，又是增加军用物资，又是巩固边防，匈奴方面还真是消停了两三年。但到了文帝十四年，也就是公元前166年冬季，匈奴突然出动骑兵十四万人，入侵边境地区朝（zhū）那（nuó），也就是今天的宁夏回族自治区彭阳县古城镇地区，然后越过萧关，直达北地郡，斩杀了北地都尉孙卬，劫掠了很多百姓和牲畜。接着，匈奴派出两支小分队：一支是突击队，攻入位于今天陕西省陇县西北的回中宫，将其一把火烧掉；一支是侦察骑兵，长途奔袭，逼近甘泉宫。甘泉宫前面我们提到过，位于渭河两岸，距离京城长安已经非常近了。

情况陡然变得十分危急，文帝刘恒召集群臣迅速做出军事部署。不用说，首先要部署兵力加强京城长安的防卫力度。于是，文帝刘恒任命中尉周舍和郎中令张武为将军，派出千辆兵车、十万骑兵，驻守在长安旁边，防御匈奴继续进攻。同时，他任命昌侯卢卿为上郡将军、宁侯魏遬（sù）为北地将军、隆虑侯周灶为陇西将军，兵分三路前去阻击匈奴主力。以上这些人，这里不再详细介绍了，除了周灶我们前面介绍过，其他人史书上也没有详细记载，大家知道即可。

三路大军出发后，文帝刘恒还是不放心，思前想后，准备御驾亲征。御驾亲征自古都是兵家大事，除非特殊情况，一般不会让皇帝亲自出马。这好比下象棋，中国象棋的规则里，将帅只能在四方框里摇来晃去。一旦将帅要出动了，那说明情况差不多到了不可收拾的地步，影响会很不好。目前虽然匈奴来势汹汹，但还没到千钧一发的程度，只是貌似形势逼人，所以群臣纷纷谏阻。

别看文帝刘恒平时很文气，骨子里却很有战斗力，他无论如何都坚持要御驾亲征。这事最后闹到了薄太后那里。哪个母亲不疼儿子啊，薄太后听闻，要死要活，极力反对。文帝刘恒实在没办法，只好顺从母亲薄太后意愿，不再提亲征的事。但为防前线失利，他又任命东阳侯张相如为大将军、成侯董赤为前将军，率领大量兵车和骑兵协助之前派去的三路人马阻击匈奴。

匈奴本来就没准备再往南进攻，只是冬天来了，他们又好几年没有出来抢劫了，趁着天寒地冻到汉朝边境打点秋风而已，却一不小心动作太大，惊动了汉朝大军。匈奴军队在汉朝边塞已经逗留一个多月了，现在听说汉军援兵要到了，便主动撤离，保存既得战利品。

大将军东阳侯张相如率军尾随追出塞外，但一无所获，只好返回塞内。自此，匈奴一天比一天骄横，每年都要闯入边境内烧杀抢掠几次。其中，云中郡和辽东郡受害最为严重，连同代郡，共有万余人被杀掠。

面对日益骄横的匈奴，文帝刘恒会采取什么办法来缓解边境压力呢？

76. 冯唐进谏

面对日益骄横的匈奴，文帝刘恒没有更好的办法，便又想起了和亲政策。前面说过，所谓和亲政策，简单地说，就是给匈奴单于送上皇族的女孩子做老婆，虽然有辱国体，但效果立竿见影。于是，文帝刘恒派人给匈奴老上单于送去了一封和亲书信，表达了自己的诚意。

对于汉朝皇族女人，老上单于当然来者不拒，巴不得多多益善呢，当即回信表达谢意。一个有诚意，一个有谢意，汉匈双方再次商谈起和亲事宜。商谈期间，边疆相安无事，文帝刘恒稍觉清闲，便想四处走走散散心，顺便体察一下民情。

这天，文帝刘恒恰好路过中郎官署，也就是郎官办公室，在那里，他碰到了一个老头，老头名叫冯唐。说到冯唐这个名字，有人可能感觉很陌生，但如果提到两个典故，可能很多人都耳熟能详。初唐四杰之首王勃《滕王阁序》中有这样一句话："冯唐易老，李广难封。"这句话里就用到了这两个典故，典故中的李广大名鼎鼎，以后我们会详细说到；典故中的冯唐，就是现在我们要说的这个老头。那么，他究竟是什么来历呢？

冯唐的爷爷是战国时期赵国人，到他父亲时，举家移居到了代地，汉朝建立后，又迁到了安陵，也就是今天的河南省鄢（yān）陵县西北。冯唐很有才干，以"孝行"著称于世，但到了年纪很大的时候才有幸被举荐做了中郎署长，负责宫廷保卫工作。

负责宫廷保卫工作的人要多不少，文帝刘恒不可能全部认识，所以看到年老的冯唐在郎官办公室工作，非常惊讶，顺口问道："老人家啊，这么大年纪了怎么还在做郎官啊？你是哪里人啊？"冯唐如实作答。

文帝刘恒一听冯唐祖籍是赵国，而且还在代地生活过，倍感亲切，有一种老乡见老乡的感觉。为什么呢？因为他在当皇帝前做过代王。俗话说，老乡见老乡，两眼泪汪汪。两个人难免多聊几句。

文帝刘恒继续问道："朕在代地时，经常有人给朕谈到赵将李齐，说他很会打仗，在巨鹿城下作战无往不胜。现在朕每次吃饭时，心里总会想起他。你老人家熟悉这个人吗？"冯唐点点头，但微微不屑地回答道："李齐一般般了，比不上赵将廉颇和李牧的指挥才能啊！"

文帝刘恒可能以前对廉颇和李牧不太熟悉，抑或李齐先入为主，听冯唐这么说有点不开心，就问道："哦，是吗？你凭什么这样讲呢？"冯唐捋了一下胡须，面带骄傲地回答道："臣的祖父在赵国时，大小也是一个将领，与将军李牧有深厚的交情；后来臣的父亲在代地担任过丞相，与将军李齐也过往甚密。所以臣非常清楚他们的为人和才能，知道他们谁更厉害一些。"

听到冯唐有这么辉煌的家世，文帝刘恒不禁肃然起敬。他对过去的战将向来充满好奇心，便让冯唐说来听听。冯唐就把廉颇和李牧如何如何能打仗，给文帝刘恒详细述说了一遍。文帝刘恒不听则已，一听高兴得直拍大腿，无限感慨地说道："哎呀，朕却偏偏得不到廉颇和李牧这样的人才做将领啊，如果有他们这样的将领，朕怎么还会忧虑匈奴呢？"

领导这么发感慨，一般人肯定都会顺着说，说单位优秀的人才确实太少了，不赖领导。但冯唐不知道哪根筋搭牢了，给文帝刘恒怼了回来："陛下，臣诚惶诚恐，斗胆进言。臣以为，陛下即使得到廉颇和李牧，也不会重用他们。"本来两个人聊天聊得挺开心，冯唐却突然冒出这么一句话，换成哪个领导都会很不爽。文帝刘恒也一样，他自认为自己还算知才善任，是个贤明的君主，现在听冯唐这么怼自己，当场大怒，拂袖而去，回宫了。

回到宫中后，文帝刘恒久久不能平静，反复琢磨冯唐的话，感觉话中有话，便派人把冯唐找来责备道："你这个老头子，怎么那么不识抬举？你今天的话究竟什么意思？为什么当众侮辱朕？即使有意见，难道就不能私下告诉朕吗？"

此时，冯唐已经认识到了自己的鲁莽，忙跪下谢罪道："臣没见过世面，不懂得避讳，还请陛下见谅啊！"文帝刘恒正为匈奴问题忧虑，当用人之际，不好再计较，便摆摆手让冯唐起身，然后虚心地问道："您老人家为什么说朕不能任用廉颇和李牧这样的将领呢？朕哪里做得不妥吗？还请您老人家指教。"

冯唐深深鞠了一躬，回答道："臣听说，在古时候，君主如果派遣将军出去打仗，都是跪下来推着车轮给将军说，'国门以内的事我决断，国门以外的事，由将军裁定'。因此，军队中只要是表功封爵的事，都由将军在外决定，归来再奏报朝廷，此绝非虚言也！据臣的祖父讲，李牧在赵国边境统兵时，当地征收的税都是自行分配，用来犒赏部下，赵王从不干预，所以李牧的军事才能得以充分发挥。他手下有兵车一千三百辆，善于骑射的士兵一万三千人，步兵十万余人，战无不胜，攻无不克，北面驱逐匈奴单于，西面抗衡强秦，南面援助韩魏，当时让赵国几乎成了霸主。可是后来，赵王迁即位了，情况发生了变化。赵王迁昏庸无能，即位后，听信郭开的谗言杀了李牧，让颜聚这个窝囊废取代了李牧，因此导致国破家亡。"说到这里，冯唐轻咳了一声，偷偷瞄了一眼文帝刘恒。

文帝刘恒默不作声，面无表情，貌似在耐心倾听。他知道冯唐醉翁之意不在酒，绕一大圈子，无非是有其他话要说，所以看冯唐停了下来，便示意他继续大胆说。那么，冯唐究竟想表达什么呢？

77. 虚心接纳不同意见

　　冯唐给文帝刘恒讲述了古代贤明的君主怎么对待著名将领，并拿出赵将李牧做案例分析。文帝刘恒深受触动，示意冯唐继续说下去。

　　冯唐得到鼓励，又鼓足勇气说道："陛下，臣听说魏尚在云中郡做郡守时，像李牧一样，把军市上的税收全部用来犒赏将士，还拿出个人的钱财，五天杀一次牛，宴请门客和军官，对左右格外亲近。因此，云中郡上下团结一致，同仇敌忾，匈奴人从没有在那里捞到过半点便宜。有一次，匈奴人壮着胆子试着来侵扰，被魏尚率领军队杀得大败而归，从此不敢再来。但是最近臣听说，魏尚因为错报多杀六个敌人的功绩而犯罪，被朝廷给抓了起来，削夺爵位，还判刑一年，罚做劳工，这惩罚未免也太重了吧！军队里的士兵大都是百姓子弟，来自山村荒野，他们只知道冲锋陷阵、杀敌立功，对法令法规不熟悉，有时候只因一句不符合实际情况的上报就被严厉制裁，而之前的功劳却被一笔勾销，这样处理看似军纪严厉、赏罚分明，其实是奖轻罚重啊，无形中会挫伤军队的战斗力。所以，臣才斗胆直言，说陛下即使得到廉颇和李牧也是不能重用的。臣孤陋寡闻，愚蠢至极，触犯了陛下的禁忌，确实该当死罪，该当死罪啊！"说完，冯唐摘下头上的帽子，再次拜倒在地，请求处罚。很明显，他在拐着弯为一个名叫魏尚的人求情。那么，魏尚又是何许人也呢？

　　很可惜，历史上对魏尚的记载并不多，主要因冯唐这次进谏而知名。魏尚所担任郡守的云中郡，辖境大约相当于今天的内蒙古土默特右旗以东、大青山以南、呼和浩特以西、黄河南岸及长城以北地区。这里位于汉朝边境最北边，直面匈奴，但是在魏尚做郡守期间，匈奴很少在那里烧杀抢掠。为什么？正如冯唐分析的那样，魏尚特别会带军队，他效仿战国时的名将李牧，把云中郡治理得井井有条，很有战斗力。但是，为了给士兵们多争取一些奖赏，他谎报了战功，因此被革职查办。冯唐认为，朝廷的做法不妥，因小失大，应该不计小节，重用魏尚这样的将领才对。

文帝刘恒此时正为匈奴的事犯愁，虽然边境暂时消停了，但不知道哪天匈奴又会卷土重来，所以听冯唐这么说，转怒为喜，忙令左右将冯唐扶起。当天，他便派冯唐拿着符节到狱中赦免魏尚，并重新任命魏尚担任云中郡郡守，同时任命冯唐担任车骑都尉一职，掌管各郡国的车战部队。对于冯唐来说，一次偶然进谏，时来运转，也算是大器晚成吧！

别看此时的冯唐年纪已经很大了，但他特别能活，一直活到汉武帝时期，寿终九十多岁。汉武帝听说冯唐是个难得的人才，也想重用，只可惜他实在是太老了，无法胜任。为此，才有了后来《滕王阁序》中"冯唐易老，李广难封"的说法。这里多交代一句，大家了解就行了。

自从魏尚重新担任云中郡郡守后，匈奴果然收敛许多，不敢近塞。此外，文帝刘恒又精心选拔使用边防守将，对匈奴产生了巨大震慑力，无形中为和亲谈判提供了场外支持。这样一来，汉匈边境地区总算安定了很长一段时间。

同年春天，汉朝举行了祭祀大典，祈祷国泰民安。在祈祷时，负责祭祀的官员免不了狂夸了文帝刘恒一顿，称赞他治理国家如何如何英明。

也许是被匈奴侵扰得没自信了，也许是真的谦虚，在大典上，文帝刘恒说了一番感人至深的话："朕有幸得以登上帝位，至今已有十四年了，时间应该不算短了。说句实话，朕说不上聪敏，更谈不上英明，得百姓信任治理天下，真是惭愧啊！从前，先帝远施恩惠而不求回报，遥祭山川却不为自己祈福，尊贤抑亲，先民后己，圣明到了极点。可如今，你们在祈福时，全都是为朕一个人，而忘记了天下百姓，朕为此深感不安！朕何德何能，独自享受神灵的降福呢？这反而显得朕无才无德！所以，朕郑重告诫你们，今后祭祀时要首先要向神明献上敬意，为天下百姓祈福，而不是单单为朕一个人！"

　　无论是真心实意，还是虚情假意，文帝刘恒的这番话赢得了当时百姓和后人的敬仰，他所领导的时代也被鼓吹为中国历史上第一个盛世。盛世之年，总会有人为了追求富贵荣华而投机钻营、逢迎拍马，好似寄生虫一般。这种人最常用的手段就是投领导所好，领导喜欢什么，他们就研究什么，而且研究到极致，能够达到避人耳目的程度。

　　文帝刘恒喜欢什么呢？他喜欢黄老学说。黄老学说属于道家学派，在国家治理上崇尚无为而治；在国家信仰上崇尚道法自然，认为金、木、水、火、土五行相生相克。"无为而治"比较符合汉初休养生息的政治形势需要，是当时大家的共识，没有问题。但关于汉朝究竟属于金、木、水、火、土中的哪一德，却存在严重分歧。

　　前面说过，丞相张苍是一位音乐学家兼天文学家，由他确定了新的乐律和历法。他认为，汉朝和秦朝一样都是水德，应该继续沿用秦朝的历法制度和服饰服色。但有一个人，貌似神仙，提出了截然不同的看法。

　　那么，这个人是谁呢？他会有什么高论呢？

第十六章

鬼迷心窍

78. 水德火德土德之争

汉初，刘邦号称"赤帝子"，还斩杀过"白帝子"，因此将汉朝暂定为火德，并崇尚红色。到了文帝时期，丞相张苍根据自己所学，认真测算，确定了新的乐律和历法。他认为，汉朝和秦朝一样都是水德，应该继续沿用秦朝的历法制度，服饰服色崇尚黑色。对此，文帝刘恒将信将疑。

不久，有一个神仙般的人物提出了完全不同于以往的意见。这个人名叫公孙臣。公孙臣是鲁地人，也就是今天的山东曲阜人，孔子老家那里。

按说，孔子老家那里的文化人大都是儒生，但这个公孙臣却擅长道家那一套，对五行相克理论颇有研究，又加上当时的政治氛围流行黄老学说，于是他给文帝刘恒上书道："始秦得水德，今汉受之，推终始传，则汉当土德，土德之应黄龙见。宜改正朔、易服色，色上黄。"

什么意思呢？公孙臣认为，秦国原先是水德，现在既然汉朝推翻秦朝取得了天下，那么按照道家五行相克的理论，汉朝就必须是土德，而土德在天地间反映出来的征兆是黄龙出现，所以汉朝应该"改正朔，易服色"，崇尚黄色。

这里出现了一个叫"正朔"的词，之前有提到过，可能有人不太理解，这里再特别解释一下。"正"就是正月，一年中的第一月，汉初沿用秦朝规定，以冬十月为正月；"朔"就是月初，一月中的第一天。简而言之，"正朔"指的就是历法，"改正朔"也就是要修改历法。修改历法可是大事！在古时候，修改历法相当于改朝换代，因此每个朝代的历法都略有不同。有些亡国的忠臣良将，面对新的统治者，不肯屈服，常说"不奉正朔"，意思就是坚决不投降。由此来看，"改正朔"事关政权合法性。

因此，文帝刘恒不敢轻信公孙臣的说法，便下诏让丞相张苍好好研究一番，看看公孙臣的说法究竟靠不靠谱。不用说，张苍肯定不同意了，他刚制定了音律和历法，就有人跳出来反对，太有辱他天文学家的声誉了。张苍认为，公孙臣纯属瞎掰，汉朝属于水德确定无疑，最近黄河决口就是天地间的征兆，那么多水还不是水德啊？而且决口时间发生在冬十月，气色外黑内赤，和水德的黑色系正好相映照。

公孙臣听闻，不肯示弱，当即上书反驳，认为黄河决口正说明汉朝是土德，因为水来土掩，而且黄河本身就是黄色嘛。两个人你来我往，争执不下，一时难以辨别谁对谁错。这也没法辨别啊！五行学说属于玄学，玄学本身就没有现成的标准答案，全靠事实验证。

文帝刘恒还是更相信张苍一些，张苍毕竟是丞相嘛，学问那么大，经官方认证，而公孙臣充其量不过是个民间天文爱好者而已。但有些事就是那么玄乎，公孙臣看似不可能的预言竟然应验了！

第二年夏天，在陇西成纪，也就是今天的甘肃省静宁县境内，有人说看到了黄龙出现。一传十，十传百，传得神乎其神，迅速传到了地方官耳朵里。地方官不敢隐瞒，忙派人上报朝廷。文帝刘恒信以为真，视公孙臣为世外高人，能预知未来，便召他进京拜为博士，并命他与博士们草议"改正朔，易服色"之事。

这次黄龙出现，真真假假，无法考证，但让公孙臣出尽了风头，从中受益匪浅，而丞相张苍的权威却从此被大大削弱。公孙臣趁机重新说明当今应为土德的道理，劝说文帝刘恒尽快改火德为土德。

文帝刘恒是一位很谨慎的皇帝，没有贸然采纳公孙臣的说法，只是下诏道："有奇物黄龙在成纪显灵，没有伤害到百姓，真是万幸！这说明今年又是个好光景，朕要亲自到郊外祭祀上帝和诸神。礼官们商议一下，看什么时候去好，你们不要担心朕太劳累了，该怎么安排就怎么安排。"

文帝刘恒那么有诚意，主管大臣和礼官们赶快去查阅相关资料，没几天便上朝汇报道："古代天子每年夏天都会亲自到郊外祭祀上帝，所以自古都有'郊'一说，也就是郊祀或郊祭，陛下不如效仿。"

既然古人都这么干，文帝刘恒便在当年夏四月首次郊祭上帝，但祭服选择的是红色。既没有选择水德的黑色，也没选土德的黄色，最后仍然选择了火德的红色，看来文帝刘恒还是更认同他父亲刘邦是"赤帝子"出身的说法，因为继承帝位的合法性比什么五行相克更重要。

不管崇尚什么颜色，公孙臣神机妙算总是事实，所以在文帝刘恒那里还是得到了重赏。古人云，同声相应，同气相求。看到公孙臣蒙混过关得了富贵，又有一个人跳出来忽悠，响应公孙臣的理论，企图谋得荣华。这个人名叫新垣（yuán）平，赵地人，也就是今天的河北人。

前面说过，燕赵之地多出方士，自古就很出名。大家还记得预言"亡秦者胡也"的卢生吗？他也是赵地人，曾经把秦始皇忽悠得人不人、鬼不鬼，最后不知所终。

新垣平的手段不比他的老乡卢生差，他生性乖巧，口吐莲花，声称能够凭着"望气"预知吉凶。"望气"属于道家玄学，现在被认为是封建迷信，但那时很多人相信。

这天，新垣平跑到京城长安，求见文帝刘恒。文帝刘恒已经中了公孙臣的毒，听说有方士到来，当然欢迎，立刻命左右传入。新垣平缓步进入宫内，头一次见到文帝刘恒，就表现得不急不躁、不紧不慢，当面信口胡诌道："臣望气前来，祝愿陛下万岁，万岁，万万岁！"

文帝刘恒一听望气，很是诧异，问道："你望见什么气了？"新垣平神秘兮兮地回答道："陛下，在长安城的东北方向，臣望见有股仙气缭绕，结成五彩。据臣所知，东北是神明出没的地方，今有五彩汇聚，肯定是五帝下凡保佑汉朝天下。臣建议，陛下应该在那里建立庙舍，祭拜五帝，这样才能永葆国泰民安！"

明明是胡说八道，但文帝刘恒竟然信了，而且还点头称善。这是不是和秦始皇当年有点像？再英明的人，一旦中了邪，都难免鬼迷心窍。文帝刘恒正是先前被公孙臣给蛊惑了，现在才对新垣平的说法深信不疑。既然深信不疑，肯定就要把新垣平留在身边，好吃好喝款待，随时咨询神仙之事。

那么，新垣平会给文帝刘恒出些什么鬼主意呢？

79. 妖言惑众，鬼迷心窍

文帝刘恒将新垣平留在了身边，随时咨询神仙之事。新垣平有言在先，说在长安城外东北方向，有一个地方五彩汇集，是五帝下凡之地，建议文帝刘恒在那里修建五帝庙，以保佑国泰民安。文帝刘恒深信不疑，立即指示朝中有关部门按照新垣平的意见去办。

新垣平凭空捏造出来的地方，没有人能找到，有关部门只好请新垣平带路前去。新垣平早有准备，装模作样领着他们出长安城东北门，一直来到渭河北岸。在那里，他东瞅瞅、西望望，指指点点，神神秘秘，最后选了一块宽敞的地方，说是五彩汇集之处。

听说五彩汇集之处找到了，文帝刘恒兴奋得直搓手，当即下令在那里建造五帝庙。既然要建造五帝庙，那就要找人认真设计一番。因为当时谁都没见过五帝庙，新垣平自然成了五帝庙的首席设计师。

按照新垣平的方案，需要修建五座大殿。为什么是五座呢？因为是五帝庙嘛！一帝一座那是必须的，总不能让五帝下凡出差时住一个房间吧。所以五帝每人设一座殿堂，五座殿堂坐落在东、南、西、北、中五个方位，并配上青、黄、黑、赤、白五种颜色：青帝庙居东，赤帝庙居南，白帝庙居西，黑帝庙居北，黄帝庙居中。居中的为什么是黄帝呢？前面说过，公孙臣认为汉朝是土德，应该崇尚黄色，新垣平有意附会，所以让黄帝坐在了中间，成了帝中帝、王中王。五座殿堂落成后，周围又修建了围墙，朝廷派专人把守看护。

第二年，也就是文帝十六年，初夏四月，文帝刘恒亲自到五帝庙祭祀。五帝庙靠近渭水，水面反光，当众人举起燎火进行祭祀时，光芒万丈，直冲云霄，上连天际，五彩缤纷，差不多与云气相似。这时，新垣平忙指给文帝刘恒观看，说那就是所谓的祥瑞之气。

文帝刘恒听闻，甭提多高兴了，待祭祀完毕后立刻任命新垣平为上大夫，赏赐千金。就这样，新垣平骤然暴富。按说已经暴富了，老实做人、坐享荣华富贵多好，但新垣平还不满足，竟然伙同公孙臣继续蒙骗文帝刘恒，今天搞这个，明天搞那个，反正都是些稀奇古怪的事。

一天，文帝刘恒乘车去一座名叫长门的宫殿玩，刚到长门宫附近，突然不知道从哪里冒出了五个人。只见这五个人分别身穿青、黄、黑、赤、白五种颜色的衣服，貌似仙人一般。文帝刘恒惊奇不已，正要留神细瞧，结果那五个人已经散走五方，不知去向。五个人出现的时间虽然很短，但给文帝刘恒留下了极其深刻的印象，特别是衣服的颜色，竟然和五帝庙一模一样。

文帝刘恒暗忖莫非是五帝下凡不成，于是把新垣平召过来询问。新垣平还没听文帝刘恒讲述完刚才的情形，就连声说那五个人一定是五帝下凡。未曾详问，便妄下结论，显然是新垣平出的幺蛾子。当然，文帝刘恒并不知道其中的猫腻，他认为五帝下凡，不能怠慢，马上命人在那五个人出现的地方筑起了五帝坛，摆好祭品，望空致祭。为此，新垣平又得到了大额奖赏。

这件事还没过多久，一天，新垣平在宫内又对文帝刘恒说，他发现宫殿周围有宝玉气环绕。文帝刘恒正莫名其妙，忽传宫外有人求见，说要进献玉杯。所谓玉杯，肯定是用宝玉做的杯子了，和新垣平说的宝玉气暗合。

文帝刘恒取过玉杯一看，发现杯子太过普通了，宫殿里要多不少，但是上面用篆书刻着的四个字却不同一般。什么字呢？"人主延寿"四个字。"人主"，顾名思义，那是指皇帝。皇帝只有一个，也就是文帝刘恒了。"延寿"，意思很明确，延年益寿。文帝刘恒看到这四个字不禁大喜，大手一挥命左右取出黄金，赏赐进献玉杯的人。当然，新垣平因为望气应验，也少不了特别加赏。

世上哪有那么凑巧、那么神奇的事。不用说，前面五个人，再加上这个人，都是新垣平的"托"而已。但文帝刘恒此时已经鬼迷了心窍，对新垣平毫不怀疑。他将玉杯当作奇珍异宝，小心带在身边，一心想着长生不老。

新垣平见文帝刘恒那么容易上当受骗，不久，又想出了一个奇招。为什么说是奇招呢？因为我们至今也无法解释其原理。这天，新垣平对文帝刘恒说，某月某日天空将"日当再中"。"日"就是指太阳，"中"就是指中午，也就是太阳一天内两次回到天空中央，出现两个午时。这怎么可能呢？太不科学了！太阳东升西落，自然规律，绝不可能中途折回啊！但据史书《封禅书》中记载，新垣平说的那天，当真出现了"日当再中"的奇观。

我们知道，"挥戈返日"的神技，只有在神话小说中才会出现，怎么会出现在史书中呢？所以这条史书记载不可靠！我个人判断，要么是新垣平联合一帮掌握时间计算的人制造了时间差，让文帝刘恒产生了错觉，要么是史书牵强附会，以讹传讹。总之，不可能！

不过，文帝刘恒哪里懂得这些，当时信以为真，认为自己应该重新登基做皇帝，于是下诏改元，也就是改正朔，从头计算自己做皇帝的时间。新的元年定在了下一年，也就是文帝十七年，史称后元年。改元意味着万象更新，从头再来。文帝刘恒格外高兴，昭告天下饮酒同庆，并宴请群臣。

在宴会上，新垣平趁着酒兴又开始妖言惑众。那么，这次他又会说些什么离谱的事呢？

80. 人心不足蛇吞象

新垣平搞鬼，搞出了"日当再中"的奇观，因此文帝刘恒决定改元，并把群臣找来摆宴庆祝。在宴会上，新垣平趁着酒兴信口胡诌道："陛下，臣听说周朝时期，铸有九鼎，象征九州，代表天下，但有一鼎不幸遗失在了泗水中。前段时间黄河决口，大水漫灌，灌入泗水，那宝鼎随波逐流，不知去了何处。最近臣望气发现，在东北方向汾阴附近，有金宝瑞气，难道宝鼎被大水冲到了那里吗？看来宝鼎要重见天日了，这是瑞兆啊，陛下应该派人加以迎接才是！"

新垣平口中的宝鼎前面我们提到过，也就是"九鼎迁秦"的故事，不知道大家是否还有印象。秦昭王时期，周赧王兵败被杀，九鼎迁秦，结果在路过泗水河彭城段时，有一鼎掉入了水中。后来，秦始皇还专门派人打捞过，但始终没有打捞上来，这事也就不了了之了，至今又过了几十年。

所以，当听新垣平说宝鼎有下落了，文帝刘恒很是重视，便派特使来到汾阴，也就是今天的山西省万荣县，要求当地官员靠着黄河建立祠庙，想用祭祀的办法把宝鼎呼唤出来。这办法一看就知道不靠谱，忽悠人的，但当地官员不敢怠慢，忙组织民工修建，计划在后元年元日到来之前建成祠庙。只是时间实在是太紧了，转眼间就到了后元年元日，祠庙仍然没有完工。

祠庙没有完工，但后元年元日毕竟是大喜的日子，文帝刘恒强忍怒气没有追究，诏令天下，与民同乐。正在普天同庆的时候，忽有人上书详细揭露了新垣平的所作所为，说他装神弄鬼，欺君罔上，没一语不是虚谈，没一事不是伪造，而且证据确凿。

那么究竟是谁在大喜的日子上书揭露的呢？史书上没有记载，我们不得而知，相信肯定是了解新垣平底细的人，说不定是因分赃不均所致，大家不必深究，反正新垣平原形毕露。

这一披露可了不得，顿令堕入谜团很久的文帝刘恒恍然大悟。他勃然大怒，当天便把新垣平革职问罪，交由廷尉审讯。当时的廷尉可不是善茬，我们前面详细介绍过，他就是张释之。张释之为人刚正不阿，最讨厌那种阿谀逢迎、来路不明的人，对新垣平、公孙臣等江湖术士向来看不惯，早就想收拾了。

此次新垣平落到他手中，那还有好啊？一经张释之威吓势迫，还没动刑，新垣平就老老实实将鬼蜮伎俩和盘托出，哭天喊地乞求赎罪。那能赎罪吗？弥天大谎、欺君之罪，谁敢去赎？何况碰到了铁面无私的张释之。

张释之把案情向文帝刘恒做了汇报。文帝刘恒翻阅案卷，又羞又恼，知道自己被当猴耍了，气得直拍桌子，立即下诏灭了新垣平三族以解心头之恨。新垣平从入京受宠，到身首两分，夷灭三族，不过半年时间，实在是太不值当了。这就叫罪有应得！正所谓，人心不足蛇吞象。试想，凭借他的手段，如果只在民间招摇撞骗，或者见好就收，估计也能富贵一生，说不定还能成为袁天罡一类的高人名传千古。说白了，都是贪心不足惹的祸啊！

新垣平事件后，文帝刘恒幡然悔悟，对鬼神之事不再上心，对于改正朔、易服色等虚头巴脑的事也没有了兴趣。至于渭河旁边的五帝庙，他更是懒得再亲自去祭祀，只是交给有关部门妥善管理；因为不去还好，再去的话，就要招天下人嘲笑了。

从此，文帝刘恒把工作重心重新移到了朝政上来，此时他才发现，朝中连丞相都已经没有了。丞相去哪里了呢？前面说过，当时的丞相名叫张苍。张苍自从五德之争失败，被公孙臣夺宠之后，就称病不上朝了。又加上他曾保举过一个官员，而这个官员利用不正当手段大搞以权谋私，为此，惹得文帝刘恒很不爽。最后，张苍干脆告老回乡、颐养天年去了。

其实，即便没有这些事，张苍也差不多该退休了，因为他年纪实在是太大了，已经老态龙钟，不堪重用。张苍总共做了十五年的丞相，退休时差不多九十岁高龄。九十岁高龄，就是放到现在也属于长寿了。但张苍的身体却很好，一直活到了汉景帝五年，也就是一百零几岁时才去世，死后谥号为文侯。

张苍的儿子继承了他的侯位，八年之后去世，谥号为康侯。康侯的儿子张类继承了侯位。又过了八年，张类参加诸侯丧礼时因犯了"就位不敬"之罪，爵位封邑都被朝廷给撤销了。至此，丞相张苍一族彻底结束。

那么，张苍离职之后，文帝刘恒会让谁做丞相呢？

81. 丞相人选

丞相张苍因年老体衰，告老还乡、颐养天年，那么谁来接任丞相一职呢？文帝刘恒首先想到了一个人。这个人名叫窦广国。

提到窦广国的名字，大家应该不会陌生，因为前面我们对他的身世有过详细述说。窦广国是文帝刘恒的小舅子，皇后窦猗房的小弟弟，名广国，字少君，年少时被人贩子给拐走了，流落他乡，经历坎坷。窦猗房做了皇后，姐弟得以团聚，窦广国才有幸来到京城长安生活学习。

别看窦广国小时候颠沛流离，被人贩子卖来卖去，居无定所，受了很多苦，但长大了却很有才能，而且品德好，有贤名，在朝中人缘不错，深受文帝刘恒赏识。所以张苍离职后，文帝刘恒有意任命小舅子窦广国为丞相，但迟迟下不了决心，思量再三，最后还是忍痛割爱，弃之不用。

为什么呢？用文帝刘恒自己的话来说："朕担心天下人说闲话，认为朕徇私情偏爱广国啊！"这叫什么话？俗话说，举贤不避亲，举亲不避嫌。何况皇帝想重用的人，谁敢说三道四？文帝刘恒那么英明的人，难道不懂这个道理吗？显然，他没有说实话，应该另有原因。什么原因呢？说穿了，还是当年吕后称制留下的阴影所致。文帝刘恒并不是真怕人家说他徇私情，而是担心外戚干政导致悲剧重演。

经过反复权衡，考虑到朝内各方利益，文帝刘恒决定还是从功臣元老派中选拔丞相。当时已经是后元元年，也就是文帝十七年了，跟着高祖刘邦打天下的功臣元老死的死、老的老，大多凋零，很难找到更合适的人选。文帝刘恒选来选去，最后选中了一个人。这个人名叫申屠嘉。

申屠嘉是梁地人，也就是今天的河南省商丘人，年轻时，凭着有一把蛮力，能够拉强弓硬弩，曾以武士的身份跟随刘邦南征北战。楚汉战争期间，申屠嘉因军功被提拔为一个叫队率的小军官。所谓队率，通俗地说就是分队长，估计相当于现在的排长，统领四五十号人。

汉朝建立后，在刘邦晚年，英布谋反，申屠嘉又跟随刘邦平叛，才得以升任都尉，算是勉强进入了高干行列。惠帝刘盈在位时，申屠嘉被任命为淮阳郡守，成了一方大员。文帝刘恒阴差阳错即位后，为了感谢功臣元老派的支持，特别下诏，将那些曾经跟随父亲刘邦南征北战，俸禄在二千石的老臣，一律封为关内侯。当时，得封关内侯的老臣一共二十四人，申屠嘉就是其中一位，得到五百户封地，封号为故安侯。

张苍做丞相后期，申屠嘉担任御史大夫一职。申屠嘉的工作经历非常普通，没有太多可圈可点的地方，但申屠嘉有个优势，那就是年轻。他和张苍虽然是一辈人，都是老革命，但比张苍要年轻二三十岁，有幸能够把他那一辈的人全都熬死了，得以脱颖而出。所以，年龄对于政治人物来说，某种程度上也是资本。

　　申屠嘉作为刘邦时期的老人，年纪轻、资历深，做丞相是众望所归，于是文帝刘恒便任命他为丞相。老一辈的人一般都比较有理想信念，因为是战火中淬炼出来的，没有理想信念，很难坚持下来。申屠嘉正是如此，他为人忠诚可靠、廉洁正直。据史书记载，申屠嘉工作一丝不苟，在家从不接受私事拜访，对人要求非常严格。不管你是谁，只要犯了错，申屠嘉知道了，就要好好修理一番。一旦被惹怒了，他甚至瞪眼宰活人，哪怕是皇帝身边的红人也不例外。

　　但有一个人不知道天高地厚，竟然敢在申屠嘉面前没大没小、不守规矩，为此差点引来杀身之祸。那么，这个人是谁呢？他是文帝刘恒后宫中的一个男宠，名叫邓通。

　　所谓男宠，这里就不多做解释了，前面有说过，刘汉王朝的皇帝基本上都有男宠。高帝刘邦有，惠帝刘盈有，我们都曾提到过，大家应该还有印象吧？现在这个以宅心仁厚和不好色而闻名后世的文帝刘恒也有！据《史记·佞幸列传》记载，文帝刘恒在后宫中有三个男宠：一个是宦官赵同。关于赵同，前面有说到过，经常在御驾上与文帝刘恒坐而论道，结果被中郎将袁盎进谏给赶下了车，从此老实了很多。赵同之所以能够得到文帝刘恒的欢心，主要是因为他善于观察星象和望气，满足了文帝刘恒的好奇心。一个是宦官北宫伯子。关于北宫伯子，史书上记载很少，只说他因为仁爱宽厚而受到文帝刘恒的宠幸，应该与文帝刘恒脾性相似。还有一个就是邓通。

　　那么，邓通究竟是何许人也呢？他为什么能够得到文帝刘恒的特别恩宠呢？

82. 文帝的男宠邓通

邓通是文帝刘恒的男宠，且深受宠爱，那么邓通是何许人也呢？他是怎么勾搭上文帝刘恒的呢？且听我慢慢道来！

邓通是蜀郡南安人，也就是今天的四川省乐山人，没有其他本事，只擅长划船，因此年纪轻轻辗转来到长安，在宫中的龙船上当了黄头郎。所谓黄头郎，就是船夫或水手，因为他们职业装的显著特征之一是头裹黄头巾，所以从业人员被俗称为黄头郎。

邓通因为划船水平不错，又加上眉清目秀、帅气逼人，在里面还当了一个小头目，但做黄头郎不会有什么前途，和宫女太监没多大差别，充其量能偶尔见到皇帝，然后在外面到处显摆一下，想要脱颖而出、出人头地，除非白日做梦。

邓通也不例外，但例外的是邓通走了狗屎运，一个他做梦都想不到的狗屎运，让他时来运转、平地升天。什么狗屎运呢？这与一个人做的梦有关，当然不是邓通的白日梦，他的梦不值钱；而是文帝刘恒的梦。

这是怎么回事呢？说将起来，也是因为文帝刘恒迷信鬼神所致。一天，文帝刘恒又在想登天成仙的事，苦思冥想不得其道。俗话说，日有所思，夜有所梦。半夜，他就做了一个登天成仙的梦，梦见自己腾空而起，直冲九霄。眼看要到九霄的时候，却无论如何冲不上去了，悬在半空中，欲上不能，难受至极。这时，不知是谁在下面极力向上一推，让他得以顺利登入天界。登入天界，文帝刘恒甭提多高兴了，高兴之余，他想知道究竟是谁推了他一把，于是便回头寻找。仔细一看，原来是一个黄头郎在暗中帮助。那个黄头郎已经转身离开，看不到模样，只看见他后背衣服上破有一洞。文帝刘恒正要喊住黄头郎表示感谢，却被外面的鸡鸣声给叫醒了。

　　不管怎样，这是一个好梦，文帝刘恒从床上坐起，心情很是愉快，回思梦境，历历在目，特别是黄头郎的身影让他记忆犹新。经此一梦，文帝刘恒认定黄头郎是他登天成仙的贵人，必须找到才行。当天，他便带着一帮随从巡视皇家船队。为什么要巡视船队呢？因为黄头郎是船夫水手，到那里才有可能碰到。

　　当时的皇家船队在未央宫内西边的沧池内，有上百名黄头郎在里面工作。到了沧池边，文帝刘恒没有像往常一样登船游玩，而是吩咐左右，将所有黄头郎都叫过来，让他一一过目。黄头郎们听说皇帝来视察，不敢怠慢，纷纷跑过来见驾，小心翼翼偷眼观察文帝刘恒的神色。文帝刘恒不同往日，一副特别和蔼可亲的样子。他轻轻挥挥手，让大家不要紧张，排好队在自己面前走过即可。

　　黄头郎们不知道文帝刘恒要玩什么游戏，心中七上八下，遵旨而行，一步步向前移动。行过了几十人，文帝刘恒都没有反应，当邓通走过时，他突然大声叫住，把邓通吓得一激灵，一个趔趄，勉强立住。文帝刘恒笑呵呵地向邓通招招手，让他过来。邓通看文帝刘恒满脸欢喜的样子，知道应该不是坏事，便稍微镇定了一下情绪，走上前去跪倒在地。

　　那么多黄头郎，文帝刘恒为什么偏偏要叫住邓通呢？这是因为邓通背后的衣服上也破有一个洞，和他梦中的情形差不太多。看到这里，有人可能感觉太神奇了，怎么那么巧呢？梦中的情景怎么会在现实中出现呢？说句实话，我也感觉太巧了，无法用常理解释，只能说邓通走了狗屎运。而且后面还有更为巧合的事，让邓通的狗屎运变得顺理成章。

　　文帝刘恒对邓通不熟，头一次近距离接触，肯定要先问问邓通姓甚名谁了。邓通唯唯诺诺，如实上报。当听到邓通的名字时，文帝刘恒眼前不由得一亮，他笃定邓通就是自己要找的人。为什么呢？因为邓通姓邓，而邓的繁体字是"鄧"。"鄧"字左边是一个登天的"登"字，而文帝刘恒做的恰好是登天成仙的美梦，正好对上。衣服上有洞，还姓邓，那还有错？文帝刘恒不虚此行，起身回宫，不用说，必须要带着邓通一起走。

邓通不明就里，皇帝让一起走，他也不敢乱问，只好乖乖跟着入宫。看到这个情形，黄头郎们都很诧异，即便是文帝左右的随员，也觉得莫名其妙，议论纷纷。从此，邓通便留在文帝刘恒身边做事。

留在身边并不意味着就能得到宠爱，皇帝后宫佳丽三千，女人都宠幸不过来，哪里有工夫宠幸男人。而且邓通除了会划船，没有其他更多的技能。但邓通有几个优点，所以很快俘获了文帝刘恒那颗博爱的心。

什么优点呢？一是长得帅，花样美男，人见人爱，花见花开；二是情商高，很会来事，百依百顺，唯命是从；三是老实谨慎，喜欢宅在家里，不与闲杂人等交往，这点最让文帝刘恒放心，因为谁都不希望自己的隐私外泄。有这么多优点，邓通升迁神速，不到两三年，便被提拔为大中大夫。大中大夫属于高官了，前面说过，陆贾干了一辈子才混到这个职位，贾谊一身才华也没能干多久。

当上高官还不算，邓通还经常得到文帝刘恒的特别赏赐，累计起来上亿。对于任人唯贤、生活朴素的文帝刘恒来说，邓通仅凭普通的君臣关系获取高官厚禄，不可能做到。所以，后人认为文帝刘恒和邓通之间应该还有另一层关系，就是断袖关系。当然，史书上不会明说，也没有哪个史官敢明说。史书上只说文帝刘恒喜欢到邓通家休闲，每次两个人饮酒作乐玩游戏到很晚，还不肯分开。两个大老爷们在一起，能玩什么呢？为此，邓通一直被认为是文帝刘恒的头号男宠。

女人被宠爱会发嗲，男人被宠爱会放肆。仗着文帝刘恒的宠爱，时间长了，邓通言行难免时有出格。朝中大臣碍于文帝刘恒的面子，睁只眼、闭只眼都懒得去管，但丞相申屠嘉却看不下去了，一直想找茬收拾邓通。那么，他会怎么收拾呢？

83. 嘚瑟惹的祸

邓通蒙幸后，有点翘尾巴，在礼数上开始没那么讲究了。中国自古是礼仪之邦，特别是在古代，礼数格外重要。俗话说，做事先做人，做人先学礼。平级之间、上下级之间，不同的场合都有不同的礼数规矩，一旦僭越，轻则被人嘲笑，重则可能会惹来杀身之祸。邓通就是如此，一不小心险些掉了脑袋。

邓通原本还是非常谨慎的，总是谦卑示人，但自从被文帝刘恒宠幸后，时间久了，飘飘然了，就没那么注意了，偶尔表现出很随意的样子。这也是人之常情。文帝刘恒对邓通宠爱得不行，哪里会腻烦，相反，邓通的一举一动他都感觉那么迷人。

这就叫"情人眼里出西施"，同性也适用。无论别人看着多别扭，在情人眼里那都是完美的。既然皇帝喜欢，邓通行事也没有太过分，朝中大臣一般都睁只眼、闭只眼，不与邓通计较。但有一个人却不愿意惯着邓通，这个人就是丞相申屠嘉。

申屠嘉是老革命，比较清高、嫉恶如仇，对蝇营狗苟之事向来嗤之以鼻，当了丞相后，更是刚正不阿、不徇私情，所以他对邓通的行为厌恶至极，早就想收拾邓通了。一天，申屠嘉入朝拜见文帝刘恒，商讨国家大事，正好邓通也在场。商讨国是，那是很严肃的，与会人员都必须打起十二分精神，认真倾听，交头接耳或者打瞌睡都是严重违规行为。而邓通立在旁边竟然精神恍惚，似睡非睡。

丞相申屠嘉看在眼里，气在心里，认为邓通行为简慢，对自己不够尊重。工作汇报完，他便略带不满地对文帝刘恒进谏道："陛下，平时您可以放纵您的宠臣，甚至可以让他当官、赐他富贵，但是在朝上还是应该严肃对待，讲究礼数！"虽然是在批评邓通，但这话还是有点冲的，毕竟是同皇帝说话。

文帝刘恒自知理亏，不好发作，但还是回敬了一句赌气的话："朕知道了，您不要多说了，朕对邓通就是偏爱！"这么怼申屠嘉，文帝刘恒明摆着是在耍无赖，有一种爱咋地咋地的味道，让丞相申屠嘉很没面子。而邓通不由得面露得意之色。

皇帝耍无赖，臣子能有什么办法？申屠嘉无可奈何，悻悻地回了相府。身为丞相竟然如此没有权威，那还了得，回到相府后，申屠嘉越想越生气，决心收拾邓通，于是他下了一道手令，通知邓通到相府来问话。

接到手令，邓通料定丞相申屠嘉不怀好意，便装聋作哑不肯过去。申屠嘉岂肯罢休，继续派人召唤，并发下狠话，邓通如若不来，就要请旨将邓通斩首。邓通听闻非常害怕，他知道申屠嘉这老头的犟脾气不是说着玩的，僵在那里肯定对自己不利。

怎么办呢？他便先进宫向文帝刘恒求救。文帝刘恒也没有什么好办法，因为当时的政治氛围，皇帝的权力还没有大到可以为所欲为的地步，相权某种程度上对皇权有很大的制衡作用。如果让丞相申屠嘉太难看，肯定不利于政治稳定。

但看着可怜巴巴的邓通，文帝刘恒也着实心疼，不忍心袖手旁观，于是安慰道："但去无妨，朕随后会派人到丞相府召你进宫，丞相到时不会为难你的！"邓通看文帝刘恒这个态度，不得不赶快出宫前往丞相府，自求多福。

刚进入丞相府，他就摘下帽子，脱下鞋子，以示尊敬，见了申屠嘉二话不说倒头便拜，请求赎罪。只见申屠嘉满脸杀气，好似一位活阎王，故意不以礼相待，很随便地高坐在堂上。邓通吓得头都不敢抬，一个劲地解释道歉。申屠嘉还没听完解释，就厉声斥责道："朝廷是高祖皇帝的朝廷，一切朝仪，无论何等人员，都应遵守！你邓通有什么了不起？只不过是一个小臣而已，却胆敢在大殿之上恣意妄为，岂有此理！你知道吗？你这是犯了大不敬的罪，按律应该杀头。"

一听要杀头，邓通差点崩溃了，磕头如捣蒜，乞求饶命，头上磕得鲜血直流。申屠嘉还不罢休，大声对左右命令道："来人！把这个不知道天高地厚的东西给拉出去砍了！"左右听令一跃而上，就要上前拖邓通出去。

突然，外面有人跑进来通报，说皇帝派人过来传达口谕。不用说，邓通的救兵来了。文帝刘恒清楚丞相申屠嘉的为人，知道他是个狠角色，不会善待邓通，所以邓通前脚刚走，他后脚便派人跟了过去，目的就是趁着申屠嘉还没来得及动手，就把邓通召进宫中。

来人非常客气，先是向丞相申屠嘉表达了歉意，然后传达文帝刘恒的口谕："丞相刀下留人！邓通不过是朕的弄臣，您看在朕的面子上就饶了他这一回吧！朕以后一定会严加管教，下不为例！"

皇帝求情哪有不好使的？申屠嘉本来也主要是为了吓唬邓通，出口恶气。既然皇帝发话，他当即挥挥手让来人把邓通带走了。邓通回到宫中，见了文帝刘恒哭得稀里哗啦，边哭边说道："陛下，丞相今天差点把臣给杀了，您要为臣做主啊！"文帝刘恒看他面目红肿，三分像人，七分像鬼，既好笑，又可怜，挥手召御医替他敷治。待给邓通包扎好，文帝刘恒又叮嘱他，以后切记不要再冲撞丞相了。

邓通果真谨记在心，从此不敢再有失礼，口碑也越来越好，与朝中大臣相处融洽。看邓通如此懂事，文帝刘恒对他更加宠爱，处处替邓通着想，生怕他吃亏。

按说有文帝刘恒这么宠着，在常人眼中，邓通一定会有享不尽的荣华富贵，但有人却有截然相反的看法，说邓通是穷酸命，将来很可能会穷困潦倒，直到穷死。这个人是谁呢？他为什么这么说呢？

84. 富可敌国

在一般人看来，邓通这一辈子肯定会不愁吃不愁穿，但有一个人却有截然相反的看法。这个人是谁呢？她是一个女人，名叫许负，是汉朝初年著名的女相士，怀庆温城人，也就是今天的河南省焦作市温县人。

关于许负，前面有提到过，估计很多人已经忘记了，我们不妨简单回顾一下。她曾经给文帝刘恒的母亲薄太后看过相。薄太后年轻时是魏王豹的老婆，也就是薄姬。有一次，魏王豹请许负为自己的妻妾看相。许负对魏王豹说，在他的妻妾中，薄姬面相贵不可言，能生龙子。老婆薄姬能生龙子，当时魏王豹还以为自己能做皇帝呢，所以果断脱离了刘邦的领导，出来单干。结果不久，魏国被韩信率军给灭了，魏王豹成了刘邦的俘虏，老婆薄姬被刘邦抢走宠幸了一夜。正是那一夜激情，薄姬怀上了后来的文帝刘恒，让许负预言成真。为此，许负名扬天下，汉朝建立后，甚至被刘邦封为雌亭侯。

一个女人能够被封侯，没有真本事是不可能的。到了刘恒做皇帝的时候，许负年纪已经很大了，据说文帝刘恒还尊称她为义母，算是对当年她给母亲薄太后算命的回报吧。正是这个许负，在文帝刘恒的邀请下，也给邓通相了一次面。相完面，许负唉声叹气，不住地摇头，但不肯多说。

文帝刘恒好像很大度的样子，让许负实话实说，不用顾忌。于是，许负直言不讳地说道："唉，邓通相貌很不好啊，将来肯定命运不济，甚至还有可能因贫穷而饿死啊！"文帝刘恒一听很不爽，心想自己宠爱的男人都要饿死了，自己算怎么回事，太没用了吧，当时就生气地说道："是吗？邓通能否富有主要在于朕，你说他会贫穷他就贫穷啊？朕偏不信！"

看到文帝刘恒不高兴，许负自知话说多了，便找个理由退了出去。许负走后，文帝刘恒怏然不乐、耿耿于怀，对左右愤愤地说道："要邓通富有，算什么难事？只凭朕一句话，保管他富贵终身，绝不可能饿死！"

皇帝的话那是金口玉言，一旦说出来就要兑现。怎么兑现呢？文帝刘恒决定把蜀郡严道县，也就是今天的四川省荥经县的一座盛产铜的矿山赏赐给邓通。为什么要把铜山赏赐给邓通呢？这与汉朝的铸钱制度有关。

汉朝刚建立时，百姓使用的是秦朝时期的钱币。因为秦钱太重，约有半两，携带不方便，刘邦改革了钱币的大小，将钱币的重量减少到一铢半。铢是古代很小的重量单位，有一个成语叫"锱铢必较"，常用来形容人很小气。古代，一两等于二十四铢，可以想见，一铢半就轻很多了。因为太轻，钱也就不值钱了，物价因此暴涨。

文帝刘恒即位后，为了降低物价，再次对钱币进行改革：首先是增加钱币的分量，铸造四铢重的钱，也就是四铢钱；其次是下放铸钱的权利，民间可以自由铸造钱币，只要符合国家标准即可。

百姓可以自己铸钱，现在看来是不是有点不可思议，其实那个时候群臣对此事的分歧也很大。前面说过两个人，贾谊和贾山，都极力反对过，但文帝刘恒不听。之所以不听，主要是因为铸造钱币的原材料一般百姓不可能大量拥有。铸钱的原材料就是铜，只有拥有铜山才能大规模铸钱，而铜山属于国有资产，普通老百姓即便自己铸钱，那也是小打小闹。

现在文帝刘恒把铜山赐予邓通，相当于让邓通办了一个印钞厂。印钞厂有取之不尽的财富，还怕没钱花？从此"邓氏钱"流通全国，邓通自然富可敌国。

当时能与"邓氏钱"媲美的只有东南地区的"吴钱"。所谓吴钱，就是吴地铸造的钱。前面说过，吴地封给了刘邦的侄子，也就是文帝刘恒的堂兄刘濞。在吴地境内也有一座铜山，吴王刘濞充分利用这一天然资源，大量铸造吴钱，一时也富可敌国。后来，正是凭借着铸钱打造的强大国力，刘濞造反了，将来我们还会详细说到，大家先了解一下。

　　这样一来，文帝时期就形成了东南多吴钱、西北多邓钱的局面，邓通的财富之多可见一斑。文帝刘恒如此厚待邓通，无非是担心邓通真的像许负说的那样，因为贫穷致死。但人算不如天算，邓通的最后命运还是没逃过许负的预言。为什么呢？因为邓通无意中得罪了一个文帝刘恒都没有办法管制的人。这又是怎么回事呢？

　　原来有一次，文帝刘恒生病，身上长了恶疮。恶疮这种病大家都知道，特别恶心人，疮破之后，上面会流出污浊不堪的脓血。民间形容一个人太坏，经常用一句谚语：头顶上长疮，脚底下流脓。意思是坏透了，可见恶疮这种病多让人讨厌。

　　文帝刘恒虽然贵为皇帝，但那也是血肉之躯，身上长疮自然也和普通人一样，苦不堪言。邓通平时特别受文帝刘恒宠爱，感激不尽，无以为报，看文帝刘恒如此痛苦，就经常主动提出用嘴为文帝刘恒清理疮口。用嘴把疮口上的脓血舔干净还是一件令人作呕的事，没有极大的心理承受能力无法完成。不过邓通做到了，而且做得非常完美！

　　文帝刘恒被邓通吮吸得很舒服，痛苦大大缓解，对邓通的感情也更深了。按说邓通这么体贴，文帝刘恒应该高兴才是，但他却隐隐有一丝惆怅。这又是为什么呢？

第十七章

太子刘启

85. 没有对比就没有伤害

邓通为文帝刘恒吮吸疮口，文帝刘恒感觉身体舒服的同时，又隐隐有一丝惆怅。为什么呢？因为邓通和文帝刘恒非亲非故，只是一个男宠而已，男宠如此卖力无非是冲着文帝刘恒的权势。即便邓通不愿意做，文帝刘恒也可以命令他去做或者让其他人来做，所以没什么值得高兴的。

人在病痛的时候最渴望的不是阿谀奉承，而是来自亲人的关怀。文帝刘恒是皇帝，看似风光无比，其实孤家寡人一个，内心是孤独的。

一天，邓通为他吮吸干净脓血，漱完口，侍立一旁陪着聊天。正聊得开心，文帝刘恒突然问道："邓通啊，朕坐拥天下，地位崇高，你看看天下谁最真心爱朕？"邓通没想那么多，脱口而出道："陛下，这还用问啊，至亲莫若父子啊！于情于理，最爱陛下的肯定是皇太子了！"邓通的这个回答从逻辑上来说没有毛病，皇太子既是皇帝的儿子，又是皇帝的继承人，当然最爱皇帝了。但文帝刘恒听了却默然不语，知子莫若父，看来他是心中没底啊。

到了第二天，正值文帝刘恒脓血往外流，皇太子刘启入宫拜见。文帝刘恒顺手指着皇太子刘启说道："你过来，快把朕疮口上的脓血用嘴吮吸干净！"邓通吮吸疮口没有问题，但是皇太子刘启就不一样了，从小在皇宫中长大，娇生惯养，都是人家帮他擦屁股，哪里干过这种事。

听父亲召唤，皇太子刘启直皱眉头，本想推辞，但觉得父命难违，只好屏着呼吸，走上前在疮口上吮了一口。这一口差点没把他给熏死过去。皇太子刘启实在受不了，赶快扭过头将口中的脓血吐了出来，弯着腰干呕了半天才缓过劲。

文帝刘恒看儿子这副模样，长叹一声，叫他退下，仍召邓通过来吮吸。只见邓通毫无难色，很熟练的样子，一会儿就把疮口上的脓血吮吸干净了，文帝刘恒大为感动。俗话说，没有对比就没有伤害。有人感动，就有人恼羞成怒。恼羞成怒的肯定是皇太子刘启了，好端端地去看望父亲，结果却吸了一口脓血回来，能不生气吗？

回到东宫，皇太子刘启想起刚才吮吸脓血的事，还是恶心得不行，一天没吃下去饭，认为一定有人暗中使坏，唆使他父亲这么干。于是他派人到宫中打听始作俑者。一打听，原来是邓通出的主意，从此皇太子刘启开始怨恨邓通，而邓通还蒙在鼓里。后来皇太子刘启做了皇帝，也就是汉景帝，有意刁难邓通，直到把邓通弄得饿死了事。这是后话，将来我们再详细述说。

从这件事我们不难看出皇太子刘启的秉性。皇太子刘启和他父亲刘恒的性格有很大不同：刘恒为人宽厚、严以律己、宽以待人，能够设身处地为别人着想；刘启为人苛刻、锱铢必较、睚眦必报，心中只有个人的利益得失。

身为皇帝的继承人，刘启的性格有非常大的问题，在还没当皇帝前，就给父亲文帝刘恒惹了一次大麻烦，这个麻烦甚至一直延续到汉景帝时代。什么麻烦呢？这还要从吴王刘濞说起。

前面说过，吴王刘濞是文帝刘恒的堂兄，刘邦二哥刘仲的儿子。刘邦晚年，平定英布叛乱，刘濞跟随前往，立了战功，被封到了东南吴地做了吴王。吴地有两大天然资源：一是铜山，可以炼铜矿为铜，铸造钱币；二是地处沿海，可以煮海水为盐，获得暴利。靠着这两大天然优势，吴国日益富强。

刘邦主政和吕雉称制时，吴地还算安生，吴王刘濞作为晚辈，不敢造次。但到了文帝刘恒时期，富强起来的吴国就越来越不把中央政府当回事了。有一次，吴王刘濞派儿子，也就是吴国太子刘贤到京城长安觐见文帝刘恒。在京城，皇太子刘启负责接待吴太子刘贤。两个人都是太子，一个是皇太子，一个是诸侯国太子，年纪又相仿，朝夕相处，越玩越熟，慢慢地不分彼此起来。

俗话说，有一好，必有一恼。朋友之间在一起，切忌形影不离、不分彼此，因为时间长了，舌头和牙齿还打架呢，何况两个大活人，难免会磕磕碰碰。如果能够互相忍让，那倒还好；如果都很强势，互不相让，就会闹出事端，甚至闹出人命。刘贤和刘启的关系就是如此。

一天，刘贤和刘启在一起下棋，开始还算开心，但几局下来，便有点不愉快了，他们互相指责，最后争执不下。究竟为什么争执，史书上没有记载，无非是悔棋或输赢的事。刘启本来就是一个斤斤计较的人，一旦和人争执起来，不分高下，怎肯罢休？更何况他贵为皇太子，又在自家地盘上。刘贤是吴太子，也不是个省油的灯，仗着吴国强大，没把皇太子刘启当回事，一旦争执起来怎肯相让？

按说两个孩子不懂事，旁边的大人应该劝架才是，可是跟着吴太子刘贤来的一帮人生怕自己家小主人吃亏，竟然一起上前和皇太子刘启理论。皇太子刘启哪里受过这等委屈，平时无论到哪里都是别人护着他、让着他，现在倒好，他成了被围攻的对象，自尊心受到了极大的伤害。于是，他冷不防抄起桌子上的棋盘，猛地向吴太子刘贤头部砸去。

皇帝家的棋盘不是普通材料做成的，而是由硬木制作的，分量重，强度高。这一棋盘下去，吴太子刘贤头部瞬间开花，鲜血直流。那么吴太子刘贤究竟是死是活呢？皇太子刘启又会因此给朝廷带来什么麻烦呢？

86. 下棋下出了人命

皇太子刘启与吴太子刘贤因下棋引起争执，互不相让，甚至吴太子刘贤的随从、老师们也都纷纷跳出来指责皇太子刘启。皇太子刘启从小在宫中长大，是储君、未来的皇帝，哪里受过这般委屈，顿时怒从心上起、恶向胆边生，竟顺手抄起真材实料的棋盘，向吴太子刘贤猛地砸去。

吴太子刘贤正唾沫横飞地在那里讲理嘲弄，没有防备，来不及闪避，刚好被棋盘砸中了脑袋，霎时间鲜血直流，晕倒在地。众人赶快拥上去救助，只可惜为时已晚，这一个棋盘竟然要了吴太子刘贤的小命。

下棋下出了人命，那还了得！吴太子刘贤的随从、老师们当时就不干了，大吵大闹，拉着皇太子刘启不让走。刘启是皇太子，身边的随从要多不少，一窝蜂上前推搡，险些打起来。经过一番较量，刘启好不容易才逃离命案现场。

离开现场，刘启已经意识到自己犯了弥天大错，赶快跑到宫中向父亲文帝刘恒求救。文帝刘恒不听则罢，一听大吃一惊，因为吴王刘濞可不是一个好惹的主。这要是人家的孩子干的，文帝刘恒肯定会下令拉出去砍了，以便向吴王刘濞交代，但刘启是自己的儿子，而且还是皇太子。为人父母哪有不护短的？所以文帝刘恒只是火冒三丈地大声斥责了刘启一番，让他老实待在东宫不要再四处游逛了，然后命人把吴太子刘贤的那帮随从、老师请到了宫中，好言劝慰。

面对皇帝，吴国的这帮随从也不知道说什么好了，都暗自流泪，想着怎么回去向吴王刘濞交差。俗话说，心凉不可重温，人死不能复生。再怎么劝慰，人已经死了，文帝刘恒也没什么办法，只好厚殓吴太子刘贤，派人护送灵柩回吴国。

去京城长安时坐车骑马，活蹦乱跳，回来的时候竟然给装进了棺材。虽然棺材板质量还不错，但人没了，棺材板再好有什么用呢？白发人送黑发人，人生之大痛。

吴王刘濞也不例外，他悲怒交加，实在无法接受，指着吴太子刘贤的那帮随从大骂不止，最后愤愤然说道："天下一宗，死长安即葬长安，何必来葬为！"什么意思呢？吴王刘濞拒绝接收儿子的尸首："大家都是刘氏子孙，既然死在了长安，就应该葬在长安，没必要再拉回来了！"那意思就是，你儿子杀了我儿子，那么就要让我儿子埋在你们家旁边，让你不得安心。于是，吴太子刘贤的灵柩又被拉到了京城长安。

这不明摆着在打文帝刘恒的脸吗？文帝刘恒当然知道吴王刘濞的意思了，但自觉理亏，不好计较，便将吴太子刘贤安葬在长安。这就算完事了吗？肯定不算完！谁不心疼自家儿子啊？何况儿子差不多已经长大成人。

从此，吴王刘濞心生怨气，仗着吴国国富民强，不再像过去那样以臣礼对待朝廷了。每当朝廷派使臣过来例行公事，他都表现得骄倨无礼，爱睬不睬，有时候还故意刁难。朝廷使臣到其他诸侯国出差，诸王都是笑脸相迎，好酒好菜招待；到了吴国却热脸贴冷屁股，坐冷板凳，心里很是不爽，回到京城长安，难免添油加醋地向文帝刘恒汇报吴王刘濞的态度。

文帝刘恒并不在意，知道吴王刘濞还记恨在心，便好意召他进京聊聊，目的是化解前嫌，重归于好。可是吴王刘濞偏偏不领情，称病拒绝进京。文帝刘恒还以为他伤心过度，真病倒了，又派人过来慰问。没病的人装病是装不像的，何况吴王刘濞面对朝廷使臣压根就不肯装，一副盛气凌人的样子，毫无病容。

为此，文帝刘恒大为光火，心想我身为皇帝只能这样对待你了，即便我儿子失手杀了你儿子，你也不能没完没了啊。此后，只要吴国有使臣进京，文帝刘恒就会找个理由把使臣抓起来责问治罪。

几次下来，双方积怨越来越深，吴王刘濞担心自己早晚被文帝刘恒收拾，便有了二心，开始积极筹划谋反活动。这时，幸好有一人从中斡旋，才让吴王刘濞暂时打消了谋反的念头，避免了与朝廷兵戎相见。那么这个人是谁呢？他就是袁盎。

关于袁盎，之前我们说得比较多，他因为直言进谏得到文帝刘恒赏识，做过宫内中郎将，但也因为太过直言，逐渐被文帝刘恒所厌恶。他从京城长安被调离到陇西，也就是今天的甘肃省定西市陇西县，担任都尉一职。在担任都尉期间，袁盎爱兵如子，深受官兵爱戴，不久被任命为齐国丞相，之后，又调到吴国担任丞相。

袁盎有个侄子名叫袁种，前面其实也提到过，不知道大家是否还有印象。此人比较有远见，在袁盎离开齐国到吴国任职的时候，他为袁盎出主意说："叔叔啊，此次到吴国担任丞相，您老一定要多个心眼啊！吴王刘濞可不是善茬，为人骄横，与朝廷多有不和，身边又尽是奸诈之人。如果您老不识时务，揭发他的不法勾当，他要么会上书诬告您，要么就会暗中刺杀您，反正不会善待您！南方地势低洼潮湿，您老最好还是少管闲事，每天饮酒作乐即可，时常好言抚慰吴王刘濞不要反叛就是了。这样的话，您老才可能侥幸摆脱祸患啊！"

袁盎自从被文帝刘恒调出京城长安，就学乖了，没那么直肠子了，虚心接纳了侄子袁种的建议。到了吴国，按照侄子袁种的办法行事，袁盎果真得到了吴王刘濞的厚待。

现在吴国和朝廷剑拔弩张，袁盎便晓之以理、动之以情，最终打消了吴王刘濞的谋反念头。既然不谋反了，那就要派人到京城长安向文帝刘恒致歉，以缓解双方的对立气氛。那么，文帝刘恒会接受吴王刘濞的道歉吗？

87. 听人劝，吃饱饭

吴王刘濞因儿子被皇太子刘启所杀，对朝廷不满，与文帝刘恒暗中较劲，甚至私下里积极筹划谋反活动。俗话说，听人劝，吃饱饭。在丞相袁盎的耐心劝说下，加上时机还不成熟，吴王刘濞最终决定暂时放弃谋反的念头，主动向朝廷示好。

怎么示好呢？他自己肯定还是不想去京城长安朝见文帝刘恒的，那也太没面子了。于是趁着秋请，他派了一位能言善辩的使者代他过去。所谓秋请，就是诸侯王在秋季的时候进京朝见皇帝。之前吴国派去的使者都被文帝刘恒找借口给羁押了起来，这次使者如果贸然过去，下场估计差不多。怎么办呢？最好的办法就是提前沟通。

这次派去的吴国使者就是这么操作的。为了能够与文帝刘恒提前见上一面，他买通了郎中令张武。

关于张武，我们前面有提到过，他是文帝刘恒的心腹之臣，早在文帝刘恒做代王的时候就跟随其左右。当年，文帝刘恒被周勃、陈平等人邀请进京做皇帝，张武因为担心有诈，还极力劝阻过。后来进了京，文帝刘恒封他为郎中令，负责宫廷安全工作。由此可见，张武在文帝刘恒那里还是很有分量的。正是在这个张武的安排下，吴使者才得以面见文帝刘恒。

文帝刘恒看到吴使肯定没有好脸色了，张口就责问吴王刘濞为什么诈病不来朝拜。吴使早就准备好了一套说辞，他对文帝刘恒说道："陛下英明，吴王确实没有生病！之所以不来，是因为朝廷拘禁惩治了好几位吴国使者。常言说'察见渊中鱼，不祥'，如今吴王刚刚假称生病不来上朝，就被陛下察觉了，还遭到了严厉的质询。吴王想到自己的所作所为，更加害怕，担心陛下会杀了他！希望陛下能够宽宏大量、摒弃前嫌，给吴王重新开始的机会。"

吴使的这套说辞还是有点高明的，既给吴王刘濞不来朝拜找了冠冕堂皇的借口，又给足了文帝刘恒面子，让他下了台阶，中间还引用了一个很有说服力的典故，"察见渊中鱼，不祥"。什么意思呢？和我们平时常说的一句话有点像，也就是"水至清则无鱼，人至察则无徒"。比喻对人家的隐私太过清楚，不是好事，所以要难得糊涂。

文帝刘恒当然明白其中的道理了，另外他也不想再僵持下去了，再僵持下去肯定会两败俱伤，于是便下诏，将以往扣押的吴国使者全部释放，并赐给吴王刘濞"几、杖"，特别恩准其以后可以不入京朝拜。所谓"几"，就是矮桌，现在大家还习惯性地称在客厅里安放的矮桌子为茶几；所谓"杖"，就是拐杖，年龄大的人因为行动不方便，都习惯性地拄着拐杖。文帝刘恒送吴王刘濞"几、杖"是为了向天下人明示，吴王刘濞因年老体衰不方便外出，无法到京城长安朝拜。这样一来，大家都有面子了。

吴王刘濞是明白人，收到"几、杖"就放心了，知道得到了文帝刘恒的宽恕，谋反的事情也就放松了。虽然一时不再准备谋反，但他是个有野心的人，暗地里加紧发展吴国，在皇太子刘启做了皇帝后，也就是汉景帝时期，他还是反了，不久我们还会详细说到。不管怎样，文帝刘恒总算把吴王刘濞这颗隐形炸弹暂时摁住了，国内得以保持了安定局面。

这个时候，汉朝与匈奴的和亲谈判也取得了实质性进展：文帝刘恒派人给老上单于送去了出身皇族的公主做阏氏；老上单于派人给文帝刘恒馈赠了两匹宝马，并书信表示感谢。公主换宝马，礼物明显不对等，但为了边境安定、全力发展国内生产，文帝刘恒还是欣然接受了，并于后元二年，也就是文帝十八年给老上单于回了一封书信：

"皇帝敬问匈奴大单于平安！单于派人送给朕的两匹宝马，已经收到，朕恭敬地表示接受。汉朝先帝曾立下规矩：长城以北，是拉弓射箭者的国家，属于单于统辖；长城以内，是戴冠束带者的国家，由朕管辖。我们有责任让两国百姓安居乐业、家庭团聚，让君臣安心，没有暴虐叛逆之事。但如今朕听说，有不轨之徒因私废公、违背道义，不顾千万百姓安危，离间两国君主的友谊！幸好这些不愉快都过去了，朕就不提了。单于信中说：'汉匈和亲，普天同庆，休养生息，世代友好。'朕特别赞赏这个提法！圣人天天在进步，不断改正不足，目的是让老人得到安养，让幼儿得到成长，各自健康度过一生。朕和单于都应该遵循这个规律以顺应天意，安抚百姓，世代相传，永远延续下去。这样天下人才都能从中受益。汉匈势力相当，比邻而居，由于匈奴地处北方，天气寒冷，所以朕以后会派人每年给单于送一些御寒之物。如今天下安宁、百姓幸福，朕和单于作为他们的父母应该感到欣慰。从前发生的事，都是些微末小事，因谋臣失策所致，不足以离间我们兄弟间的友情。朕听说，天不会只覆盖一方，地不会只承载一处，所以我们都要抛弃从前的小误会，遵循天道行事，消除不快，从两国的长远利益来考虑，使两国人民如同一家人一样。千万善良的百姓，以及水中的鱼鳖，天上的飞鸟，地上的各种兽虫，没有不追寻安全有利的生活环境而躲避危险的，这是天经地义的道理，所以无论他们愿意归顺谁，我们都不要阻止。因此，朕决定特赦那些逃往匈奴的汉人，希望单于也不要再追查逃往汉朝的匈奴人。朕听说古代帝王们订立条约，条款分明，从不背弃，如果单于能够遵守盟约，天下一定会安宁下来。和亲以后，汉朝决不会首先负约。最后还请单于明察。"

说白了，就是一句话，文帝刘恒希望汉朝和匈奴以和为贵，世代友好。那么，匈奴老上单于又是什么态度呢？

—— • 第十八章 • ——

风波四起

88. 烽火再起

文帝刘恒给匈奴老上单于写了一封长信，表达了以和为贵、世代友好的心愿。俗话说，伸手不打笑脸人。老上单于刚收了一位出身汉朝皇族的公主做阏氏，每年还能够得到汉朝所谓的御寒之物，何况战场上也占不到绝对优势，便向文帝刘恒保证以后一定会遵守诺言，绝不再侵犯汉朝边境。自此，汉匈双方暂时停止了摩擦，边境地区自然也就安定了下来。

那个叛逃匈奴的汉奸中行说自然没了用武之地，被老上单于给雪藏了起来。这样的局面对于常年战乱的中原来说，来之不易。于是，文帝刘恒给御史下令道："匈奴大单于在给朕的信中保证，接受和亲政策。他认为双方应该和睦相处，因为互相侵犯既不能增加人口，也不能扩大地盘，徒劳无益。大单于承诺，今后匈奴人不会再擅自闯入汉朝边塞，他也希望汉朝人不要轻易走出边塞，以后无论谁违反此项约定，都要处死，只有这样才对双方有利，才能长久保持汉匈两国亲近友好的关系，不再产生战乱纠纷。朕认为有道理，已答应了他的请求，御史要尽快向全国发布公告，告知百姓此事，让百姓安心生产。"

按照文帝刘恒的意思，御史立刻向全国发布了一份公告："朕不够贤明，不能施恩德于远方，以至于大汉朝经常遭到邻国侵扰。边境百姓为此不能安定生活，而内地百姓辛勤劳作也得不到休养生息。特别是匈奴，最近连续几年都来危害我大汉边境，杀害我大汉百姓。边防官员和将领无法有效阻击敌人，更是加重了朕的无德。怎么才能安定下来呢？朕起早贪黑、废寝忘食，操劳国事为万民忧虑，惶惶不得安宁，每天都在想着这些事啊！为了结束边境战乱，朕派出了一批又一批的使者，向匈奴单于表达朕的心愿。现在，匈奴单于终于同意回到从前友好相处的道路上来，并与朕结为兄弟，天下幸甚！和亲协议目前已经订立，从今年就开始执行。"

文帝刘恒之所以深得百姓和后人的爱戴，从这份公告中不难看出其中的原因。面对问题，他不回避，不感情用事，忍辱负重、积极应对，敢于向百姓坦诚交代自己的无奈，甚至是无能。坦诚看似简单，其实很难，真正能做到坦诚的人，往往是那种内心足够强大的人。

对于文帝刘恒的坦诚，百姓还是非常理解的，特别是边境百姓，因为长期被匈奴侵扰，不胜其烦，太想要和平了。老上单于这次还是比较讲信用的，自从与汉朝签订了和亲协议，当真没有再派兵侵扰过汉朝边境。

不过好景不长，老上单于两年后就病死了。老上单于死后，儿子军臣继位，也就是军臣单于。匈奴换了新单于，按照合约，第一时间派人向汉朝做了通报。为了延续和亲政策，文帝刘恒又派了一位皇族公主过去，重申和亲约定。

军臣单于对汉朝皇族公主垂涎已久，爽快地同意继续履行合约。但是偏偏有一个人从中教唆，挑拨汉匈关系。不用说，这个人还是汉奸中行说。军臣单于起初不肯听从中行说那一套，但架不住中行说经常在耳边聒噪，终于心动。

文帝后元六年冬天，也就是文帝二十二年冬天，匈奴单方面撕毁合约，兵分两路侵犯汉朝边境：一路攻入上郡，一路攻入云中郡。两路人马共计六万多骑兵，沿途烧杀抢掠、无恶不作，边境百姓苦不堪言。

汉朝边防官兵已有好几年没打过仗了，疏于防范，又加上匈奴骑兵突然袭击，来不及抵抗，溃不成军。军队是用来打仗的，而且是打胜仗的，不能因为所谓的"和平发展"而懈怠，否则一旦有事，后果不堪设想，轻则割地赔款、受人欺侮，重则亡国灭种、生灵涂炭。历史教训触目惊心，我们一定要引以为戒！

匈奴骑兵迅速侵入代地句注边界，也就是今天的山西省代县雁门关附近。边防官兵抵抗不住，只能燃起烽火向周围和中央政府报警求救。前面说过，烽火相当于现在的通信设备，一处点燃，其他地方看到后跟着点燃，烟火冲天，消息很快就传到了甘泉宫，再由甘泉宫快马加鞭报告朝廷。

文帝刘恒收到警报，大吃一惊，急调三路人马前去支援：一路人马开赴赵地飞狐口，也就是今天的河北省张家口市蔚（yù）县北口峪，俗称"四十里黑风洞"，统将是中大夫令勉；一路人马开赴代地句注，统将是楚国前丞相苏意；一路人马开赴北地郡，统将是前郎中令张武。关于令勉和苏意，我这里就不多介绍了，不太出名，大家知道就行了；至于张武，前面已经提到过几次，是文帝刘恒的心腹将领。这三路人马同日出发，星夜驰援。

那个时候交通不发达，再星夜驰援，也需要个把月时间，待赶到时，匈奴骑兵早已带着掠夺的牲畜财物扬长而去。经此一惊，文帝刘恒对匈奴重新警惕起来，他担心匈奴骑兵哪天会突袭京城长安，便在长安城外围安排驻扎了三支部队：一支由宗正刘礼统领，驻守渭河北岸的霸上；一支由松兹侯徐厉统领，驻守渭河北岸的棘门；一支由河内郡守周亚夫统领，驻守长安城西边的细柳。为了后面的述说，以上三个人我们这里不妨简单介绍一下。

刘礼是刘邦的弟弟楚元王刘交的儿子，开始被封为平陆侯，后来担任宗正一职，负责管理皇族内部事务。

徐厉是一位老同志，开国将领，刘邦的老乡，也就是江苏沛县人，早年以舍人的身份跟随刘邦，成为刘邦手下的一名侍卫官，入关后，被封为郎中。汉朝建立后，徐厉担任过常山国丞相。吕后称制时期，徐厉被封侯，封地在松兹，也就是今天的安徽省宿松县一带。当时，宿松县一带地广人稀、极度荒凉。徐厉亲率民众，开山造地，辟川成田，筑塘蓄水，灌溉良田，疏浚河道，引洪入湖。经过十余年的努力，宿松得到了很大发展，富庶起来，徐厉也因此被称为"开发宿松第一人"。

最后我们再介绍一下周亚夫。那么，周亚夫又是什么来历呢?

89. 周亚夫的面相

周亚夫大名鼎鼎，大家应该不陌生，前面我也顺带提到过。他是绛侯周勃的次子，也就是二儿子。前面说到，周勃曾得罪过文帝刘恒，被关进了监狱，幸好大儿子周胜之的老婆是公主，好不容易才死里逃生回到封地。

堂堂开国元勋受到如此奇耻大辱，年龄又那么大了，身心俱疲，回到封地后没多久，周勃便一病不起，于文帝十一年病逝在家中，谥号为武侯，也算是善终了吧。

周勃死后，按照惯例，嫡长子周胜之承袭了他的爵位，而二儿子周亚夫被派到了河内郡担任郡守一职。虽然排行是老二，但周亚夫比他哥哥周胜之要厉害得多，有思想、有抱负，继承了更多父亲周勃的武将基因，只是和平年代苦于无用武之地。

按级别来说，河内郡守是省部级高官，一般人肯定已经心满意足了，可周亚夫却不甘心。人只要不甘心，就会想入非非，对自己的前程特别关注，喜欢找人算算命、看看相，无非是想知道自己将来究竟能干多大的事。

周亚夫也是如此。一天，他把许负找来，问卜前程。关于许负，前面已经多次说到过，是当时久负盛名的女相士，堪称神算子，给文帝刘恒的母亲看过相，给文帝刘恒的男宠邓通看过相，从未走眼过。

来到郡守府，许负认真端详了周亚夫一番，却默然不语。看相算命的人一般都是这个套路，你不追问，他就不老老实实给你说，一副让人捉摸不透的样子，主要是为了增加神秘感、可信度。

既然许负不肯说，周亚夫只好走上前虚心求教。许负这才若有所思地回答道："大人啊，您的面相是富贵相啊，官位肯定不止郡守！老妇敢断言，再过三年，大人就要被封侯，封侯八年后，必定出将入相，手掌国家权柄。到时候，一人之下、万人之上，位尊而权重，在大臣中没有第二个能和大人您相提并论的！"听到这里，周亚夫甭提多高兴了，两眼直放光，鼓励许负说下去。

可许负突然叹了一口气说道："唉……只可惜大人的结局不太好啊！"结局不好就是不能善终，是人生大忌！人生在世，不求风风光光地来，但求风风光光地走，试问谁愿意不得好死啊。所以周亚夫心头不免一紧，笑容顿时僵住了，着急地问道："什么情况？还请大仙再说明白一些。"

许负皱了皱眉头，佯装掐指一算，继续说道："大人何必非要问那么仔细呢？大人出将入相九年后自见分晓，老妇现在不方便多说啊！"周亚夫知道许负在给自己卖关子，有点不耐烦了，脸一沉问道："有什么不方便的？但说无妨！"

看周亚夫这般执着，许负又叹了一口气，勉强回答道："既然大人急于了解后事，那么老妇只好直言相告了。大人出将入相九年后，可能会饿死啊！"听说自己要饿死，周亚夫很不服气，冷笑着说道："是吗？你的话好像前后矛盾啊！你先说我将要封侯，怎么可能呢？我大哥已经继承父亲的侯爵三年了，平安无事。即便他死了，侯爵也应该由他的儿子继承，什么时候会轮到我周亚夫封侯呢？真是天大的笑话！好吧，退一万步说，就算你说得对，我封侯了，甚至出将入相了，又怎么会饿死呢？难道还有什么意外吗？那我可要好好请教一下你这个大仙了！"质疑一大堆，显然，周亚夫信不过许负的预测。

除了皇帝，许负还从没被人质疑过。她轻咳了一声，指着周亚夫的嘴说道："大人不用见怪啊，老妇不过是依相论相，就事论事罢了。大人脸上有纵纹入口，这明明是饿死的面相啊，至于因为什么饿死，到时候就知道了！"

什么叫纵纹入口呢？就是脸上的法令纹延伸到口中。所谓法令纹，指的是位于鼻翼两侧延伸而下的两道纹路。为什么这两条纹路叫法令纹呢？法是规范的意思，令是政令的意思，顾名思义，法令纹就是象征规范和政令的纹路，代表一个人的统御能力。年轻人一般法令纹不显著，到了中年之后才会逐渐明显起来。

通过法令纹，看相高手能够推断出一个人在社会上的地位高低和权力大小。法令纹残破或者短小的，做事魄力不足或者事业不稳定，容易变化或变动，与领导关系不睦，对下属难以管理。这些说法是否准确可靠，仁者见仁、智者见智，我不敢妄下结论，如果你有兴趣可以去了解一下。

不过，法令纹入口为饿死相，还是有一定的科学依据的。据说，现在科学研究已经表明，如果人的法令纹入口，意味着肠胃功能比较差。肠胃功能差，那么年纪大了，饿死的可能性肯定也就稍微大一些嘛。

那么，周亚夫真的是因为肠胃功能差而饿死的吗？这里我们姑且不表，先卖个关子，后面会详细说到。听许负说得煞有介事，周亚夫惊疑不定、呆若木鸡，待许负起身告辞才缓过来。

说也奇怪，过了三年，周亚夫大哥周胜之的侯爵竟然被朝廷给废除了。什么原因呢？前面说过，周胜之的老婆是公主，皇帝家的女儿，不是那么好伺候的，加上周胜之个性又比较强，所以两口子关系一直不好。后来，周胜之犯了杀人罪，文帝刘恒一生气便夺了他的侯爵，封地也收归国有。

念及周勃生前的卓越功勋，文帝刘恒想从周勃的儿子中再选一位出来继承爵位。选来选去，差不多选了一年，大家都认为河内郡守周亚夫比较贤能，于是文帝刘恒加封他为条侯，承袭周勃的爵位。不管怎样，许负关于周亚夫三年后封侯的预言当真成了现实。

这次匈奴突然入侵，搞得文帝刘恒的神经格外紧张。为了加强京城长安的保卫工作，他便调派周亚夫、刘礼、徐厉三位大将率军驻守长安周围，以防不测。

边塞已经派去三支人马，京城外又驻扎三座营地，内外戒严、缓急有备，文帝刘恒这才稍稍松了一口气。但他还是不太放心，过了些日子，便亲自到京城外的营地去劳军慰问。说是劳军慰问，其实就是实地督查。那么文帝刘恒会查出什么结果呢？

90. 文帝劳军

文帝刘恒亲自到长安城外的三座营地劳军慰问，说是劳军慰问，但事前却不打招呼，有点突然袭击的味道。这招是不是有点像当年刘邦到韩信军营中夺帅印的套路？只是目的不同罢了。看来文帝刘恒对父亲刘邦的领导艺术有过深入研究。

文帝刘恒先到了刘礼的营地霸上，然后又到了徐厉的营地棘门。因为提前没打招呼，刘礼和徐厉两个人都没有准备，文帝刘恒直入营中时，吓得连滚带爬，仓促召集众将士夹道迎接。

看两位将军面色慌张、语无伦次，文帝刘恒暗自得意，心想父亲的办法确实高明，但他没有刻意责怪，而是装作若无其事的样子随口抚慰了几句便扬长而去，潇洒得很。大领导到基层视察，发现问题，却不当面提出批评，基层领导内心除了侥幸外，还会惶恐不安，对大领导更是感恩戴德。

从霸上和棘门出来后，文帝刘恒率领考察队伍又直奔周亚夫的细柳大营，本以为会像之前一样风光一把，结果还没到细柳营，最前面的先导队伍就被营外巡逻的士兵给拦了下来。

先导队伍莫名其妙停了下来，文帝刘恒很是纳闷，从銮驾中探出头向外张望，远远望见细柳营内外，将士们身穿甲胄，手持利刃，弯弓搭箭，秩序井然，如临大敌一般。文帝刘恒从来没见过这样的军队，大开眼界，暗暗称奇，当即下令通知先导队伍派人向营中传报，说是皇帝亲自劳军，就要到了，速速开门迎接。

本以为皇帝诏令会很好使，结果负责把守细柳营大门的都尉瞅了来人一眼，端立不动、满脸严肃，掷地有声地拒绝道："将军令曰'军中闻将军令，不闻天子之诏'。"什么意思呢？就是说他们将军周亚夫下有军令，在军中只能听将军的军令，不得听天子的诏令。这话还是有点狠的！虽然说"将在外君命有所不受"，但皇帝驾到了怎么能还不受呢？军令竟然大过了诏令，岂有此理！

封建社会，军队是皇帝家的军队，周亚夫的做法让一般人难免生疑。先导队伍派去的人碰了一鼻子灰，只好跑到文帝刘恒那里如实汇报，添油加醋肯定也少不了。文帝刘恒听完汇报稍稍不悦，但考虑到军纪的严肃性，并没有介意，而是亲自驾车到了细柳营门前。

按说皇帝来了，应该畅行无阻才是，可是守门的都尉仍然不让进。理由很简单，他们不认识皇帝，只认皇帝的符节。只有看到符节，才能向将军周亚夫汇报。所谓符节，也就是皇帝颁发的特别通行证。

文帝刘恒为人比较宽厚，心中虽然不得劲，但也无话可说，只好派人手持符节到大营中向周亚夫下口谕："朕来慰劳军队，速速放朕进来！"周亚夫这才传话打开军营大门，但是自己本人却没有出来迎接。

进入大营，文帝刘恒的车马随从很多，难免有人前拥后挤、快马前行。营内立刻有士兵上前阻止道："将军有令，军营里不准驱马奔驰，请遵守军内秩序！"这话当然也是提醒文帝刘恒的。文帝刘恒本想快马扬鞭冲到周亚夫面前问个明白，听到有人阻止，只好拉紧缰绳，带领队伍缓缓行进。

到了营中，将军周亚夫身穿铠甲、腰佩宝剑，已经恭候在那里，看到文帝刘恒的车驾，只是作揖拱手道："陛下，臣铠甲在身，不能跪拜，请允许臣以军礼迎接，还望陛下不要责怪！"看周亚夫这般严肃，文帝刘恒被深深地感染了。他调整了一下呼吸，面容变得庄重起来，然后缓步下车，微微靠在銮驾的横木上向官兵挥手致意。这时已经有人在旁边大声宣谕道："皇帝特来慰劳将士们！"周亚夫率领全体将士，肃立两旁，鞠躬致谢，很有仪式感。

劳军仪式结束，文帝刘恒当面嘱咐了周亚夫几句后，便缓缓离开军营。周亚夫没有相送，而且文帝刘恒的考察队伍刚刚出了军营，他就立刻命令关闭营门，严整如故。跟随文帝刘恒出来考察的群臣实在看不下去了，都露出惊怪之色，议论纷纷，意思无非是周亚夫太不像话了，礼数不周，怠慢皇帝。

文帝刘恒却不以为然，他语重心长地说道："大家不要说了！周亚夫才是真正的将军呀！朕今天算见识了。之前在霸上和棘门军营看到的情形，简直像是儿戏，如果敌人偷袭，肯定溃不成军，将军都有可能给人家做俘虏。像周亚夫这样治军，怎么可能会有敌人敢来侵犯呢？"回宫路上，文帝刘恒念念叨叨，前所未有的话多，当然都是些称赞周亚夫的话。

过了一个多月，匈奴没有再过来侵扰，长安城外的三座军营便先后撤除了。细柳营劳军，文帝刘恒对周亚夫印象深刻，于是提拔他担任了中尉一职。从此，周亚夫的仕途如许负所言，扶摇直上，最终成为了朝中位高权重的大臣，后面我们还会详细说到。

匈奴走了，谁料当年又天下大旱，还发生了蝗灾。为了减轻百姓负担，文帝刘恒颁布了一系列举措：一、诸侯不要再向朝廷进贡了，因为贡品归根结底来源于百姓；二、解除百姓开发山林湖泊的禁令，为百姓发展生产提供便利；三、减少宫中各种服饰、车驾和狗马，皇家带头行节俭之风；四、裁减朝廷官吏的人数，相当于现在的缩减公务员编制，减少公费开支；五、开仓放粮，救济贫苦百姓，大灾之年，这条举措最直接有效；六、允许民间相互转卖爵位，变相重新分配利益。

上述举措在很大程度上缓解了百姓的生活压力，促进了生产。同时，天灾人祸也让文帝刘恒积劳成疾、一病不起。那么，文帝刘恒这次能摆脱病魔吗？

91. 仁厚一生

后元七年，也就是文帝二十三年，公元前157年，文帝刘恒一病不起，于当年夏天六月份在未央宫瞑目归天，享年四十六岁。

四十六岁可以说是正值英年，文帝刘恒却因为一场疾病，英年早逝了。这一方面说明他的身子骨不够硬朗，另一方面也说明他这个皇帝当得很累，主要是心累。

之所以心累，说白了，还是与他获取皇帝大位的过程有关。前面说过，整个过程比较曲折，既有偶然性，也有必然性。文帝刘恒不是高祖刘邦的嫡长子，也不是宠妃之子。他母亲薄姬的身世有点乱，属于二婚，长得也不是太漂亮，在宫中无权无势。尽管是皇子，但文帝刘恒从小因为母亲的境遇，不受人关注和关爱，很早就被派到荒芜的边疆代地做了王。事情一般都有两面性，也正因如此，文帝刘恒没有像其他皇子一样，有那种纨绔之气、荒淫之举、骄矜之态，反而赢得了"仁孝宽厚"的美誉。

吕雉死后，刘邦在世的儿子中仅剩刘恒和刘长，两人都有资格成为皇帝候选人。究竟花落谁家，群臣争论不休。

汉初，政权核心部分主要由刘氏皇族、功臣元老和吕氏外戚三股势力集团构成。三大集团既有共同利益，又各有特殊需求，而每种势力的消长都可能引起政权结构的变动。政权结构变动势必引起激烈冲突，诛除诸吕就是这种冲突和斗争的结果。

因为母亲薄姬家软弱谨慎，说好听点是"薄氏谨良"，对刘氏皇族和功臣元老两大集团均构不成太大威胁，这才使得文帝刘恒成为最大的公约数。也就是说，文帝刘恒做皇帝是刘氏皇族派与功臣元老派之间相互妥协、相互制衡、精心谋划的结果，是最高统治集团利益和权力的再分配，是政权结构的重新组合。

正是这种特殊的重新组合，使文帝刘恒先天"势"不足，执政不可能积极有为，必须掩饰自己的权欲，必须推行妥协的政策，以免刺激刘氏皇族和功臣元老两大集团出现过激反应，诱发不测事件。

在处理弟弟刘长、舅舅薄昭、绛侯周勃以及堂兄刘濞时，文帝刘恒表现出的极大克制正说明了这一点。长期的克制、焦虑和隐忍，文帝刘恒心中的苦只有他自己知道，所以身体也不会好到哪里去，早逝从某种程度上就成了大概率事件。

卧病在床期间，文帝刘恒深知自己时日不多了，对好不容易获取的江山社稷放心不下。考虑到身后可能产生的动荡，他将皇太子刘启召到身边谆谆告诫道："周亚夫是位不可多得的将才，朕死后，如果天下发生变乱，一定要让他带兵平乱，不必多疑！"皇太子刘启不住地点头称是，体会到父亲的良苦用心，哭得一把鼻涕一把眼泪。

之后，文帝刘恒对自己的葬礼做了安排：由中尉周亚夫担任车骑将军，负责指挥出丧队伍；由典属国，也就是管理外族事务的大臣、前面提到过的松兹侯徐厉的儿子徐悼，担任将屯将军，负责指挥各地驻军；由他最信任的郎中令张武担任复土将军，负责自己棺椁的挖土、复土和掩埋工作。出丧动用的总人力要求为三万一千人，其中长安附近的属县征发一万六千人，关中地区其他县征发一万五千人。

对身后事如此细致地安排，可以看出文帝刘恒像他父亲刘邦一样走得很从容，对自己的一生心满意足，没有任何眷恋。最后，文帝刘恒还留下了一份遗诏："朕听说，天下万物萌芽生长，最终没有不死的，所以死是世间常态，是万事万物的自然归宿，没有什么值得过分悲哀的！当今世人都梦想长生不死，一旦死了，还要求厚葬，不惜倾家荡产，既给家人造成了沉重负担，还损害了家人的身心健康，朕认为很不可取！况且，朕生前德行不够，没有给百姓带来更多福利，现在死了，不应该让人们再长期凭吊，从而遭受严寒酷暑的折磨。如果大家因为朕的死而伤心悲哀，减少饮食、中断祭祀，其结果只会加重朕的无德，朕怎么向天下人交代呢？朕有幸继承皇位，位居天下诸侯之上，至今已二十多年了，全靠天地神灵、社稷福气，才使得国泰民安。朕并不聪敏，时常担心因言行有过错让先帝美德蒙羞，而不能维持始终。如今，朕没想到能侥幸享尽天年，而且还将被供奉在高庙里享受后人祭祀。朕如此不贤明，却能有这样的结果，已经心满意足了，还有什么可悲哀的呢？朕现在诏令全国官员和百姓，诏令到达后，哭吊三日就要除去丧服，中间也不要禁止百姓娶妻、嫁女、祭祀、饮酒、吃肉等活动。必须参加朕丧事的人都不用赤脚，服丧所用的麻布宽度不得超过三寸，既不要陈列车驾和兵器，也不要动员民间男女到宫殿来哭祭。宫中哭祭的人，早上和晚上各哭十五声，行礼完毕即可。除早上和晚上哭祭的时间外，不准擅自哭泣。朕下葬以后，按丧服制度应该服丧九个月的，只服十五日，应服丧五个月的，只服十四日，应服丧三个月的，只服七日，期满就可以脱去丧服。其他不在此令中的事宜，都参照此令办理。朝廷必须把朕这道诏令通告天下，使天下人都清楚了解朕的心意。朕的陵墓所在地霸陵周围，山水要保留其原来的样子，不要有所改变。后宫嫔妃，级别在夫人以下直至少使的，全都让她们回娘家吧！"

文帝刘恒的这封遗诏，不知道大家看了作何感想，反正挺打动我的。不管什么原因，政治原因也好，个人原因也罢，总的来说，文帝刘恒基本上做到了宅心仁厚、宽以待人、严以律己，以德政来治天下。为此，他也开创了中国封建社会第一个太平盛世——"文景之治"。为了更好地说明文帝刘恒的仁厚，我们不妨简单回顾一下他的一些德行，权作补充。

文帝刘恒从代国来到京城长安，即位二十三年，宫室、园林、狗马、服饰、车驾等，都没有增加太多，但凡有对百姓不便的事情，就予以废止。有一次，文帝刘恒打算建造一座高台，召来工匠一计算，要花上百斤黄金才行，他便打消了念头，并略显愧疚地说："百斤黄金相当于十户中等人家产业的总和，朕承受了先帝留下来的宫室，时常担心有辱于先帝，还建造高台干什么呢？"文帝刘恒平时穿的衣服是质地粗厚的丝织衣服，对他所宠爱的慎夫人，也不准其穿那种长得能够拖地的服饰，所用的帏帐不准绣彩色花纹，以此来表示俭朴，为天下人做出榜样。在建造陵墓霸陵时，文帝刘恒要求一律采用瓦器，不准用金、银、铜、锡等金属装饰，不得修建高大坟墓，必须节省，不烦扰百姓。

在外事方面，文帝刘恒量力而行、保持克制，尽量采用外交手段平息争端。南越王赵佗曾自立为武帝，文帝刘恒没有镇压，而是把赵佗的兄弟召来加官晋爵，以德报怨，最终让赵佗认识到自己的错误，取消了帝号，向汉朝称臣。汉朝与匈奴相约和亲，匈奴却背约入侵劫掠，文帝刘恒采用积极防御的政策，没有发兵深入匈奴境内，目的是不给国内百姓带来沉重负担。

在处理内部矛盾的问题上，文帝刘恒尽量不采用过激手段，能安抚就安抚，能瓦解就瓦解，不意气用事。比如吴王刘濞曾对朝廷不满，差不多到了与朝廷兵戎相见的地步，但文帝刘恒赐给他几、杖，免去进京朝觐之礼，最终将他安抚住了。对待朝臣，文帝刘恒表现出了极大的宽容。朝臣中如袁盎、张释之等人，喜欢进谏，虽然直率尖锐，但文帝刘恒基本上做到了认真倾听，虚心采纳。还有如宠臣张武等人，收受贿赂，以权谋私，但在事情败露后，文帝刘恒没有公办治罪，反倒从国库中取出金钱赏赐给他们，让他们内心羞愧、不敢再犯。

总之，文帝刘恒一生致力于用恩德感化臣民，因此，司马迁形容他是"善人治国"。孔子曰："必世然后仁。善人之治国百年，亦可以胜残去杀。"所谓"必世"是三十年的意思。孔子的意思是说，治理国家必须经过三十年才能实现仁政，而善人治理国家经一百年，就能克服残暴、免除刑杀。

这话有没有道理，大家自己揣摩，估计更多的是一厢情愿。反正从汉朝建立，到文帝刘恒去世差不多经过了四十多年，德政达到了极盛的地步，至于孔子所说的"胜残去杀"，却始终没有达到。因此，司马迁在《史记·孝文本纪》末尾针对文帝刘恒的一生，发出了一句感叹："呜呼，岂不仁哉！"到此为止，文帝刘恒就算述说完了。

那么，皇太子刘启即位后会怎么对待和评价他敬爱的父亲文帝刘恒呢?

—— • 第十九章 • ——

景帝登基

92. 新官上任三把火

文帝刘恒瞑目归天，被葬在了霸陵。在霸陵，群臣三拜九叩，奉上谥号，尊称刘恒为孝文皇帝，皇太子刘启正式继位，就是历史上著名的汉景帝。

儿子做了皇帝，母亲自然也要升级。景帝刘启的母亲窦猗房就成了皇太后，也就是历史上著名的窦太后。此时，景帝刘启的奶奶薄太后还活着，顺理成章升级为太皇太后。薄太后有个侄孙女曾入选东宫，嫁给了景帝刘启，因为有薄太后撑腰，便成了皇后，不过后来被废了，后面我们还会详细说到。

当年冬天十月正式改元，也就是景帝元年。虽然按照父亲文帝刘恒的遗诏，丧事从简办完了，但想到父亲文帝刘恒的种种艰辛和德行功绩，景帝刘启内心一时难以平复。刘启已经当了皇帝，成了天下主宰，为了化解这种难以言表的伤感和思念，他给御史下了一道诏令："朕听说古代帝王，有取天下之功的称为'祖'，有治天下之德的称为'宗'，而且礼仪音乐各不相同。朕还听说，歌是用来颂扬德行的，舞是用来颂扬功绩的。在高祖庙献酒祭祀时，演奏的是《武德》《文始》《五行》等歌舞，在孝惠皇帝庙献酒祭祀时，演奏的是《文始》《五行》等歌舞。孝文皇帝德治天下、为民谋利。在任期间，他开放了关卡桥梁，让城镇和边远地区畅通无阻，废除了诽谤罪，取消了肉刑，处治罪犯不再株连无辜，同时关爱孤寡老人，收养孤儿，拒绝诸侯进贡，放出后宫美人，等等。朕比较笨，不知道孝文皇帝为什么要这么做，但朕知道这些都是古代帝王所做不到的，而孝文皇帝总是亲自安排施行。可以毫不夸张地说，他的功德遍及四海，与日月同辉，与天地等同！所以朕认为，现在给孝文皇帝祭祀时所用的歌舞不合适、不相配，应当为孝文皇帝庙特别制作《昭德》舞，以弘扬他的美德，否则，朕心中不安。这件事就交由丞相、列侯、二千石以上的官员和礼官商议办理，制定出礼仪后，上报给朕。"

景帝刘启说话比他父亲文帝刘恒要直接得多，毫不掩饰，理直气壮。他的意思很明白，父亲文帝刘恒功德无量，应该有更高的荣誉。这也是人之常情，只要有权有地位，谁不想给父母脸上贴金呢？

前面说过，当时的丞相是申屠嘉，老革命，有点牛脾气，一般人他是不买账的，但对景帝刘启，他却不敢怠慢。俗话说，新官上任三把火。何况是新皇帝呢，申屠嘉再牛再耿直，也不敢挫了景帝刘启的锐气啊。

接到诏令，申屠嘉立刻组织一帮官员开会商议，中心议题主要围绕怎么让景帝刘启的"听说"变成现实。另外，文帝刘恒为人宽厚，活着的时候没有亏待过大家，又加上丞相亲自组织，所以群臣很快就达成了一致意见。

第二天，申屠嘉等人上书道："陛下太有孝心了，始终想着孝亲之道，制作《昭德》之舞来弘扬孝文皇帝的赫赫功德理所当然，可是我们这些做臣子的太愚钝，竟然没有想到。正如陛下所言，世间取天下之功没有大过高皇帝的，治天下之德没有超过孝文皇帝的，所以臣等请求将高皇帝庙作为本朝帝王的太祖庙，孝文皇帝庙作为本朝帝王的太宗庙，后代天子必须世世祭祀太祖庙和太宗庙，各郡、各国、各诸侯也必须分别为孝文皇帝建立太宗庙。每年朝廷祭祀时，诸侯王和列侯都要按时派使者来京陪侍天子祭祀太祖、太宗。请陛下允许我们把这些要求编纂成制度，向天下公布。"看到群臣的上书，景帝刘启豁然开朗，二话不说，当即批复了一个字："可！"

有了景帝刘启首肯，全国各地开始大兴土木，建造太宗庙，用来祭祀文帝刘恒。这件事办妥后，景帝刘启总算安心了。他安心了，有一个人却不安心了。这个人是谁呢？他就是廷尉张释之。

关于张释之，前面说到比较多，他为人刚正不阿，工作负责较真，靠着向文帝刘恒直言进谏得到重用。但也正是因为太过较真了，曾经得罪过景帝刘启。不知道大家是否还有印象，景帝刘启做太子的时候，有一次，他和弟弟刘武从外面玩耍回来，驾车进宫。按照规矩，除了皇帝外，任何人到了皇宫门口都要下车步行进宫。景帝刘启和弟弟刘武可能是玩得太累了，仗着皇子的身份，没有下车。这其实也不算什么事，毕竟是皇帝的宝贝儿子嘛，皇帝也不会太计较。但是张释之出于职责所在，不能容忍，直接把还是太子的景帝刘启和弟弟刘武给拘押了起来，并向文帝刘恒当面检举揭发，说他们犯了"不敬"之罪。最后，多亏薄太后出面才把景帝刘启和弟弟刘武哥俩给放了出来。

景帝刘启为人远远没有他父亲文帝刘恒那么宽厚，相反是个小心眼，爱记仇，现在当了皇帝，能不报仇吗？所以自从景帝刘启登基以来，廷尉张释之就一直忐忑不安，总能感受到来自景帝刘启的无形压力。由于内心太过恐惧了，他干脆托病在家，不再上朝。

在家里，张释之更加心烦意乱：想要辞职离去，又担心会招致杀身之祸；想要当面向景帝刘启谢罪，又不知道怎么解释才好。这时，有一位老先生给张释之献计。这位老先生姓王，人称王生。

王生是喜好黄老学说的处士。所谓处士，也就是隐士，有德有才，却不愿意出来做官。这类人别看没有官职在身，威望却很高，受人尊敬，往往是政府官员的座上宾，有点政府"外脑"的感觉。

曾经有一次，王生被召进朝堂商议国是。可能商议时间太久了，王生是个老年人，身体活动不方便，突然说道："哎呀，老朽的袜带松脱了。"朝堂上三公九卿，都是达官贵人，正讨论得热烈，被他这句话一下子给打断了。大家都默然不语，心想这里又不是你家，袜带松脱了自己弯腰系好不就行了。王生很是尴尬，因为自己弯不下腰，一回头正看到廷尉张释之，便不客气地说道："张大人，快过来给老朽系好袜带！"张释之听到求助，毫不犹豫，走上前单膝跪地帮王生把袜带系好了。

说起来这也不算什么大事，但在朝堂之上，众目睽睽之下，大家身份都那么高贵，帮人系袜带不是谁都愿意干的。事后，有人好奇地问王生："为什么要在朝廷上羞辱廷尉啊，竟然让他跪着给你系袜带？"王生摸着胡须说道："老朽年龄大了，地位卑下，张释之是天下名臣，老朽让他跪下帮系袜带，正好可以加强他的名望，也算是老朽给他一次表现的机会吧。"大家这才恍然大悟，既称赞王生有贤德，也敬重张释之有雅量。从此，王生和张释之关系亲密起来。

现在，张释之遇到了难题，王生便主动给他出了一条计策。究竟是什么计策呢？很遗憾，史书上没有详细记载，估计无非是让张释之向景帝刘启诚恳道歉谢罪等，只是方法更巧妙一些罢了。

张释之当年毕竟是照章办事，没有过错，景帝刘启此时身份已经变了，身为皇帝不好再继续追究。但是，景帝刘启心中的恨并没有完全消失，差不多过了一年，还是将张释之谪贬出京城长安，派其到淮南国做丞相。离开京城没多久，张释之就死了。张释之有个儿子叫张挚，字长公，官职一直做到大夫，后来也被免职了。张挚和他父亲张释之脾气差不多，比较耿直，不愿意拍马逢迎，免职后直到死也没能再做官。

好了，关于张释之，我们姑且说这么多。那么，张释之被免去廷尉一职后，景帝刘启又会让谁来接任呢？

93. 工于谋国，拙于谋身

张释之因得罪过景帝刘启，被免去了廷尉一职。廷尉是一个相当重要的职位，是专政工具。这么重要的职位必须由领导信任的人担任才行。景帝刘启思前想后，决定让长期跟随左右的张欧接任。

张欧，字叔，是安丘侯张说的庶子，也就是小老婆所生的儿子。关于安丘侯张说，史书上没有太多记载，大家知道他是张欧的父亲就行了。其实关于张欧，史书上的记载也不多，司马迁只是在《史记·万石张叔列传》篇尾简单介绍了一下，说他擅长刑名之学，也就是对法学有很深的研究，文帝时期，一直在东宫辅佐、教化当时还是太子的景帝刘启。

按说，从事刑名之学的人一般都比较尖酸刻薄、苛刻严酷，比如前面说到过的晁错，但张欧却没有这种职业病。相反，他被人称为忠厚长者。所谓忠厚长者，就是大好人或老好人。

好人当廷尉，自然是比较宽松。张欧很少主动去惩办谁，更不会搞严刑峻法那一套，办案子总是大事化小、小事化了。为了避免出现冤假错案，在案子审理过程中，他经常要反复调查取证，发现如果有疑点，比方说证据不足、程序不对，就会要求发回去重审。如果交上来的案卷左看右看都挑不出毛病，证据确凿，当事人确实是罪大恶极，不杀不足以平民愤，张欧就会亲自到监狱里去探视，一边流着眼泪，一边宣读判决书，好生安慰一番，最后还要弄点好酒好菜送人家上路。如此仁爱宽厚，张欧不但深得景帝刘启信任，还很受同僚和部属的尊重，在当时有一定的影响力。

在张欧的影响下，景帝刘启下令减轻笞罚。前面说过，文帝刘恒曾经废除了肉刑，把肉刑改为打板子：原来判为砍脚的，改为打五百板子；原来判割鼻子的，改为打三百板子。文帝刘恒废除肉刑，看起来是件好事，但是实际执行起来，却是弊病不少。你想想，打五百板或三百板谁受得了，所以常常有犯人被活活打死，这样一来，反而加重了刑罚。

景帝刘启减轻笞法，就是改打五百板子为打三百板子，改打三百板子为打二百板子，从而大大减少了因受刑导致的高死亡率。再加上廷尉张欧办案谨慎，不轻易加重刑罚，不制造冤假错案，当时天下百姓无不对朝廷感恩戴德。这样一来，文帝刘恒的仁政也得以很好地延续。

张欧为人忠厚、人缘好，景帝刘启重用他，群臣都还比较信服，但另外有一个人，也因为长期在景帝刘启身边工作，被提拔重用，却引起了群臣的不满。这个人会是谁呢？他就是晁错。

前面说过，晁错是一个有学问、有思想的人，曾经在东宫太子府做过太子家令，深得景帝刘启赏识，人称"智囊"。"智囊"一词至今仍然在沿用，常指足智多谋、能为人出谋划策的人。这个词最早被用来形容春秋战国时期一个名叫樗（chū）里子的人。樗里子是秦惠文王的弟弟，因"滑稽多智"而受人喜爱，被秦人号曰"智囊"。

而晁错之所以被称为"智囊"主要有两点原因：一点是，晁错学识渊博，口才很好；另一点，据说晁错脖子下面有一个肉瘤，形似囊状，这点正史中没有明确记载，如果属实的话，说明晁错"智囊"的称号不一定完全是美誉，很可能还有讽刺的意味在里面，因为他人缘不好，不太受当时同僚待见。

同僚不待见，对晁错影响不大，晁错仍然热衷于关心国家大事，"位卑未敢忘忧国"。文帝时期，他就经常向文帝刘恒提出各种各样的建议，因此被朝廷任命为中大夫，专门负责议论方面的工作。当时，晁错的建议主要有两方面：一方面是军事，也就是如何守卫边疆，前面详细述说过；一方面是农业，也就是如何鼓励农耕、提高农业产出，这方面的建议文帝刘恒接受了。

晁错关于发展农业的文章在《汉书》中分成了两部分：一部分收入了晁错的传记；一部分收入了《食货志》。收入《食货志》的那部分，后来又被命名为《论贵粟疏》，是一篇很有见地的文章，全面论述了"贵粟"，建议"贵五谷而贱金玉"，提出了重农抑商、入粟为官、拜爵除罪等一系列主张。整篇文章观点精辟、分析透彻、逻辑严谨、文笔犀利，具有汪洋恣肆的气势和流畅浑厚的风格。

虽然晁错才华横溢，有思想有抱负，为国为民，但他却有一个致命的弱点，就是不善于处理人际关系，也就是我们常说的"工于谋国，拙于谋

身"。"工于谋国，拙于谋身"的人一般个性耿直、大公无私、不计个人
得失，这种人于国于民可能大有裨益，但由于不注意为自身考虑，下场也
多半悲惨。历史上这样的英雄人物比比皆是，大家引以为戒。

据《史记·袁盎晁错列传》记载，早在文帝时期，晁错还在太子府工
作时，"袁盎诸大功臣多不好错"。也就是说，当时包括袁盎在内的很多
大臣都不喜欢晁错。为什么呢？一个人如果不招人喜欢，不善于处理人际
关系，往往是性格原因所致。

晁错性格不好，《史记》和《汉书》在讲到晁错的时候都用了四个
字：峭，严厉的意思；直，刚直的意思；刻，苛刻的意思；深，心狠的意
思。一个人又严厉，又刚直，又苛刻，又心狠，能讨人喜欢吗？肯定不会
讨人喜欢！谁会喜欢这样的人呢？谁又会跟这样的人成为朋友呢？这样的
人怎么会有一个好的人缘呢？没有一个好的人缘，又怎么能在人精济济的
政府里面混呢？另外，晁错比较固执，认死理。

固执、认死理不见得是坏事，用对地方了，那就是执着、坚持、一往
无前，是一种很高尚的品德。比方说做学问，执着就是好的。学者、科学家
一定要执着，一定要认死理，认准了就要坚持做，就要一条道走到黑，不撞
南墙绝不回头，也许就能在执着探索的过程中，灵光乍现，找到了真理。

但是，搞政治不行！搞政治必须既有原则性，又有灵活性，该坚持的
坚持，该妥协的妥协，该让步的让步，该迂回的迂回。而且，搞政治的人
考虑问题要多元化。一件事情不仅要考虑该不该做，还要考虑能不能做，
现在做还是将来再做。这是搞政治的基本素质，一个问题要三步走，但是
晁错搞政治往往只看第一步，也就是该不该做，至于能不能做、什么时候
做，他就不顾了。所以文帝时期，他就经常向朝廷上书，但文帝刘恒很少
采纳。

于是晁错很生气，曾在上书时写过这样一句话："狂夫之言，而明主
择焉。"什么意思呢？就是说他晁错是一个很狂妄的人，说了一些狂话，
请英明的皇帝来做出决策。显然有逼迫皇帝的意思。多亏文帝刘恒脾气比

较好，认为晁错是公心，没有生气，批示道："言者不狂，而择者不明，国之大患，故在于此。"显然，文帝刘恒给晁错讲了一个道理："国家最糟糕的是什么呢？不是提意见的人太狂，而是做决策的人太糊涂。"

文帝刘恒不愧为是一代明君，他很清楚，建议归建议，决策归决策，建议没有狂不狂的问题，什么建议都可以提，但是决策有英明不英明的问题。决策不能不英明，否则一着不慎，全盘皆输。这个道理文帝刘恒懂，但景帝刘启不太懂。景帝刘启不懂的结果就是，不但赏识晁错，还重用了晁错，结果既害了晁错，也给自己带来了大麻烦，后面会详细说到。

因为赏识晁错，景帝刘启即位以后，任命晁错担任内史一职，主要负责京城地区所有的行政工作，手握实权。由虚职中大夫，一下子升到掌握实权的内史，晁错难免有点得意忘形，做事更加激进，仗着景帝刘启的信任，不停地提意见，不停地提建议，今天要改革这个，明天要改革那个。而景帝刘启又言听计从，弄得朝中大臣都不太高兴，特别是丞相申屠嘉更是气不过，一心想着收拾晁错。

那么，申屠嘉会怎么收拾晁错呢？

94. 好事不出门，恶事行千里

汉景帝刘启即位后，提拔晁错为内史。晁错做事更加激进，仗着景帝刘启的信任，修改了许多法令。为此，朝中大臣要么不满，要么羡慕嫉妒恨，反正都对晁错意见大得很。特别是丞相申屠嘉，因为自己的建议总是不被景帝刘启采纳，更是忌恨晁错，一心想着收拾晁错，但又苦于没有机会，只好隐忍不发。

这就像公司领导身边的红人，如果不低调做人的话，大家表面拍马逢迎，暗地里其实都在设法算计。晁错差不多就面临着这种局面，但他却不管不顾，仍然一意孤行、我行我素，而且胆子越来越大。胆大就容易妄为，有一次，晁错就因为妄为闯了大祸，险些把性命给搭进去。那么，晁错究竟闯了什么祸呢？说起来，这个祸还有点低级，仅仅是为了图方便而已。

前面说到，晁错由中大夫升任内史，工作岗位变了，自然就要搬到内史府办公，而内史府建在太上皇庙外面、围墙里面的一块空地上。说起汉朝的太上皇，大家应该很清楚了，就是刘邦的父亲刘太公。所谓太上皇庙就是祭祀刘太公的庙，庙的外面修有围墙。

内史府大门朝东，出入都需要绕过太上皇庙外面的围墙才行，为此，晁错感觉很不方便。其实也没什么不方便的，不就是多走几步路嘛，还可以锻炼身体。所以主要还是晁错的心理作用，他升了官、有了权，又深得皇帝信任，膨胀了而已。人一旦膨胀就容易做出格的事，晁错也不例外，他竟然不向皇帝提前汇报，私自命人在太上皇庙外，靠近内史府的南边围墙上开了一道门，还修了一条路。这样一来，晁错进出方便多了，但是按照当时的礼法，凿开太上皇庙外的围墙，相当于在太岁头上动土，轻则丢官，重则掉脑袋。

景帝刘启有一个儿子，已经贵为皇太子了，就是因为做了类似的事被治罪关进监狱，最终死在狱中，后面还会详细说到。你说晁错是不是膨胀得要上天啊。俗话说，好事不出门，恶事行千里。何况大家都在瞪大眼睛找晁错的差错，现在晁错做了这么件事，还不给他好好宣传一下？这件事很快就传到了丞相申屠嘉那里。

申屠嘉多耿直一老头啊，开国元老，杀人不眨眼，当年他把文帝刘恒的男宠邓通都整得死去活来，文帝刘恒也拿他没辙。申屠嘉本来就在找机会收拾晁错，这次岂能放过。他当即命人起草了一道奏章，弹劾晁错，说他蔑视太上皇，犯了"大不敬"的罪，按律当斩。幸好这道奏章还没有来得及呈报给景帝刘启，就被晁错的一个门客提前获悉，告诉了晁错。

晁错闻讯，吓得大惊失色，连夜进宫求见景帝刘启。因为景帝刘启对晁错非常信任，特许他有紧急事务可以随时进宫汇报，所以听说他半夜求见，还以为发生了什么大事，立即传入。待晁错把事情的来龙去脉说完，景帝刘启哈哈一笑说道："朕还当什么大事呢，把你吓成这个样子。没关系，下次类似这样的事记得提前给朕说一声就可以了。"俗话说，君子一言，驷马难追。何况皇帝是金口玉言，答应的事绝对不会反悔。晁错听景帝刘启这么说，好似皇恩大赦一般，拼命磕头谢罪后方才离开。

丞相申屠嘉哪里知道晁错事先和景帝刘启沟通过了，认为这次一定能将晁错整个半死，于是第二天一早天还没亮，他便怀揣弹劾晁错的奏章上了朝。在朝上，丞相申屠嘉呈上奏章，率领群臣请求景帝刘启把晁错交给廷尉治罪处死。只见景帝刘启扫了一眼奏章，看都没仔细看，漫不经心地说道："诸位言重了，晁错因出门不便，另开新门，也是为了工作嘛！他所凿开的墙并不是太上皇庙的墙，而是庙外空地上的围墙。那儿一直就有官员住在里面办公。凿开这道墙不至于触犯法令，何况事先他也给朕打过招呼了，是朕让他这样做的，丞相不必多心！"显然，景帝刘启在有意为晁错开脱。

丞相申屠嘉平时就不太受景帝刘启待见，这次当着文武百官的面，又碰了一个大软钉子，脸面全无，只好磕头谢罪。退朝回到家后，他捶胸顿足，越想越后悔，生气地对长史，也就是丞相府的一个幕僚说道："唉……我真是老糊涂了，真后悔没有先斩后奏杀了晁错。现在倒好，反而被这小子给耍了，可恨可恨啊！"说完，咳嗽得面红耳赤，一口痰没有吐出来，险些背过了气，被人扶到床上好半天才喘过气来。他越想越生气，最后气得生了一场大病，无论怎么医治都不见好转。常言说，心病还须心药治。申屠嘉是被晁错气病的，晁错不死，他如何能好？眼见日日咳血，最终发病身亡。

听说丞相申屠嘉死了，景帝刘启没有半点伤感。对于老家伙们，他确实没什么好感，感觉除了碍事，还是碍事。申屠嘉死后，被赐予谥号节侯，儿子申屠蔑承袭侯位，三年之后去世，被赐予谥号共侯。申屠蔑的儿子申屠去病承袭侯位，三十一年后去世。申屠去病的儿子申屠臾承袭侯位，六年之后，由于在担任九江郡守期间收受贿赂而犯了罪，封国被撤销。

申屠嘉死了，丞相的位子自然就空了出来，景帝刘启任命御史大夫陶青为丞相，同时提拔晁错为御史大夫。陶青并不是太著名，史书上着墨不多，只说他是西汉开国功臣开封侯陶舍的儿子。陶舍在史书上的记载更是少之又少，我这里就不瞎编了。

升任了御史大夫，晁错在朝中更加显贵，那个高兴就甭提了。而此时，有一个人因为丞相申屠嘉的死比晁错还要高兴。这个人就是文帝刘恒的男宠邓通。前面说过，邓通曾经被申屠嘉收拾过，幸好文帝刘恒出面，才保住小命。

文帝刘恒死后，邓通失去了靠山，又因为给文帝刘恒吮吸脓血的事得罪过景帝刘启，被免职赋闲在家。现在最讨厌自己的丞相申屠嘉死了，邓通便想运作一番，以取得景帝刘启的谅解，重新出来做点事。那么，景帝刘启会允许吗？

95. "首富"变成了"首负"

丞相申屠嘉死了，文帝刘恒的男宠邓通很是高兴，以为自己又有了出头之日，便想活动一番，取得景帝刘启的谅解，靠着万贯家产再风光一把。哪里想到，景帝刘启对他早已厌恶至极。能不厌恶吗？提到邓通，他就会想起那口脓血，又要几天吃不下饭。

现在邓通竟然不识时务，送上门添恶心，那就怪不得旁人了，景帝刘启一道诏令下来，把他给抓进了监狱。其实，抓邓通也并不是平白无故，还因为当时正好有人揭发邓通到境外私自铸钱。

之前，文帝刘恒安排邓通利用严道铜山铸钱，那是在境内，是发了运营牌照的，属于国家行为、合法经营。而到境外私自铸钱就属于经济犯罪了。试想，如果大家都这么干，肯定会导致货币超发，引起通货膨胀。所以，抓捕邓通是合理合法。

问题在于，为什么早不抓、晚不抓，偏偏景帝刘启即位后才抓。史书上说，因为正好有人这个时候揭发举报。那么，揭发举报邓通违法铸币的人究竟是谁呢？史书上却没有明确记载。所以有人说，就是景帝刘启指使人干的。这种可能性极大！以景帝刘启的德行，还真干得出来，因为他在自己的皇帝生涯中没少这么干，后面还会说到一些事例。

不管什么情况，反正邓通被扔进了监狱。在监狱里，邓通对犯罪指控开始是死活不承认，说自己已经那么有钱了，完全没有必要再去干违法的勾当，除非吃饱了撑的。那帮办案人员才懒得管邓通是不是吃饱了撑的，他们只知道迎合皇帝的意思，皇帝说有罪那就是有罪，没罪也得审出罪来。审出罪还不容易，严刑逼供就是了。邓通细皮嫩肉，那肉体是用来侍奉文帝刘恒用的，哪里经得住酷刑加身，几次下来，最后还是认罪了事。

按照汉朝法律规定，这种经济罪犯，其全部非法所得必须被没收，而且还要交上亿罚金。邓通迫不得已只好把所有家产上交国家，但还是远远不够交罚金的。好不容易从监狱出来后，邓通一下子从"首富"变成了"首负"，逼得连头发上的簪子都被拿去充当罚金了。有一个成语叫"不名一钱"，就是源自邓通最后的处境，多形容那些极其贫困，连一分钱都没有的人。

不过，邓通这个人还是很有福气的，虽然到了家徒四壁、不名一钱的地步，但还是有一个大贵人愿意出面帮助他渡过难关。那么这个大贵人是谁呢？她就是文帝刘恒的女儿、景帝刘启的姐姐，名叫刘嫖。

"刘嫖"这个名字别具一格，现在即便是男人都不敢用，听着有一种淫荡的感觉。还别说，名如其人，刘嫖还真是一个耐不住寂寞的女人，后面我们会详细说到她的风流韵事。为了后面再说到时，不至于突兀，我们这里不妨先对她简单介绍一下。

刘嫖人称长公主，因为封地在邯郸馆陶，也就是今天的河北省邯郸市馆陶县，也被称为馆陶长公主。成人后，刘嫖嫁给了堂邑侯陈午。说起陈午，大家可能很陌生，但陈午的爷爷可是小有名气。陈午的爷爷名叫陈婴，不知道大家是否还有印象，前面我们有专门述说过。

秦朝末年，群雄并起，在东阳县，百姓杀了县令，推举为人忠厚的陈婴为王。由于陈婴母亲的坚决反对，陈婴只接受做了县令。项梁起事路过东阳县，陈婴率军加入了项梁的起义军队伍，担任楚国上柱国。项梁死后，陈婴追随项羽，项羽死后，他又投降了刘邦，帮助刘邦消灭项羽残余势力。

汉朝建立后，高祖六年，陈婴被刘邦加封为堂邑侯，在汉朝功臣表上排行第八十六位，封地在堂邑，位于今天的江苏省南京市六合区西北边，仅六百户，属于比较小的列侯。后来，因为陈婴做了楚国楚元王刘交的丞相，封地增加到了一千八百户。封侯十八年后，陈婴去世，谥号为"安"，儿子陈禄承袭了爵位。六年后，也就是文帝二年，陈禄去世，儿子陈午承袭了爵位，成了第三代堂邑侯，并迎娶了长公主刘嫖。

前边说过，这个时候，文帝刘恒正接受贾谊的意见，强力推行"列侯就国"的政策。陈午和刘嫖作为皇亲国戚，为了响应文帝刘恒的号召，只好离开京城长安，去了遥远的封地堂邑。陈午和刘嫖还有个女儿，名叫陈阿娇，因为成语"金屋藏娇"而至今都家喻户晓。"金屋藏娇"主要说的是汉武帝刘彻和陈阿娇小时候的故事，后面我们还会专门说到。

弟弟景帝刘启即位后，刘嫖和老公陈午又回到了京城长安。刘嫖应该是个孝顺女儿，早年她听父亲文帝刘恒交代过，不能让邓通受穷而死，所以了解到邓通的境遇后，深表同情，毕竟邓通曾经把他父亲服侍得很开心，于是私下里偷偷资助邓通。但每次刚把钱送过去，就被向邓通催要债务的官员当场没收，说是抵偿罚金。因此，邓通的生活仍然没有得到改善。

刘嫖拿那些官员没有办法，便耍了个花招，等到再派人给邓通送钱、送衣物的时候，就谎称是借给邓通的。公主借的东西，谁敢没收？如此一来，邓通靠着刘嫖的馈赠总算勉强度日。

俗话说，由俭入奢易，由奢入俭难。人啊，由穷日子到好日子，那是越过越滋润，但如果由好日子到穷日子，那是越过越没劲，不饿死也要郁闷死。邓通虽然靠着刘嫖的资助多活了一年多，但最后还是在穷困潦倒中死去。这样死掉和饿死没多大区别，果真应验了当年女相士许负的预言。

好了，说完邓通，我们继续来说晁错。前面说过，晁错官运亨通，丞相申屠嘉都挡不住他的势头。晁错由内史高升到御史大夫，一时权倾朝野。很多人有了地位、权力后往往会明哲保身、贪图享受、丧失初心，但晁错却不同。晁错是一个有政治理想的人，一路走来，他始终没有忘记要实现他的政治抱负，现在得到了景帝刘启的充分信任，更加积极地施展。

那么，晁错的政治理想究竟是什么呢？

96. 晁错上削藩策

晁错是一个有政治理想的人，那么他的政治理想是什么呢？简单来说，就是加强中央集权。

汉朝初年，出于政治需要，刘邦加封了一批异姓王和同姓王。对于异姓王，刘邦始终不放心，从加封那天起就想着如何铲除，最终在他去世前，除长沙王吴芮的后人得以延续外，其他人全部被干掉了。至于剩下的同姓王，要么是他的儿子，要么是他的兄弟，要么是他的侄子，反正大都是直系亲属。

直系亲属，意味着血缘关系较为亲近。刘邦活着的时候，肯定没有问题，万朝归宗，大家一心维护中央政府的权威。但到了文帝时期，情况就开始发生微妙变化，已经有同姓诸侯王胆敢谋反了。前面说过，首先谋反的是齐王刘肥的二儿子、文帝刘恒的侄子，济北王刘兴居。刘兴居的谋反虽然是一起偶发事件，但是预示着由于血缘关系的不断疏远，同姓王也没那么可靠了。

最早发现这个问题的是青年才俊贾谊。贾谊针对诸侯王权势不断膨胀，可能出现尾大不掉情况，向文帝刘恒上书《治安策》，其中建议道："欲天下之治安，莫若众建诸侯而少其力，力少则易使以义，国小则无邪心。"

什么意思呢？贾谊认为，要想天下长治久安，就应该通过分封诸侯子弟的办法，将诸侯国拆大化小，从而使诸侯国力量因为分散而变弱，力量弱了，给他们讲道理才有用，国家小了，诸侯王才不会有谋反之心。这条建议可以说非常高明，既有理论高度，还有实操性。哪个诸侯王没有几个儿子啊，是儿子都封王，一代代不断拆封下去，诸侯国越拆越多，国力也就越来越分散，最后名存实亡，自然归附中央政府。

文帝刘恒多英明一君主，当然明白其中的奥妙了，不过他这个人城府比较深，向来是只干不说。他表面上佯装没有接受贾谊的建议，而实际上一直在拐着弯这么干。比如淮南国，淮南王刘长死了，文帝刘恒将淮南国的地盘一分为三，拆封给刘长的三个儿子：刘安为淮南王，刘勃为衡山王，刘赐为庐江王。

再比如齐国，地盘最大，实力最强，地理位置最重要，最早是刘邦的大儿子齐王刘肥的封地，文帝刘恒当皇帝后将齐国一分为三，拆封给刘肥的三个儿子：刘襄为齐王，刘章为城阳王，刘兴居为济北王。为此，刘襄和刘章被气死，刘兴居谋反被杀。刘襄的儿子有幸承袭王位，但不久也死了。为了进一步削弱齐国的实力，文帝刘恒干脆把齐国一分为六，拆封给刘肥剩下的六个儿子：刘将闾为齐王，刘志为济北王，刘辟光为济南王，刘贤为菑川王，刘印为胶西王，刘雄渠为胶东王。这六个兄弟同一天受封，对于他们个人来说，无论地盘大小，好歹封了王，都是天大的喜事。但齐国的整体利益受损巨大，一国分六国，以后再也无法有效形成合力。

还有赵国，原本是刘邦第六子刘友的封地，前面说过，刘友被吕后召进京城长安活活饿死。文帝刘恒即位后，将赵国一分为二，拆封给刘友的两个儿子：刘遂为赵王，刘辟彊为河间王。刘辟彊不久死掉，其地盘归了中央政府。就这样，诸侯国越拆越多，地方力量越来越分散，对中央政府的威胁也越来越小。

当然，还有一些诸侯国，文帝刘恒还没来得及拆分就驾鹤西去了，比如燕国、长沙国、楚国和吴国：燕国地处东北，位置偏远，没什么威胁。长沙国虽然是异姓王，但向来比较规矩，从刘邦加封吴芮为长沙王算起，历经六代。第六代长沙王吴著与文帝刘恒同一年死掉，因没有子嗣继承王位，长沙国归属中央政府。楚国是刘邦的小弟弟楚元王刘交的封地，刘交死后，儿子刘郢客承袭王位。刘郢客在位四年后死掉，儿子刘戊承袭王位，这小子不是个省油的灯，后面会详细说到。最后就是吴国，在所有诸侯国中最为强大，于景帝时期带头造反，也就是历史上著名的"吴楚七国叛乱"，后面我们也会详细说到。

另外，文帝刘恒在世的时候，把自己的几个儿子也加封为王：次子刘武是景帝刘启的一奶同胞兄弟，先是被加封为代王，然后改封为淮阳王，最后封为梁王，成为后来景帝刘启平息"吴楚七国叛乱"的重要同盟力量，后面会详细说到；三子刘参先是被加封为太原王，后改封为代王，在位十七年后去世，儿子刘登继位；四子刘揖，也叫刘胜，被加封为梁王，前面说过，因从马上摔落而死，贾谊是他的老师，也因伤心过度而死。

景帝刘启即位后，当然也不忘加封自己的儿子为王：次子刘德为河间王，三子刘阏为临江王，四子刘余为淮阳王，五子刘非为汝南王，六子刘彭祖为广川王，七子刘发为长沙王。以上内容，之前大部分都或多或少说过，只有个别没有说过，因为后面马上要说到"吴楚七国叛乱"了，所以这里顺便做个总结，以免说到时大家一头雾水。

　　文帝刘恒的策略无疑是对的，有温水煮青蛙的味道，问题是成效不显著，需要几代人才能完成。更麻烦的是，有的诸侯王特别能活，总是不死。人家不死，中央政府就无法拆分封地。特别是吴王刘濞，不但能活，而且还很能干，野心勃勃。

　　说起吴王刘濞，大家应该不陌生了，前面反复说过，他是刘邦二哥刘仲的儿子。刘邦晚年，因为自己儿子太小，而吴地民风太过强悍，不得以封了年轻力壮的侄子刘濞为吴王。不知道大家还记得不，刚封完刘濞，刘邦就后悔了，因为他发现刘濞长了一副反相，当时还预测说五十年后，刘濞可能会反，并当面进行了严重警告。

　　刘邦没看走眼，刘濞这家伙确实是一个有野心的人。其实，每个人都有野心，但只有野心并不够，还必须有支撑野心的能力和平台。恰好，刘濞两者兼有。能力，自不用说，能把民风强悍的吴地治理得井井有条，本身就是能力的体现。再说平台，刘濞的平台就是吴地。前面说过，吴地有两大天然资源：一是铜山，提供了制造钱币的原材料；二是海水，提供了晒制食盐的原材料。靠着这两大资源，吴王刘濞把吴国建设得越来越富有、越来越强大。

　　国家强大了，吴王刘濞逐渐不把中央政府当回事了，和中央政府貌合神离。后来又发生了一件事，前面说过，景帝刘启做太子时，因下棋引起争执，失手杀掉了吴王刘濞的太子刘贤，这让吴国和中央政府之间的关系更加恶化。从此，吴王刘濞私下里积极谋划造反活动。

　　景帝刘启即位后，不再像他父亲文帝刘恒那样步步为营，逐渐削弱诸侯势力，而是一心想着尽快加强中央政府的权威，但面对类似吴王刘濞这样的诸侯王又头疼不已。晁错加强中央集权的政治理想，正好迎合了景帝刘启的需求，于是两个人一拍即合。

　　在景帝刘启的默认和授意下，晁错公然上书《削藩策》，正式提出削藩政策。所谓削藩，说白了，就是通过行政手段直接削减诸侯王的地盘，从而达到最终兼并诸侯国的目的。很明显，晁错的削藩政策比贾谊拆封诸侯的建议要激进得多。

实际上，早在文帝刘恒时期，晁错就已提出了这一政策，但是文帝刘恒做事比较稳妥长远，连贾谊的建议他都不愿意大张旗鼓地实行，何况直接削藩呢，所以没有采纳。为此，晁错耿耿于怀，私下里给还是太子的景帝刘启洗脑，怂恿他将来能够按照自己的政策来办。

景帝刘启视晁错为"智囊"，对晁错的政治主张非常认同，刚当上皇帝便开始重用晁错，提拔他为御史大夫。有了景帝刘启的支持，晁错正好可以大展拳脚。他在《削藩策》中写道："昔高帝初定天下，昆弟少，诸子弱，大封同姓，故王孽子悼惠王王齐七十余城，庶弟元王王楚四十余城，兄子濞王吴五十余城：封三庶孽，半有天下。今吴王前有太子之郤，诈称病不朝，于古法当诛，文帝弗忍，因赐几杖。德至厚，当改过自新。乃益骄溢，即山铸钱，煮海水为盐，诱天下亡人，谋作乱。今削之亦反，不削之亦反。削之，其反亟，祸小；不削，反迟，祸大。"

晁错的文采非常好，写文章浅显易懂，即便到了今天，这篇《削藩策》阅读起来也不费力，所以我们这里就不专门翻译了。从文中不难看出，晁错削藩矛头主要对准的是吴国。他认为吴王刘濞为人骄横，与景帝刘启有杀子之仇，在吴地又是铸钱，又是煮盐，又是笼络亡命之徒，削不削藩都早晚会谋反。早削早反，但祸患小，不削晚反，但祸患大。

对于晁错的削藩主张，大臣们又是什么态度呢？

97. 窦婴劝谏

御史大夫晁错上《削藩策》，虽然迎合了景帝刘启的需求，但毕竟是天大的事，景帝刘启不便擅自做主，于是他把大臣们召集过来商议。

这帮大臣都是人精，闲着没事干，天天揣摩新皇帝的心思。他们深知景帝刘启平日里就有削藩的想法，特别是对吴王刘濞一直耿耿于怀，而且景帝刘启不比过去的文帝刘恒那么好说话，是一位敢想敢干、城府很深、心狠手辣的主儿，所以都选择默不作声，不敢对晁错的削藩建议当面提出异议。

这就像现在公司开会，在会上突然有人提出一条突破常规的建议，无论好坏，你最好先不要发表意见，应该搞清楚究竟是谁的意思后再说。如果是老大的意思，你又认同，当即表示支持是必须的，不认同的话，沉默以对无疑是最好的办法，这样既不失原则性，也不失灵活性；如果不是老大的意思，另当别论，原则上不要轻易把自己整成了少数派，尽管真理往往掌握在少数人手中。总之，开会时不要随随便便乱表态，除非你是老大，或者很确定大家都支持你。

可能有人会说，这么做是不是太不敬业了、太不厚道了、太滑头了？没办法，职场上做事，你可能出于公心，但别人未必会认可，相反，可能有人会趁机整你。人都被整死了，哪里还有机会支持正确的主张呢？活着比什么都重要！

朝中大臣大都是"老油条"，当然明白这个道理，所以用沉默来回答晁错的削藩建议，实际上是持有保留意见。景帝刘启和晁错看到大家态度暧昧，窃喜着正要宣布通过，突然有一位大臣站出来表示反对，而且是激烈反对。这位大臣名叫窦婴。

一看窦婴，估计有人想到了灌婴，名字很像嘛，但两个人没有半毛钱关系，大家不要搞混了。窦婴也算是皇亲国戚了，因为他是窦太后窦猗房堂兄的儿子，按辈分，窦婴应该叫窦太后"姑姑"。

窦婴家祖祖辈辈住在观津，也就是今天的河北省衡水市武邑县东部的审坡镇，他们家的人都比较讲义气，喜欢结交朋友。文帝时，因为有姑姑窦猗房这层关系，窦婴曾在吴国，也就是吴王刘濞那里担任过丞相，后来由于身体不好，被免职赋闲在家。

　　景帝刘启即位不久，重新起用窦婴，让他担任詹事一职。詹事是一个小官，也就是皇族内部的办事员，别看官不大，由于是窦太后娘家人，说话还是有点分量的，在朝中大家都让他三分。可能因为之前做过吴国丞相，抑或确实认为晁错的建议太过激进，窦婴极力反对削藩。俗话说，打狗还要看主人。碍于窦婴的后台是窦太后，晁错再耿直，也不敢放胆力争，因此会议在一种尴尬的气氛中不欢而散，削藩的建议只好暂时搁置。

　　说来凑巧，不久发生了一件事，窦婴自废武功，竟然把姑姑窦太后给得罪了。什么事呢？这还要从景帝刘启的弟弟刘武说起。

　　前面说过，窦太后生有三个孩子，两男一女：老大叫刘嫖，也就是长公主；老二叫刘启，也就是汉景帝；老三叫刘武，是窦太后的小儿子，平时最受窦太后宠爱，早期被封为淮阳王，后又被封到梁地做了梁王，统辖四十余座城池。梁地地理位置优越，主要位于今天的豫东平原和苏北一带，属于中原腹地，土地肥沃、收入丰厚，又加上常年得到朝廷特别赏赐，府库金钱积至亿万，珠玉宝器比京城长安还要多。

　　景帝三年冬十月，梁王刘武入朝觐见，算上这次，自景帝即位以来，梁王刘武已经进京朝拜过两次了。这种朝拜有一定的政治意义，某种程度上是在向天下人宣示，宣示梁国是中央政府的铁杆兄弟。俗话说，一个好汉三个帮，一个篱笆三个桩。做皇帝也需要有人抬轿子，其他诸侯王和景帝刘启血缘关系比较疏远，梁王刘武无疑是景帝刘启在关外的最大支持者。所以，此番梁王刘武来朝拜，景帝刘启很是高兴，专门派出特使手持符节，用专车到郊外迎接。

　　到了宫殿，梁王刘武刚刚准备下拜，景帝刘启已经走上前去将他扶起，边嘘寒问暖，边拉着他的手入宫去拜见母亲窦太后。拜见过窦太后，景帝刘启当即下令设家宴接风。在家宴上，窦太后肯定是上座了。常言说，山高不遮太阳，儿大不遮爹娘。景帝刘启与梁王刘武身份再高贵，在窦太后面前那都是儿子。他们分坐在母亲窦太后两边，小心伺候，整个气氛喜气融融。

　　当时，朝中还没有设立太子，酒酣耳热之际，景帝刘启可能是喝醉了，即兴随意说道："千秋万岁后传梁王！"那意思很清楚，他死后要把帝位传给弟弟梁王刘武。梁王刘武本来从没有过当皇帝的想法，现在听到这句话，又惊又喜，明知是酒场上的醉话，但他表面上佯装推辞，心中却从此动了当皇帝的念头。

　　所以，当领导的千万不要随便和下属开类似玩笑，因为说者无意、听者有心。你一句不经意的承诺，当时有可能让下属感激不尽，但是一旦无法兑现，感激就有可能转变成怨恨。

　　坐在中间的窦太后听到这句话，更是激动，他巴不得自己的儿子都过一把皇帝瘾呢，当场就想让景帝刘启订立密约。因为是家宴，窦婴代表窦太后的娘家人，也在场陪侍。他知道景帝刘启是酒后失言，于是赶快捧了一杯酒小跑过来替景帝刘启解围道："天下是高祖的天下，汉家早有约定，帝位理应父子相传，陛下怎么能擅自传给梁王呢！陛下今日失言了，应该饮下这杯酒。"说着，已经将酒杯呈到了景帝刘启面前。

　　被窦婴这么一提醒，景帝刘启清醒了七八分，意识到自己说错话了，当即从窦婴手里接过酒杯一饮而尽，甘愿受罚，那意思就是说，刚才说的话不算数。窦婴这一举动，可以说是大公无私，但也太无私了，以至于伤到了他自己。为什么呢？因为他把窦太后想让两个儿子轮流做皇帝的如意算盘给打乱了。

　　窦太后很是生气，一声令下，散席，甩手回后宫了。老太太走了，景帝刘启和梁王刘武连忙起身跟随在后，大家只好各回各家。从此，窦太后开始憎恨窦婴，对窦婴爱理不睬。领导有了这副态度，再干下去就没什么意思了，另外窦婴也看不上詹事这区区小官，于是托病辞职了。把窦婴逼走了，窦太后还不解气，干脆把窦婴的名字从出入宫门的登记簿籍上除去，不准他再来见皇帝。

　　听说窦婴闯祸下岗了，最高兴的莫过于御史大夫晁错，因为他终于可以大张旗鼓地推行他的削藩策了。那么，晁错会先拿哪个诸侯王开刀呢？

98. 知几其神

窦婴辞职不干了，朝内反对御史大夫晁错的声音小了很多，晁错趁机劝景帝刘启开始削藩，景帝刘启当然默许了。那么，晁错会拿哪个诸侯王先开刀呢？他首先想到了楚王刘戊。

说起楚王刘戊，大家可能比较陌生，我们不妨从他的爷爷说起。刘戊的爷爷是楚元王。关于楚元王，前面多次提到过，他是刘邦同父异母的小弟弟，名交，字游。刘交与三哥刘邦的气质秉性大不相同，从小是个三好学生，喜欢读书，多才多艺，年轻的时候，曾经与穆生、白生、申公三人共同跟着一个叫浮丘伯的高人学习《诗》。浮丘伯是荀子的学生，论辈分，刘交应该是荀子的徒孙。

后来，秦始皇焚书坑儒，刘交和同学穆生、白生、申公只好离开老师浮丘伯，各自散去。不久，刘邦在沛县起事造反。常言道，打仗亲兄弟，上阵父子兵。作为亲兄弟，且还有文化的刘交自然要出来帮三哥刘邦一把，所以一开始他便加入了起义军队伍。起义军攻入关中时，刘交曾被封为文信君。

之后，刘邦入汉中，平三秦，挥师东进，打败项羽，建立汉王朝，刘交一直在三哥刘邦身边出谋划策，成为刘邦身边最为倚重和最为信任的大臣之一。据史书记载，当时能够随时出入刘邦卧室汇报工作的大臣只有两位：一位是和刘邦同年同月同日出生的发小卢绾，汉朝建立后被加封为燕王，这里不再赘述，前面已经详细说过；一位就是刘邦的弟弟刘交。

刘交开始并没有被加封为楚王，汉朝刚建立时的楚王是韩信。前面说过，高祖六年，也就是汉朝建立后的第二年，韩信被谪贬为淮阴侯，而楚国也被一分为二：一部分是荆地，刘邦的堂兄刘贾被封为荆王，后来死了；一部分是楚地，刘邦的弟弟刘交被封为楚王，也就是楚元王，统治薛郡、东海郡和彭城三十六个县。

做了楚王后，刘交首先想到了当年跟随浮丘伯学习时的三位老同学，也就是前面提到的穆生、白生和申公，封他们做了中大夫。吕后时期，因为老师浮丘伯还活着，生活在长安，刘交曾派老同学申公带着儿子刘郢客到浮丘伯那里学习。

刘郢客前面也有提到过，他在长安被吕雉任命为宗正一职，被加封为上邳侯。荡平诸吕，迎接文帝刘恒进京当皇帝时，刘郢客还是刘氏皇族派的重要代表。文帝刘恒即位后，继续留用刘郢客担任宗正，听说陪他读书的申公研究《诗》最精通，便安排申公在朝中做了博士。

楚元王刘交在位二十三年后去世，因为太子刘辟非死得早，文帝刘恒就让刘郢客回到楚国继位为楚夷王。申公自然也跟了回去，又被任命为中大夫。只可惜，刘郢客命浅福薄，当了四年楚王就一命呜呼了，儿子刘戊继位。

楚元王刘交和楚夷王刘郢客父子跟中央政府都走得比较近，深得文帝刘恒尊崇，只要是楚元王刘交的儿子，文帝刘恒都格外厚待，封爵比同皇子。景帝刘启即位后，又加封了楚元王刘交的其他五个儿子：封刘礼为平陆侯，封刘富为休侯，封刘岁为沈犹侯，封刘执为宛朐侯，封刘调为棘乐侯。

之所以把脉络梳理得那么清晰，主要是想说明楚国和汉朝中央政府的关系一直非常融洽。但等到刘戊做楚王的时候，情况就稍微有点变化了。楚王刘戊不是个省油的灯，他是个纨绔子弟，生性好色、特立独行，没有他爷爷刘交和父亲刘郢客那么守规矩，与中央政府渐行渐远。

凡事都有端倪，最早看出刘戊早晚会出事的是楚元王刘交的一位老同学。这位同学就是前面说到的穆生。穆生是怎么看出来的呢？这里面有一个小故事，不妨说给大家品品。

穆生这个人不太喜欢喝酒，楚元王刘交在世的时候，每次摆酒，都会特意为穆生准备口感稍微好一些的甜酒，以示敬意。楚夷王刘郢客继位后，仍然会像他父亲刘交那样善待穆生、白生和申公三位长辈，在喝酒方面也很照顾穆生的习惯。刘戊当了楚王后，开始还好，但时间久了，在摆酒的时候就忘记了摆甜酒。于是，穆生便称病告老还乡。

另外两位老同学白生和申公听说了，相约前来探望，问穆生究竟犯了什么病。穆生对白生和申公意味深长地说："我说两位老兄弟啊，我们都老了，可以退休回家了！"白生和申公感觉莫名其妙，心想在王府吃香的喝辣的、逍遥自在，怎么说退休就退休呢，就问其原因。

穆生叹口气说道："你们老两位是真糊涂，还是假糊涂啊？你们没看出来当今楚王不比以前吗？他已经很久不给老朽摆甜酒了，这就是有意在怠慢我们啊，现在不识相走人的话，我们这把老骨头将来迟早要被他给弄死！"

白生和申公听穆生这么说，哈哈大笑，认为穆生太敏感了，太矫情了，不就一杯甜酒的事嘛。他们非让穆生一起留下来，并劝说道："你这个老家伙怎么内心如此脆弱？大王就这么一点失礼，你至于那么计较吗？难道你忘记了先王给我们的恩惠吗？"

穆生不以为然，摇摇头说道："你们俩的书看来是白读了。《易经》中说得明白，'知几其神乎！几者动之微，吉凶之先见者也。君子见几而作，不俟终日'。知道什么意思吗？那就是说，要像神明一样能够提前捕捉到征兆才行，而征兆主要体现在细节方面，吉凶福祸也是如此。明智的人发现征兆就应该马上采取措施，而不能等到大祸临头了才行动。先王之所以礼遇我们三个人，那是因为先王明白事理，而现在的大王却不按常理出牌，这样的人，怎么可以与他长久相处呢？老朽没那么矫情，更不是小鸡肚肠的人，怎么可能仅仅为了不备甜酒的小节而计较呢？"

白生和申公虽然听懂了穆生的话，但还是感觉没那么严重，自我安慰地说穆生多虑了，两人仍然坚持留了下来。结果正如穆生所料，白生和申公都吃了苦头，后面我们还会详细说到。

其实，"知几其神"，发现征兆并不难，只要稍微细心点即可，难的是抉择和取舍。面对眼前利益，一般人是抵抗不住诱惑的，至于未来是吉还是凶更不会去管。生活中，类似案例实在太多了，明明知道是坑，却因为利益驱使，凭着侥幸心理一步步走进深渊的，大有人在。

总之，通过这个小故事，我们了解到，楚王刘戊已经不像他的爷爷和父亲那样本分了。人一不本分就没有了敬畏之心，就容易胡作非为。楚王刘戊差不多就是如此，身为王三代，经常会做一些越轨的事。越轨的事有大有小，只要不被人知道，或者没有人拿出来做文章，问题也不大。但楚王刘戊在景帝刘启的奶奶薄太后去世时，做了一件越轨的事，说大不大，说小不小，正好被御史大夫晁错探悉。为此，晁错大做文章，险些要了楚王刘戊的命。

那么，楚王刘戊做了一件什么事呢？

99. 不顾劝阻，强行削藩

楚王刘戊继位后，不再像他的爷爷刘交和父亲刘郢客那样守规矩，经常会干一些出格的事。世上没有不透风的墙，出格的事干多了，难免会被人告发。

有一次，楚王刘戊就干了一件见不得人的事，被人给告发了。那么，他究竟干了件什么事呢？这还要从薄太后的葬礼说起。

前面反复说过，薄太后是太皇太后，景帝刘启的奶奶、文帝刘恒的母亲，地位崇高，就连景帝刘启的皇后都是薄太后在世的时候给指定的，是薄太后的侄孙女。景帝二年，薄太后去世，葬礼格外隆重。丧葬期间，全国上下禁止一切娱乐活动，连夫妻生活都不得进行。

楚王刘戊好色成性，在薄太后丧葬期间，当然把持不住，与后宫嫔妃纵情娱乐、荒淫无度，结果被人给揭发举报了。御史大夫晁错接到举报，马上派人去查，一查果然不假。当时他和景帝刘启商议如何削藩的事，正为先削谁发愁呢，这下可好，楚王刘戊撞在了枪口上。

楚王刘戊对于中央政府的调查没在意，或者压根并不知情。景帝三年冬，他照常到京城长安朝拜，被晁错当场给拿下。按照汉朝法律，太后丧葬期间，恣意淫乐是死罪，晁错身为御史大夫，建议对楚王刘戊从严惩治。景帝刘启思虑再三，认为自己刚当皇帝还不太久，不好下此毒手，便赦免了刘戊的死罪，但趁机削夺了楚国的东海郡。

以上是《史记》中的记载，与《汉书》中的记载略有不同，《汉书》中说楚国东海郡和薛郡两个郡被削夺了。前面说过，楚国的管辖范围包括东海郡、薛郡和彭城三十六县，削夺一个郡也好，两个郡也罢，对于楚国来说都是大伤元气。这个暗亏，楚王刘戊吃得有点大，回去后那个气可想而知，从此便和中央政府结下了梁子。

削完楚国，晁错紧接着又来削赵国。前面说过，赵国曾经是刘邦第六个儿子刘友的封国，吕后时期，刘友被吕雉给活活饿死了。文帝刘恒即位后，将赵国一分为二：一部分，也就是河间郡，封给了刘友的次子刘辟彊，刘辟彊死后，河间郡归属了中央政府；其余部分，仍属于赵国，封给了刘友的长子刘遂。

对于河间郡划归中央政府一事，赵王刘遂本来就耿耿于怀，现在晁错又抓住他的一点小过错，把赵国的常山郡也给削夺了。赵王刘遂究竟犯了什么过错，史书上没有交代清楚，反正也是哑巴吃黄连，有苦说不出。

不久，晁错又查处了一位诸侯王。这位诸侯王名叫刘卬。刘卬的身份是胶西王，齐王刘肥的第五个儿子，前面说过，由文帝刘恒加封。那么，刘卬又是犯了什么事呢？

前面说过，汉朝那会儿允许诸侯王买卖爵位，但是必须严格按照中央政府的规定进行买卖，不是想卖给什么人就可以卖给什么人，想卖什么价位就能卖什么价位的。而胶西王刘印在买卖爵位中，徇私舞弊、大发其财，违反了法规，结果也被人举报到了御史大夫晁错那里，为此，被削夺了六个县。

就这样，楚国、赵国和胶西国先后削藩成功。因为这三个诸侯国国力比较弱，国王资历浅，且和景帝刘启平辈，尽管他们对晁错的削藩政策很不满，但还是不约而同地选择了默默承受。

原以为削藩会很困难，没想到那么容易，一眨眼就削了仨，晁错胆子越来越大，开始准备对势力最强大的吴国下手。经过商议，在景帝刘启的首肯下，晁错打算削夺吴国的豫章郡和会稽郡两个郡。

为什么要削夺这两个郡呢？因为吴国最重要的经济来源正在这两个郡。前面说过，吴国有两大天然资源：一个是造钱币用的原材料铜山，就在豫章郡境内；一个是晒制食盐所用的海水，而会稽郡正靠在海边。所以，削夺豫章郡和会稽郡，意味着断了吴国的财路，这招不可谓不绝。

这么绝的招，景帝刘启欣喜万分，不假思索，当即表示支持，殊不知就此埋下了祸根。试想，你断了人家的财路，相当于要了人家的命，人家不和你拼命才怪呢，何况吴王刘濞不是善类。

这事晁错想得太简单了，他自认为得到了景帝刘启的支持，就可以万事大吉了，每天高兴得手舞足蹈。这天，他在家里正美着呢，突然有一位白发苍苍的老头从外面闯了进来。老头不是别人，正是晁错的父亲。他为削藩的事从颍川老家专程赶过来，看见晁错张口便骂道："你小子有出息了！要上天吗？非要找死不成吗？"

晁错感觉莫名其妙，还以为父亲吃错药了，大老远跑过来咒自己死，慌忙扶父亲坐下说话，问什么情况。老头把手一甩，继续骂道："老子在颍川老家本来活得很安逸，不想听说你小子在朝中正事不干，整天撺掇皇上削藩。皇上刚刚即位不久，你这样离间人家骨肉亲情，早晚会出事。外面已经怨声载道了，你知道吗？我的儿，你这样干到底图什么啊？老子今天过来特意警告你，不要执迷不悟了！"

晁错这才明白父亲的来意，但他听不进去，当即斩钉截铁地回答道："只要做事，怨言在所难免！不削藩，天子就不能受到诸侯尊崇，社稷江山就不能安稳！必须削藩！"

这话差点把老头给气吐血了。老头不禁仰天长叹道："傻小子哎，你这么干，他们刘家天下是安稳了，但咱们晁氏家族就要有灭顶之灾了，你知道吗？我老了，不中用了，还是回老家吧！"说完，起身便走，晁错上前无论怎么劝说都拦不住。

老头身体看来不错，出门直接蹬上车驾，头也不回，扬长而去。到家没几天，老头越想越生气，最后服毒自尽，临死前说道："我实在不忍心目睹我们晁氏家族大祸临头啊，还是先死了吧！"死讯传到晁错那里，晁错虽然悲痛欲绝，但仍然执迷不悟，还是执意对吴王刘濞下手，继续搞他的削藩。

那么，削藩会顺利推进吗？吴王刘濞等诸侯王又会怎么反制呢？